★

# 위대한 대통령의 위트

조지 워싱턴에서 조지 W. 부시까지: 1789~2000
미국 대통령들의 재기 넘치는 명코멘트와 일화

GREAT PRESIDENTIAL WIT: I WISH I WAS IN THE BOOK
BY BOB DOLE

Copyright © 2001 by Bob Dole
published by arrangement with William Morris Agency, Inc.
All rights reserved.

Korean Translation Copyright © 2007 by ATHÉNÉE Publishing Co.
Korean edition is published by arrangement with William Morris Agency, Inc.
through Imprima Korea Agency.

이 책의 한국어판 저작권은 Imprima Korea Agency를 통해
Bob dole, c/o William Morris Agency, Inc.와의 독점 계약으로
아테네 출판사에 있습니다. 저작권법에 의해 한국 내에서 보호를 받는 저작물이므로
무단 전재 및 복제를 금합니다.

## 위대한 대통령의 위트

조지 워싱턴에서 조지 W. 부시까지: 1789~2000
미국 대통령들의 재기 넘치는 명코멘트와 일화

**지은이** 밥 돌(전 미 상원의원)
**옮긴이** 김병찬
**발행인** 양성숙
**발행처** 아테네

**발행일** 2018년 10월 30일 개정증보판 2쇄
2018년 9월 27일 개정증보판 1쇄
2013년 4월 20일 개정판 / 2007년 8월 20일 초판

**출판등록** 2000년 6월 2일 제1-2692호

**주소** 경기도 고양시 일산동구 중앙로 1275번길 86-1
**전화** 031 912 1730 **팩스** 031 912 1732
**이메일** atheneumbook@hanmail.net

ISBN 978-89-94305-07-3 03340

Cover Photo *Lincoln Memorial*
Cover Design *by Yedang Graphics, Helen Yang*

이 도서의 국립중앙도서관 출판예정도서목록(CIP)은 서지정보유통지원시스템 홈페이지
(http://seoji.nl.go.kr)와 국가자료공동목록시스템(http://www.nl.go.kr/kolisnet)에서
이용하실 수 있습니다. (CIP제어번호: CIP2018029159)

# 위대한 대통령의 위트

조지 워싱턴에서 조지 W. 부시까지: 1789~2000
미국 대통령들의 재기 넘치는 명코멘트와 일화

**밥 돌(전 미 상원의원) 지음**

김병찬 옮김

**일러두기**
1. 외국 인명 및 지명은 외래어표기법에 따랐다.
2. 도서명 겹꺾쇠 ≪ ≫, 언론매체명과 연극·영화·음악 등의 작품명 홑꺾쇠 〈 〉를 표기.
3. 본문에 실린 모든 주석은 독자의 이해를 돕고자 옮긴이가 붙인 설명이다.
4. 고전, 성경, 속담 등을 인용하거나 변용한 구절은 영어 원문을 함께 표기하였다.
5. 동음이의어를 사용해 유머를 구사한 문장은 영어 원문을 함께 표기하여 강조하였다.

★

좋은 시절이나 어려운 시절이나
(대통령이 훌륭했던 시절이나 그렇지 못했던 시절이나)
결코 유머 감각을 잃지 않았던 미국 국민에게.

# 감사의 말

불굴의 윌 로저스\*는 "정부가 국민을 위해 일하면 유머 작가가 되는 것이 그다지 어렵지 않다"고 말했다. 그런 취지에서, 나는 이 책에 소재가 된 전·현직 대통령 모두에게 감사의 말을 전하고 싶다. 출판 계획을 계속 지원해준 리사 드루, 이제까지 이 일을 이끌어오는 데 도움을 준 멜 버거에게도 감사의 말을 전한다. 아울러 리처드 노턴 스미스, 케리 팀척, 덕 매키넌처럼 재능 있고 재미있는 사람들과 함께 일하면 대통령의 유머에 관해 책을 쓰는 것 역시 별로 어렵지 않다는 걸 알았다. 이 집필 과정에 즐거움과 재미를 선사해준 그들에게 감사의 말을 전하고 싶다.

---

\*Will Rogers(1879-1935): 유머 작가 · 희극배우 · 칼럼니스트 · 라디오 방송인. 촌철살인의 경구와 유머로 1920-30년대 최고의 인기를 누렸던 배우이자, 지칠 줄 모르는 에너지를 소유했던 사람. (137, 141, 154, 437쪽 참조)

# U.S. PRESIDENTS

## 1789-2018

*George Washington*
조지 워싱턴(1732-1799)
재임 1789-1797

*John Adams*
존 애덤스(1735-1826)
재임 1797-1801

*Thomas Jefferson*
토머스 제퍼슨(1743-1826)
재임 1801-1809

*James Madison*
제임스 매디슨(1751-1836)
재임 1809-1817

*James Monroe*
제임스 먼로(1758-1831)
재임 1817-1825

*John Quincy Adams*
존 퀸시 애덤스(1767-1848)
재임 1825-1829

*Andrew Jackson*
앤드루 잭슨(1767-1845)
재임 1829-1837

*Martin Van Buren*
마틴 밴 뷰런(1782-1862)
재임 1837-1841

*William Henry Harrison*
윌리엄 헨리 해리슨(1773-1841)
재임 1841-1841

*John Tyler*
존 타일러(1790-1862)
재임 1841-1845

*James Knox Polk*
제임스 K. 포크(1795-1849)
재임 1845-1849

*Zachary Taylor*
재커리 테일러(1784-1850)
재임 1849-1850

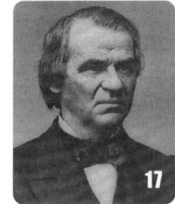

*Abraham Lincoln*
에이브러햄 링컨(1809-1865)
재임 1861-1865

*Andrew Johnson*
앤드루 존슨(1808-1875)
재임 1865-1869

*Ulysses Simpson Grant*
율리시스 S. 그랜트(1822-1885)
재임 1869-1877

*Grover Cleveland*
그로버 클리블랜드(1837-1908)
재임 1885-1889

*Benjamin Harrison*
벤저민 해리슨(1833-1901)
재임 1889-1893

*Grover Cleveland*
그로버 클리블랜드(1837-1908)
재임 1893-1897

*Woodrow Wilson*
우드로 윌슨(1856-1924)
재임 1913-1921

*Warren Gamaliel Harding*
워렌 G. 하딩(1865-1923)
재임 1921-1923

*Calvin Coolidge*
캘빈 쿨리지(1872-1933)
재임 1923-1929

*Millard Fillmore*
밀러드 필모어(1800-1874)
재임 1850-1853

*Franklin Pierce*
프랭클린 피어스(1804-1869)
재임 1853-1857

*James Buchanan*
제임스 뷰캐넌(1791-1868)
재임 1857-1861

*Rutherford Birchard Hayes*
러더포드 B. 헤이스(1822-1893)
재임 1877-1881

*James Abram Garfield*
제임스 A. 가필드(1831-1881)
재임 1881-1881

*Chester Alan Arthur*
체스터 A. 아서(1829-1886)
재임 1881-1885

*William McKinley*
윌리엄 매킨리(1843-1901)
재임 1897-1901

*Theodore Roosevelt*
시어도어 루스벨트(1858-1919)
재임 1901-1909

*William Howard Taft*
윌리엄 H. 태프트(1857-1930)
재임 1909-1913

*Herbert Clark Hoover*
허버트 C. 후버(1874-1964)
재임 1929-1933

*Franklin Delano Roosevelt*
프랭클린 D. 루스벨트(1882-1945)
재임 1933-1945

*Harry S. Truman*
해리 S. 트루먼(1884-1972)
재임 1945-1953

*Dwight David Eisenhower*
드와이트 D. 아이젠하워(1890-1969)
재임 1953-1961

*John Fitzgerald Kennedy*
존 F. 케네디(1917-1963)
재임 1961-1963

*Lyndon Baines Johnson*
린든 B. 존슨(1908-1973)
재임 1963-1969

*Richard Milhous Nixon*
리처드 M. 닉슨(1913-1994)
재임 1969-1974

*Gerald Rudolph Ford*
제럴드 R. 포드(1913-2006)
재임 1974-1977

*Jimmy Carter*
지미 카터(1924— )
재임 1977-1981

*Ronald Wilson Reagan*
로널드 W. 레이건(1911-2004)
재임 1981-1989

*George Herbert Walker Bush*
조지 H. W. 부시(1924— )
재임 1989-1993

*Bill Clinton*
빌 클린턴(1946— )
재임 1993-2001

*George Walker Bush*
조지 W. 부시(1946— )
재임 2001-2009

*Barack Obama*
버락 오바마(1961— )
재임 2009-2017

*Donald John Trump*
도널드 트럼프 (1946— )
재임 중 (2017-현재)

★

# 미국 대통령 연표

1. **조지 워싱턴** | 재임 1789-1797 | 소속 정당 없음  287
   부통령: 존 애덤스(JOHN ADAMS)  페이지

2. **존 애덤스** | 재임 1797-1801 | 연방당  275
   부통령: 토머스 제퍼슨(THOMAS JEFFERSON)

3. **토머스 제퍼슨** | 재임 1801-1809 | 민주공화당  301
   부통령: 아론 버(AARON BURR), 조지 클린턴(G. CLINTON)

4. **제임스 매디슨** | 재임 1809-1817 | 민주공화당  411
   부통령: 엘브리지 게리(ELBRIDGE GERRY)

5. **제임스 먼로** | 재임 1817-1825 | 민주공화당  367
   부통령: 다니엘 톰킨스(DANIEL TOMPKINS)

6. **존 퀸시 애덤스** | 재임 1825-1829 | 민주공화당  397
   부통령: 존 캘훈(JOHN CALHOUN)

7. **앤드루 잭슨** | 재임 1829-1837 | 민주당  387
   부통령: 마틴 밴 뷰런(MARTIN VAN BUREN)

8. **마틴 밴 뷰런** | 재임 1837-1841 | 민주당  441
   부통령: 없음

9. **윌리엄 해리슨** | 재임 1841-1841 | 휘그당  457
   부통령: 존 타일러(JOHN TYLER)

10. **존 타일러** | 재임 1841-1845 | 민주당, 후에 공화당  383
    해리슨 대통령 사망으로 대통령직 승계

11. **제임스 K. 포크** | 재임 1845-1849 | 민주당  419
    부통령: 조지 댈러스(GEORGE DALLAS)

12. **재커리 테일러** | 재임 1849-1850 | 휘그당  427
    부통령: 밀러드 필모어(MILLARD FILLMORE)

13. **밀러드 필모어** | 재임 1850-1853 | 휘그당  477
    테일러 사망으로 대통령직 승계

14. **프랭클린 피어스** | 재임 1853-1857 | 민주당  463
    부통령: 윌리엄 킹(WILLIAM KING)

15. **제임스 뷰캐넌** | 재임 1857-1861 | 민주당  447
    부통령: 존 브레킨리지(JOHN BRECKINRIDGE)

16. **에이브러햄 링컨** | 재임 1861-1865 | 공화당  63
    부통령: 앤드루 존슨(ANDREW JOHNSON)

17. **앤드루 존슨** | 재임 1865-1869 | 공화당  409
    링컨 사망으로 대통령직 승계

18. **율리시스 그랜트** | 재임 1869-1877 | 공화당  361
    부통령: 슈일러 컬팩스(S. COLFAX), 헨리 윌슨(H. WILSON)

19. **러더퍼드 B. 헤이스** | 재임 1877-1881 | 공화당  341
    부통령: 윌리엄 휠러(WILLIAM WHEELER)

20. **제임스 가필드** | 재임 1881-1881 | 공화당  243
    부통령: 체스터 아서(CHESTER ARTHUR)

21. **체스터 아서** | 재임 1881-1885 | 공화당  393
    가필드 사망으로 대통령직 승계

★ 22. **그로버 클리블랜드** | 재임 1885-1889 | 민주당  415
    부통령: 토머스 헨드릭스(THOMAS HENDRICKS)

23. **벤저민 해리슨** | 재임 1889-1893 | 공화당  469
    부통령: 레비 모턴(LEVI MORTON)

★ 24. **그로버 클리블랜드** | 재임 1885-1889 | 민주당  415
    부통령: 아들라이 스티븐슨(ADLAI STEVENSON)

미국 대통령 연표

**25. 윌리엄 매킨리** | 재임 1897-1901 | 공화당     345
부통령: 개럿 호바트(G. HOBART), 시어도어 루스벨트(TR)

**26. 시어도어 루스벨트** | 재임 1901-1909 | 공화당     115
매킨리 사망으로 승계. 부통령: 찰스 페어뱅크스(C. FAIRBANKS)

**27. 윌리엄 하워드 태프트** | 재임 1909-1913 | 공화당     265
부통령: 제임스 셔먼(JAMES SHERMAN)

**28. 우드로 윌슨** | 재임 1913-1921 | 민주당     223
부통령: 토마스 마셜(THOMAS MARSHALL)

**29. 워런 G. 하딩** | 재임 1921-1923 | 공화당     433
부통령: 캘빈 쿨리지(CALVIN COOLIDGE)

**30. 캘빈 쿨리지** | 재임 1923-1929 | 공화당     133
부통령: 찰스 도스(CHARLES DAWES)

**31. 허버트 후버** | 재임 1929-1933 | 공화당     205
부통령: 찰스 커티스(CHARLES CURTIS)

**32. 프랭클린 D. 루스벨트** | 재임 1933-1945 | 민주당     99
부통령: 존 가너, 헨리 윌리스, 해리 트루먼

**33. 해리 트루먼** | 재임 1945-1953 | 민주당     173
부통령: 앨빈 바클리(ALBEN BARKLEY)

**34. 드와이트 아이젠하워** | 재임 1953-1961 | 공화당     321
부통령: 리처드 닉슨(RICHARD NIXON)

**35. 존 F. 케네디** | 재임 1961-1963 | 민주당     157
부통령: 린든 존슨(LYNDON JOHNSON)

**36. 린든 존슨** | 재임 1963-1969 | 민주당     181
케네디 사망으로 승계. 부통령: 휴버트 험프리(H. HUMPHREY)

**37. 리처드 닉슨** | 재임 1969-1974 | 공화당     375
부통령: 스피로 에그뉴(S. AGNEW), 제럴드 포드(G. FORD)

**38. 제럴드 포드** | 재임 1974-1977 | 공화당     333
닉슨 사임으로 승계. 부통령: 넬슨 록펠러(N. ROCKEFELLER)

**39. 지미 카터** | 재임 1977-1981 | 민주당        355
부통령: 월터 먼데일(WALTER MONDALE)

**40. 로널드 레이건** | 재임 1981-1989 | 공화당        87
부통령: 조지 H. W. 부시(GEORGE H. W. BUSH)

**41. 조지 H. W. 부시** | 재임 1989-1993 | 공화당        259
부통령: 댄 퀘일(DANIEL QUAYLE)

**42. 빌 클린턴** | 재임 1993-2001 | 민주당        307
부통령: 앨 고어(AL GORE)

**43. 조지 W. 부시** | 재임 2001-2009 | 공화당        487
부통령: 딕 체니(DICK CHENEY)

**44. 버락 오바마** | 재임 2009-2017 | 민주당        —
부통령: 조 바이든(JOE BIDEN)

**45. 도널드 트럼프** | 재임 2017-현재 | 공화당        —
부통령: 마이크 펜스(MICHAEL PENCE)

★

## 대통령의 위트와 유머 순위

대통령의 위트와 유머에 대한 밥 돌의 순위다. 대통령을 유머리스트라는 기준에서 순위를 매긴 것인데 물론 과학적인 것은 아니다. (양당 정치 옹호론자들은 주의하시라. 최상위 10명 중 5명은 공화당 출신이고, 5명은 민주당 출신이다.)

1. 에이브러햄 링컨(16대):
   가장 위대하고 가장 재미있었던 우리의 대통령.
2. 로널드 레이건(40대):
   배우로서 결코 타이밍이 어긋나는 법이 없었다.
3. 프랭클린 D. 루스벨트(32대):
   그의 위트는 자신(그리고 미국)이 대공황과 세계대전을 견뎌내는 데 도움이 됐다.
4. 시어도어 루스벨트(26대):
   삶을 최대한 누리다. 그리고 많이 웃다.
5. 캘빈 쿨리지(30대):
   과묵했던 사나이. 그러나 한번 말하면 웃겼던 사나이.
6. 존 케네디(35대):
   기자회견을 하면 그 자체가 가장 위트가 넘치는 TV 쇼가 됐다.

7. 해리 트루먼(33대):
   있는 그대로를 솔직담백하게 이야기한 중서부인. 내가 이 친구를 좋아하는데, 놀라운가?

8. 린든 존슨(36대):
   텍사스 허풍의 대가. 그의 농담이야말로 웃음거리. 다른 것도 웃음거리지만.

9. 허버트 후버(31대):
   퀘이커교도였으나 속으로는 희극 배우의 심장이 박동하다.

10. 우드로 윌슨(28대):
    지성인도 재미있을 수 있다는 사례.

11. 제임스 가필드(20대):
    동시대 최고의 연설가. 그렇다고 유머리스트로도 역시 나쁘지 않았다.

12. 조지 부시(41대):
    결코 자기 자신을 심각하게 여길 수 없었던 대통령. 왜냐하면 미국에서 가장 위트가 넘쳤던 영부인이 곁에 있는 축복을 누렸기에.

13. 윌리엄 하워드 태프트(27대):
    외양과 즐거운 성격에서 산타클로스를 닮았다.

14. 존 애덤스(2대):
    때때로 까다롭고 매우 무례했던 18세기형 돈 리클스.*

15. 조지 워싱턴(1대):
    평화에서 1등, 전쟁에서도 1등, 그렇지만 유머에서는 중간.

16. 토마스 제퍼슨(3대):
    모든 미국인들에게 '생명과 자유와 행복 추구'를 보장해준 공로자.

---

*Don Rickles(1926~2017): 미국의 전설적인 코미디언이자 배우. '모욕 코미디'의 거장으로 대통령은 물론 어떤 명사도 그의 풍자와 조롱을 피해 갈 수는 없었다.

17. **빌 클린턴(42대):**
    위대한 연설 능력과 재능 있는 농담 작가들을 구비하는 축복을 받다.

18. **드와이트 아이젠하워(34대):**
    자신이 좋아하는 이야기로 베스트셀러를 쓴 유일한 대통령.

19. **제럴드 포드(38대):**
    유머 감각은 그의 대통령 직무 수행만큼 저평가됐다.

20. **러더퍼드 헤이스(19대):**
    그의 부인 "레모네이드 루시Lemonade Lucy"는 백악관을 무미건조하게 꾸려나갔다. 헤이스의 무미건조한 유머 감각도 그에 못지않았다.

21. **윌리엄 매킨리(25대):**
    "테디" 루스벨트는 큰 몽둥이를 과시하는 쪽이다. 매킨리는 부드럽게 말하는 쪽이다.*

22. **지미 카터(39대):**
    스마일은 멋졌으나 농담은 그렇지 못했다.

23. **율리시스 그랜트(18대):**
    대통령으로서보다는 군인으로서 더 성공적이었고 재미있었다.

24. **제임스 먼로(5대):**
    "화합의 시대"**를 주재하는 사람이라면 누구나 유머 감각을 지녔어야 했다.

25. **리처드 닉슨(37대):**
    워터게이트Watergate 테이프에서 삭제된 것은 농담이 아니었다.

---

*[말은 부드럽게 하되, 몽둥이는 큰 걸 들고 다녀라(Speak softly and carry a big stick)]: 시어도어(테디) 루스벨트가 한 말.
**Era of Good Feelings: 1820년 전후, 미국이 유럽의 영향권에서 탈피하며 보호관세 입법 등 국가적 통합과 체제 정비를 추진하던 시기이다. 제임스 먼로 재임기(1817-1825).

### 26. 존 타일러(10대):
해리 트루먼은 그를 "부정적이고 늙은 SOB"라고 했다. 그 정도면 됐다.

### 27. 앤드루 잭슨(7대):
말이 아니라, 총이 그가 선택한 무기였다.

### 28. 체스터 아서(21대):
때때로 상류사회의 사교계 명사로 여겨지기도 했다. 그렇지만 후대 대통령들은 그의 '공공서비스 시스템' 개혁을 보고 더 많이 웃었다.

### 29. 존 퀸시 애덤스(6대):
내성적이고, 냉철하고, 근엄하다고 자평했다. 웃기는 사람이 아닌 건 확실하다.

### 30. 앤드루 존슨(17대):
링컨의 그림자에 영원히 머물러 있도록 운명 지어졌다.

### 31. 제임스 매디슨(4대):
헌법의 아버지로서, 그가 웃긴 일은 별로 없었다.

### 32. 그로버 클리블랜드(22대, 24대):
한 번의 임기를 건너뛰면서 두 차례 대통령직을 수행하고 웃기지 않았던 유일한 대통령.

### 33. 제임스 포크(11대):
웃을 시간이 전혀 없었던 일 중독자.

### 34. 재커리 테일러(12대):
심술궂은 노인의 원조 중 한 명.

### 35. 워런 하딩(29대):
농담은 너무 없었고 여인은 너무 많았고.

### 36. 마틴 밴 뷰런(8대):
별명이 "o.k."였는데 유머 감각은 "no."

37. 제임스 뷰캐넌(15대):

    그보다 더 경험을 갖고 백악관에 들어온 대통령은 거의 없을 것이다. 그보다 유머 감각이 덜한 채로 백악관에 들어온 대통령도 거의 없을 것이다.

38. 윌리엄 헨리 해리슨(9대):

    만약 더 농담하고 덜 말했다면 취임식에서 폐렴에 안 걸렸을지도 모른다. 그는 취임식 한 달 뒤에 숨졌다.

39. 프랭클린 피어스(14대):

    화강암주(뉴햄프셔주) 태생으로 역시 화강암 같은 미남.

40. 벤저민 해리슨(23대):

    친구들이 그를 묘사할 때 쓰는 단어는 "냉혈한Cold-blooded"과 "싸늘한icy."

41. 밀러드 필모어(13대):

    이 13대 대통령은 '위트와 유머' 부에서는 불운했다.

— CONTENTS —

- 감사의 말     7
- 미국 대통령 연표     13
- 대통령의 위트와 유머 순위     17
- 머리말: 통치력과 유머 감각     29

## ★ 경지에 이르다

1 에이브러햄 링컨     63
  ABRAHAM LINCOLN, 1861-1865: 16대

2 로널드 레이건     87
  RONALD REAGAN, 1981-1989: 40대

3 프랭클린 D. 루스벨트     99
  FRANKLIN D. ROOSEVELT, 1933-1945: 32대

4 시어도어 루스벨트     115
  THEODORE ROOSEVELT, 1901-1909: 26대

## ★ 양키 위트

5 캘빈 쿨리지     133
  CALVIN COOLIDGE, 1923-1929: 30대

6 존 F. 케네디     157
  JOHN F. KENNEDY, 1961-1963: 35대

## ★ 솔직담백, 과장, 무표정

**7 해리 트루먼**     173
HARRY TRUMAN, 1945-1953: 33대

**8 린든 B. 존슨**     181
LYNDON B. JOHNSON, 1963-1969: 36대

**9 허버트 후버**     205
HERBERT HOOVER, 1929-1933: 31대

## ★ 클래스룸 유머리스트

**10 우드로 윌슨**     223
WOODROW WILSON, 1913-1921: 28대

**11 제임스 가필드**     243
JAMES GARFIELD, 1881-1881: 20대

## ★ 평균보다는 더 재미있는 대통령

**12 조지 H. W. 부시**     259
GEORGE H. W. BUSH, 1989-1993: 41대

**13 윌리엄 하워드 태프트**     265
WILLIAM HOWARD TAFT, 1909-1913: 27대

**14 존 애덤스**     275
JOHN ADAMS, 1797-1801: 2대

**15 조지 워싱턴**     287
GEORGE WASHINGTON, 1789-1797: 1대

| | |
|---|---|
| 16 토머스 제퍼슨<br>THOMAS JEFFERSON, 1801-1809: 3대 | 301 |
| 17 빌 클린턴<br>BILL CLINTON, 1993-2001: 42대 | 307 |

★ 사람들 생각엔 재미없었던 그들

| | |
|---|---|
| 18 드와이트 아이젠하워<br>DWIGHT EISENHOWER, 1953-1961: 34대 | 321 |
| 19 제럴드 포드<br>GERALD FORD, 1974-1977: 38대 | 333 |
| 20 러더퍼드 B. 헤이스<br>RUTHERFORD B. HAYES, 1877-1881: 19대 | 341 |
| 21 윌리엄 매킨리<br>WILLIAM MCKINLEY, 1897-1901: 25대 | 345 |
| 22 지미 카터<br>JIMMY CARTER, 1977-1981: 39대 | 355 |

★ 고집불통

| | |
|---|---|
| 23 율리시스 그랜트<br>ULYSSES GRANT, 1869-1877: 18대 | 361 |
| 24 제임스 먼로<br>JAMES MONROE, 1817-1825: 5대 | 367 |
| 25 리처드 닉슨<br>RICHARD NIXON, 1969-1974: 37대 | 375 |

## CONTENTS

**26 존 타일러** 383
JOHN TYLER, 1841-1845: 10대

**27 앤드루 잭슨** 387
ANDREW JACKSON, 1829-1837: 7대

**28 체스터 아서** 393
CHESTER ARTHUR, 1881-1885: 21대

**29 존 퀸시 애덤스** 397
JOHN QUINCY ADAMS, 1825-1829: 6대

**30 앤드루 존슨** 409
ANDREW JOHNSON, 1865-1869: 17대

**31 제임스 매디슨** 411
JAMES MADISON, 1809-1817: 4대

**32 그로버 클리블랜드** 415
GROVER CLEVELAND, 1885-1889, 1893-1897: 22대, 24대

**33 제임스 K. 포크** 419
JAMES K. POLK, 1845-1849: 11대

★ 농담거리 신세

**34 재커리 테일러** 427
ZACHARY TAYLOR, 1849-1850: 12대

**35 워런 G. 하딩** 433
WARREN G. HARDING, 1861-1865: 29대

**36 마틴 밴 뷰런** 441
MARTIN VAN BUREN, 1837-1841: 8대

**37 제임스 뷰캐넌** 447
JAMES BUCHANAN, 1857-1861: 15대

## CONTENTS

**38 윌리엄 헨리 해리슨** ............... 457
WILLIAM HENRY HARRISON, 1841-1841: 9대

**39 프랭클린 피어스** ............... 463
FRANKLIN PIERCE, 1853-1857: 14대

**40 벤저민 해리슨** ............... 469
BENJAMIN HARRISON, 1889-1893: 23대

**41 밀러드 필모어** ............... 477
MILLARD FILLMORE, 1850-1853: 13대

## ★ 대기 중

- **조지 W. 부시** ............... 487
  GEORGE W. BUSH, 2001-2009: 43대

- **앨 고어** ............... 495
  AL GORE

- **옮긴이의 글** ............... 505

이 책은 2000년 〈부시-고어〉의 미국 대통령 선거가 진행되던 시기에 출간되었다. 그로버 클리블랜드 대통령이 제22대, 제24대를 재임해 미국 역대 대통령은 41명이다. (제42대 빌 클린턴 대통령 재임기간: 2000년 미국 출간 시기)

# 머리말: 통치력과 유머 감각
Backbones and Funny bones

"나와 직업이 같지만 유머 감각이 없다면
누구도 오래 버티지 못할 것이다."
해리 트루먼(제33대 대통령)

★ ★ ★

헌법에서 대통령의 자격 요건을 꼽아 보면, 구체적이기도 하지만 막연하기도 하다. 35세 이상에, 미국 출생이어야 하고, "적어도 14년 이상 미국 내 거주자"여야 한다. 그게 전부다. 정치적 판단력, 학력, 말솜씨, 비전, 행정 능력 등에 대해서는 아무 얘기도 없다. 건국 시조들은 대통령의 자격 등 여러 과제의 빈칸을 채우는 일을 후대 사람들(학자들)에 넘겼다. 미국 최고위직에 올랐던 인물들을 대상으로 한 학술적 평가작업은 끊이지 않고 있다. 최근 사례로, 1년 전에 C-SPAN*이 미국 대통령들의 순위를 매기기 위해 역사학자들을 초빙했다. 그리 놀랄 일은 아니지만, 이 소수의 평가단은 경제운용, 정치, 외교, 사회정의 추구 등 엄중한 기준에 주안점을 두기로 했다.

*Cable-Satellite Public Affairs Network: 시스팬. 미국 의회활동 전문 케이블 TV.

그러나 대통령의 리더십에는, 덜 드러나기는 하지만 다른 요소가 하나 있다. 통치력backbone에 버금가는 요소로 유머 감각 funny bone이 요구된다는 것이다. 가장 성공적이었던 최고 지도자들은 분명히 이 두 가지를 모두 과시했다. 그중 한 사람이 프랭클린 D. 루스벨트다. 그는 "미국민 대부분은 두 가지 위대한 속성을 지니고 있습니다. 바로 유머 감각과 균형 감각입니다."라고 말했다. 사실 그 두 가지는 같은 것이다. 가장 위대한 지도자들은 재기 넘치는 웃음을 구사할 뿐 아니라, 그들 자신을 웃음거리로 만들 줄도 안다.

어쨌든 대체로 그렇다. 요즘은 어디를 가도 역사 전문가들이 포진해 있다. 이들은 나름대로 기준을 정해 대통령들을 깔끔하게 분류한다. 그런데 이들 역사학도와 정치인의 역할이 뒤바뀐다고 상상해보라. 정치인들은 심판자적 지위를 행사해온 학자들의 역할을 떠맡는 월터 미티*식 판타지를 오랫동안 꿈꿔왔다. (체스터 아서는 아서 슐레진저 2세**를 어떻게 '평가할까?')

이제 내 나름대로 유머리스트라는 기준에 따라 미국 대통령에 대한 평가, 또는 재평가를 시도한다. 물론 과학적이라고 할 수 없다는 것을 인정한다. 이 분류는 8개의 범주로 구성됐다.

---

*Walter Mitty: 제임스 서버James Thurber의 소설 《월터 미티의 비밀스런 생활The Secret Life of Walter Mitty》에 나오는 주인공 이름. 몽상가.
**Arrhur M. Schlesinger, Jr.(1917-2007): 미국의 역사학자. 퓰리처상 수상. 하버드대 교수, 케네디 대통령 특별보좌관1961-1964을 지냈다. 저서 《잭슨 시대The Age of Jackson》, 《제국의 대통령직The Imperial Presidency》, 《존 F. 케네디의 백악관 생활 1000일A Thousand Days: John F. Kennedy in the White House》 등이 있다.

1. 경지에 이르다: 링컨, 레이건, 프랭클린 D. 루스벨트, 시어도어 루스벨트
2. 양키 위트: 쿨리지, 케네디
3. 솔직담백, 과장, 무표정: 트루먼, 린든 존슨, 허버트 후버
4. 클래스룸 유머리스트: 윌슨, 가필드
5. 평균보다는 더 재미있는 대통령: 조지 H. W. 부시, 태프트, 존 애덤스, 조지 워싱턴, 토머스 제퍼슨, 빌 클린턴
6. 사람들 생각엔 재미없었던 그들: 아이젠하워, 제럴드 포드, 헤이스, 윌리엄 매킨리, 지미 카터
7. 고집불통: 그랜트, 먼로, 닉슨, 타일러, 잭슨, 체스터 아서, 존 퀸시 애덤스, 앤드루 존슨, 매디슨, 클리블랜드, 포크
8. 농담거리 신세: 테일러, 하딩, 밴 뷰런, 뷰캐넌, 윌리엄 헨리 해리슨, 피어스, 벤저민 해리슨, 필모어

최상위군에 에이브러햄 링컨, 로널드 레이건, 그리고 두 루스벨트를 올려놨다. (이 순위는 "역사의 순간순간"을 반영할 뿐이고, 또 이후 대통령들이 유머가 있느냐, 없느냐에 따라 계속 변할 수 있다는 점을 기억해야 한다.) 일반적인 기준에서도 이들은 가장 효율적이었던 최고 지도자로 평가된다. 우연의 일치일까? 나는 그렇게 생각하지 않는다. 세계에서 가장 스트레스가 많은 대통령직을 수행하는 데 웃음은 감정적인 안전밸브다. 링컨은 전쟁으로 만신창이가 된 암흑기에 "나는 울면 안 되기 때문에 웃는다."라고 말했다. 제2차 세계대전 중에는 FDR 프랭클린 루스벨트 입에서 메아리칠만한 말이었다. 그런 상황에서 그들이 '웃을 수 있었다'는 사실이야말로 가장 비인간적인 압박 속에서 피

어난 인간성의 정화를 웅변한다. 유머에 고통을 치유하는 미덕이 있다는 점을 감안할 때, 로널드 레이건의 위트는 단순히 국민을 매료시키는 것 이상의 성과를 이뤄냈는지 모른다―레이건은 또 그 위트의 힘으로 암살기도자가 쏜 탄환으로부터 회복하는 데 있어 가속도가 붙었는지도 모른다.1981년 피격사건

백악관의 실패 목록에 프랭클린 피어스, 벤저민 해리슨, 그리고 밀러드 필모어가 포함됐다. 그들이 미래를 기쁜 마음으로 보지 못했다는 점과 전혀 무관하지는 않다. 내 말을 오해하지는 마라. 필모어는 몇 년 동안 많이 웃겼다. 다만 그 웃음의 대부분은 그가 웃음거리가 돼서 나온 것이었다. 필모어 혼자만 그런 것이 아니었다. 백악관의 터줏대감이었던 집사장 어윈 "아이크" 후버*는 23대 해리슨 대통령부터 32대 루스벨트 대통령까지, 그 사이 모든 대통령들을 가까이서 봐왔다. 그는 1930년대에 집필 작업을 하면서 백악관을 매우 암울한 곳으로 그렸다. 후버는 이렇게 기록했다.

"마음껏 웃는 대통령은 거의 없었다. 태프트가 예외였다. 해리슨, 클리블랜드, 매킨리, 윌슨, 쿨리지, 후버― 모두 기껏해야 미소 짓는 정도였다. 루스벨트는 가끔 억지로 웃었고 하딩은 어쩌다 한 번씩 웃었다. 태프트와 후버는 가장 극단적이었다. 후버는 결코 소리 내 웃지 않았다."

---

*Irwin "Ike" Hoover(1871-1933): 대통령과 가족이 사는 중앙관저의 살림살이를 책임지는 최장수 집사장이었다. 어윈 아이크 후버는 1891년 백악관에 전등을 설치하러 왔다 뽑혀 42년간 집사장을 지냈다(1909-1933년 수석 집사장). 그와 함께한 대통령만 10명.

머리말: 통치력과 유머 감각

허버트 후버 대통령을 공평하게 평가하자면 대공황을 고려해야 한다. 대공황은 결코 웃을 일이 아니었다. 그로버 클리블랜드가 씨름해야 했던 초기 공황, 매킨리가 직면했던 미국-스페인 전쟁, 우드로 윌슨을 삼켜버린 제1차 세계대전이 다 마찬가지다. 하지만 그런 압박에도 불구하고(아니 그런 압박 때문에) 이들 대통령들은 각각 웃음 속에서 피난처를 찾았다. 사실 아이크 후버의 주장을 잘 살펴보면 앞뒤가 항상 맞지는 않는다는 것을 알 수 있다. 우드로 윌슨은 대담하게 외설스런 농담도 구사할 줄 알았고, 허버트 후버는 대부분의 역사책에 묘사된 모습의 말 없는 은둔자는 결코 아니었다. 그리고 "침묵의" 캘빈 쿨리지는 쉽게 "풍자적인" 캘빈 쿨리지가 될 수 있었다.

≪악마의 사전The Devil's Dictionary≫에서 앰브로즈 비어스\*는 대통령직을 "미국 정치라는 야외경기의 기름친 돼지"\*\*라고 정의했다. 역사학자들은 대통령직을 평가할 때 재직 중 성과를 기준으로 삼는다. 하지만 그렇게 진지한 기준에서 자신을 평가하는 대통령 후보는 거의 없다.

통념에 많이 어긋나게 존 애덤스는 예리한 풍자객이었다. 거구에 차분한 하워드 태프트는 유머 감각이 건전했다. 해리 트루먼은 사망 이후 한 세대 동안 워싱턴의 엄숙주의에 대응하는 유

---

\*Ambrose Bierce(1824-1914): 미국의 저널리스트이자 소설가. 그의 ≪악마의 사전≫은 단어의 의미를 신랄하고 풍자적으로 재해석한 책. 예를 들면 '대포'는 "국경선을 시정할 때 사용하는 도구"라고 정의하고 있다. 그의 별명이 비터 비어스(신랄한 비어스)이다.
\*\*The greased pig in the field game of American Politics: 대통령직은 기름친 돼지를 붙잡는 것만큼 어렵다는 것. '기름친 돼지 붙잡기' 경기가 있다.

력한 본보기가 됐다. 사실 나는 트루먼 씨가 동료 대통령들에 대해 내린 평가를 이 책에 양념삼아 뿌렸다. 트루먼의 코멘트가 대체로 그러하듯이, 관점이 뚜렷한 평가들이다.

## "웃지 않으면 죽는다"

아마 미국은 신이 우리에게 부여한 권리 중에서 생명과 자유에 이어 바로 행복추구권을 규정한 지구상의 유일한 국가일 것이다. 웃음과 자유는 잘 어울린다. 유머와 가치관도 마찬가지다. 인간이 나약해지는 환경에서 특히 그렇다. 에이브러햄 링컨은 말했다.

"악덕vice이 없는 사람들은 미덕virtue도 거의 없었다는 것이 제 경험입니다."

적기의 한마디 농담처럼 가식의 바람을 빼는 것은 없다. 스프링필드에서 링컨의 법률 파트너였던 윌리엄 헌든William Herndon의 경우를 보자. 링컨은 과묵했지만 헌든은 감정 표현이 넘쳤다. 링컨이 나이아가라 폭포에서 자연의 경이로움을 자기 눈으로 직접 구경할 기회가 있었다. 링컨이 돌아온 지 며칠 지나지도 않았는데, 헌든은 그답게 나이아가라 폭포 전체의 모습을 링컨에게 마구 떠벌려 설명했다. 들뜬 헌든이야말로 자연의 경이 그 자체였다. 헌든은 거품이 치솟는 격류, 웅장한 급류 소리, 나이아가라 계곡 위에서 사라질줄 모르고 떠 있는 무지개의 위용 등 장엄한 광경을 전달하느라 전력을 다했다.

예찬의 말을 다 쏟아낸 뒤, 마침내 이 젊은 파트너는 링컨에게 어떤 경험이 가장 인상 깊었느냐고 물었다. 그러자 링컨이 대답했다.

"내가 처음 폭포를 봤을 때 가장 강렬하게 떠오른 생각은, '도대체 저 물들은 다 어디서 나온다는 말인가?' 였죠."

믿기 어렵겠지만 미국 정치에서 후보자들이 스스로 '언론용 코멘트'*를 생각해내던 시절이 있었다. 이 분야에서 링컨보다 더 나은 사람은 없었다. 링컨의 평생 라이벌인 스티븐 더글러스 Stephen Douglas가 링컨 보고 두 얼굴의 사나이라고 했다. 링컨은 청중들을 향해 느릿하게 말했다.

"여러분께 판단을 맡깁니다. 만일 제게 또 다른 얼굴이 있다면, 지금 이 얼굴을 하고 있을 거라고 생각하십니까?"**

당연히, 더글러스는 링컨의 농담 한 마디 한 마디가 "등 뒤를 후려치는 것 같다"고 탄식했다.

미국 민속학자인 B. A. 보트킨Botkin에 따르면, 이 위대한 노예해방자는 "풍자를 경구의 수준으로 끌어올렸다." 아울러 링컨의 서부개척시대 유머는 스타일에서 노엘 카워드Noël Coward보다는 마크 트웨인Mark Twain 쪽에 더 가까웠다는 점도 꼭 언급돼야 한다.

---

*sound bite: 사운드 바이트.
**If I had another face, do you think I would wear this one?: 얼굴이 두 개라면, 지금의 이 못 생긴 얼굴을 하고 있지는 않을 것이라고 응수함.

1862년 9월, 남북전쟁 와중에 〈노예해방선언문〉 제안서를 주제로 열린 내각회의에서였다. 격무에 지쳐 있던 링컨은 회의 시작에 앞서 아티머스 워드의 ≪유티카의 숭고한 분노A High-Handed Outrage at Utica≫* 중에서 약간은 점잖지 못한 구절을 들려주었다. 주위의 근엄한 정치인들은 불편하다는 듯 몸을 비틀었다. 〈최후의 만찬〉을 묘사하기 위해서 만들어진 밀랍인형에 불과한 유다상이 박살난 이야기였다.

워드의 주인공 같지 않은 주인공은 외쳤다.

"가리옷 사람 유다**는 죗값을 치르지 않고서는 여기 유티카에 한 발자국도 들여놓을 수 없다."

책에서 눈을 떼 고개를 들면서 링컨은 동료들이 그다지 좋아하지 않는다는 것을 확연히 느꼈다. 링컨은 말했다.

"여러분, 좀 웃어보지 않으시겠습니까? 저는 웃지 않으면 죽습니다. 이 약은 제가 필요한 만큼 여러분에게도 필요합니다."

이 '약'은 양당 모두를 위한 처방이고, 펜실베이니아 애비뉴 1600번지백악관 주소의 입주자 모두에게도 해당된다. 역사에 남을 인물이라면 특히나 그렇다. 시어도어 루스벨트는 어린 시절 링컨의 장례 행진이 자신이 살고 있던 뉴욕의 적갈색 벽돌집 창문 밑을 지나는 것을 지켜보았다. 그는 이 순교자 대통령을 영웅으로 숭배하는 마음을 평생 되새겼다.

***Artemus Ward(1834-1867): 언론인·유머작가. 아티머스 워드가 〈최후의 만찬〉 밀랍인형 때문에 그 지역의 덩치 큰 청년으로부터 봉변을 당했다는 이야기이다.
*Iscariot Judas: 예수의 12제자 가운데 한 명으로, 예수를 배반한 '가리옷 유다'를 말한다. [Iscariot]은 '가리옷 사람' 외에 '위선자', '거짓말장이' 등의 뜻이 있다.

삶에 대한 TR시어도어 루스벨트의 열정은 전설적이었다. 운동선수 학생들 앞에서 그는 삶을 이끌어온 철학을 설명했다.

"물러서지 마십시오. 반칙하지 마십시오. 그리고 대담하게 돌파하십시오."

루스벨트는 많이 승리했지만 슬픔도 적지 않았다. 그는 같은 날 아내와 어머니를 잃었다. 제1차 세계대전에서는 막내아들이 적탄에 쓰러졌다. 백악관을 떠나면서 정치적 후광도 스러졌다. 그는 선거에서 이긴 만큼 많이 졌다. 그러나 이 험난한 인생의 사도는 결코 유머 감각을 잃지 않았다. 링컨처럼 그는 웃음으로써 눈물을 해독했다.

루스벨트가는 아이들이 다섯 명인데다 애완동물도 많아서 재미있는 일들이 끊이지 않았다. 대통령이 '쿠엔틴Quentin의 뱀 모험'이라고 부르는 사건이 대표적이었다. 루스벨트의 막내아들 쿠엔틴이 롱아일랜드에 있는 가족 소유의 땅 주변에서 뱀 몇 마리를 잡았던 모양이다. 그중 한 마리는 도망쳤다. 다른 뱀들은 수도로 가서, 정부 관리들을 공포로 몰아넣었다. 루스벨트 가족들은 이것이 엄청나게 재미있었다.

"검찰총장과 현안을 논의하고 있었습니다." 대통령이 사실을 있는 그대로 설명했다. "그때 뱀들이 슬쩍 내 무릎 위에 앉았지요. 그런데 왕뱀이, 비록 쿠엔틴과 가장 친하기는 했지만, 작은 뱀 한 마리를 집어삼키려고 무척이나 애를 썼습니다. 쿠엔틴과 동물들이 내가 법무부 사람과 상담하는 데 방해가 됐어요. 그래서 쿠엔틴에게 옆방에 가 있으라고 했습니다. 그 방에는 의원

4명이 내가 시간이 날 때까지 지루하게 기다리고 있었습니다. 나는 무료하게 기다리는 의원들에게 쿠엔틴과 뱀들이 활기를 불어넣어 주지 않을까 생각했습니다. 쿠엔틴은 내 말을 듣고 곧바로 의원들에게 달려갔습니다. 쿠엔틴은 의원들이 자기와 비슷한 사람들인 걸로 믿었나 봅니다. 의원들은 처음에 뱀들이 나무로 만든 것인 줄 알았다가 뱀들이 살아 있다는 것을 깨닫고는 깜짝 놀라 물러났습니다. 내가 쿠엔틴을 마지막으로 봤을 때, 재킷 벗는 걸 한 의원이 열심히 돕고 있었는데, 결국 쿠엔틴의 한쪽 소매 끝에서 뱀이 기어나오더군요."

이것도 의원들을 각성케 하는 한 방법이다. 내 경험으로 볼 때 대통령은 일반적으로 펜실베이니아 애비뉴의 '다른 한쪽 끝' 연방의회 의사당을 뱀굴로 생각한다.

## 별난 커플들

대통령을 유머리스트로 재단한다면 기존의 전통적 평가 방식과 크게 어긋난다는 점을 알고 있다. 하지만 웃음보다 더 강력한 힘이 있을까? 사람의 혀보다 더 날카로운 무기는 없다(믿어 달라, 나도 종종 베인다). 충동적인 사람들에게 유머는 말의 칼처럼 사용될 수 있다. 수줍어하거나 억압받는 사람에게 유머는 너무 가까워지려거나 깊이 알려고 하는 사람들에 대한 방패 노릇을 할 수 있다.

유머를 통해 우리는 양키Yankee 재치꾼, 캘빈 쿨리지와 존 F. 케네디의 세계를 알 수 있다. 두 사람은 뉴잉글랜드의 지역적 뿌리를 제외하면, 분필과 체더치즈처럼 겉으로는 비슷하지만 속은 전혀 다르다. 사실 두 사람은 모두 자만심에서 바람을 빼는 데 유머를 사용했다.

어느 신문에서 백악관 보좌관 중 한 명을 "눈부시게" 총명하다고 기술했다. 케네디가 그 기사를 읽고 비웃었다.

"그 친구들 결코 잊으면 안 됩니다. 5만 표만 달라지면 우리 모두 눈부시게 멍청해진다는 것을요."

1961년 케네디와 철강업계가 대립하고 나서 얼마 안 됐을 때, 경제 상황이 비관적이라고 확신하는 한 유명한 사업가가 그를 방문했다. 케네디는 방문객을 안심시켜주기 위해 이렇게 말했다.

"아무튼, 저도 대통령만 아니라면 주식을 사겠습니다."

그러자 그 사업가가 응수했다.

"당신께서 대통령만 아니라면 저도 주식을 사겠습니다."

카리스마형의 케네디와 비교해, 쿨리지는 근엄하다기보다는 장난기가 있었다. 쿨리지는 일반적인 정치적 재능을 타고 나지는 않았으나, 면도날처럼 날카로운 유머를 구사하면서 상대를 곤경에 빠뜨리는 인물로 대중들에게 각인됐다. 캘빈 쿨리지는 평생 온몸이 마비될 정도의 수줍음과 싸웠고, 사람들은 그를 '침묵의 캘Silent Cal'이라는 고정관념 속에서 바라보게 됐다. 쿨리지는 버몬트에서 보낸 소년 시절, 부엌에서 부모님이 접대하는 낯선 사람의 목소리가 들리기만 해도 그 자리에서 얼어붙어 버렸다. 어른이 된 쿨리지는 정치라는 외향적인 일을 하게 됐으나, 성격은 여전히 내향적이었기 때문에 선거에서 상대방에게 인사를 할 때는 의지력이 필요했다. 시간이 지나면서 그는 병적인 내향성을 극복했다.

그는 이렇게 털어놨다.

"하지만 매번 낯선 사람을 만날 때는 고향 집의 오래된 부엌 문을 지나가야 합니다. 끔찍한 일입니다."*

그의 내향성에 총명함이 어우러졌다. 쿨리지의 조용한 행동은 세월이 흐르면서 가식적인 것에 낄낄댈 줄 아는 과감하고 재미있는 개성으로 발전했고 농담으로도 유행했다. 쿨리지가 정치적 구걸꾼들을 물리치는 방식은 그가 개구음 [a]를 발음할 때의 양키 사투리만큼 독특했다.

일리노이주 여성 하원의원이, 폴란드 출신의 저명한 시카고 인사가 연방 판사직을 얻을 수 있도록 백악관에 강하게 요청했다. 그 하원의원은 폴란드계 미국인 그룹이 개별적으로 대통령에게 로비할 수 있도록 주선했다. 폴란드계 미국인 그룹이 대통령 집무실로 안내돼 들어왔다. 이들은 대통령이 굳은 표정으로 바닥만 응시하고 있자 불편해서 안절부절 못했다. 순간이 영원 같아 보이던 시간이 지나갔다.

---

*But every time I meet a stranger, I've got to go through the old kitchen door back home, and it's not easy: 어렸을 때 부끄러움이 많아서 손님들에게 인사하기 위해 부엌문을 지나가기가 힘들었다는 뜻.

머리말: 통치력과 유머 감각    43

마침내 대통령이 침묵을 깼다.

"기기 카펫이 매우 좋죠."

대표단은 한숨 놓이고 기대감도 있어서, 동의한다는 표시로 반갑게 고개를 끄덕였다.

쿨리지는 말했다. "새 것이라, 비용이 많이 들었습니다."

이에 손님들은 더욱 더 그러느냐는 맞장구로 미소를 지었다.

"그 하원의원이 여러분에게 판사 자리를 마련해 드리려고 노력하느라 이전 카펫이 닳아버렸습니다."

그런 식으로 쿨리지는 딱딱한 동시대인들을 상대로 웃고 좋아했다. 역사학자들은 그때그때 기분과는 별 상관이 없는 사람들이어서, 대체로 농담은 지나쳐버린다. [캘빈, 우리는 그대를 잘 몰랐다니까요 Calvin, We Hardly Knew Ye.]*

모든 대통령은, 이르든 늦든 언젠가는 우리를 웃긴다. 어떤 대통령은 자신이 웃음거리가 되어 웃긴다. 다음 내용은 대부분이 모욕성 유머라고 분류할 수 있다. 어떤 경우는 백악관의 사나이가 다른 사람을 겨냥한 유머인 반면에, 또 어떤 경우는 백악관의 사나이가 웃음거리가 된 유머다.

예를 들면, 쿨리지의 동시대 신문 기자들은 그가 괴상한 측면에서 재미있다고 생각했다.

---

*아일랜드의 반전(反戰) 민요인 [Johnny, I Hardly Knew Ye(자니, 당신을 못 알아 보겠어요)]를 인용. 19세기 초반, 대영제국은 동인도회사를 지키기 위해서 많은 식민지인 아일랜드인을 전쟁터로 보내서 싸우게 했다. 남편이 전쟁터에 나갔다가 돌아오지만, 부상당하고 팔다리가 잘려 상이군이 되어 돌아온 남편을 그 아내는 알아보지 못한다는 내용이다. 멜로디는 아름답지만, 그 내용은 전쟁의 비애를 담고 있다.

"볼티모어의 현인" H. L. 멩켄*은 민주주의를 이렇게까지 정의할 정도였다.

"자기 나라에서 태어난 백인 성인 3,571만 7,342명이 잘생기고 현명한 사람들이 포함된 수많은 후보 중에서, 존경하는 쿨리지 씨를 국가 원수로 뽑는 정부의 시스템. 그것은 마치 일등 주방장이 준비한, 테이블 커버가 1에이커를 차지하는 연회에서, 배고픈 사람이 잔칫상에 등을 돌리고 파리를 잡아먹으며 요기하는 것과 같다."**

멩켄은 쿨리지의 전임자들에게는 더 가차 없었다. 그는 호감을 주는 워런 G. 하딩을 "태도는 시골 옥수수 박사 같고 자세는 과장된 연기자 같은 허풍쟁이 정치인"이라고 무시했다.

멩켄은 비판이라면 기회균등의 원칙을 남용해 앞뒤를 가리지 않았다. 그는 이상이 높았던 우드로 윌슨도 "대천사 우드로 Archangel Woodrow"라고 비꼬았다. 도시적이고 말끔한 윌슨은 재미로 대통령 순위를 매길 경우, 어떻게 해도 상위에 오른다. 제임스 가필드는 윌슨의 친구로 한때 대학 총장이었다. 그를 윌슨 수준으로 평가할 독자는 거의 없으리라고 여긴다. 그렇지만 다시 생각해보라. 이 어울릴 것 같지 않은 두 사람은 내가 분류한 "클래스룸 유머리스트"의 주인공 한 쌍이다.

---

*Henry Louis Mencken(1880-1956): 미국의 문예비평가, 언론인. 〈아메리칸 머큐리〉를 창간하였다. 저서 ≪편견집Prejudices≫, ≪아메리카어The American Language≫ 등이 있다.
**유권자들이 훌륭한 후보 중에서 쿨리지를 대통령으로 뽑은 것은, 배고픈 사람이 진수성찬을 앞에 놓고 엉뚱하게 파리를 잡아먹는 것과 같다는 멩켄의 풍자.

월슨과 가필드 바로 위에 "솔직담백, 과장, 무표정"으로 분류된 대통령들이 있다. 해리 트루먼, 존슨, 허버트 후버 등 모두가 웃음의 감수성을 풍부하게 타고난 대통령들이었다. 못 말리는 리즈 카펜터Liz Carpenter는 린든 존슨 대통령 시절, 영부인 레이디 버드 존슨Lady Bird Johnson의 공보비서였다.

카펜터는 백악관 연설문 작성자가 존슨 대통령에게 보낸 원고 내용을 회고했다. 아리스토텔레스의 인용구로 가득 찬 고답적 글이었다.

"아리스토텔레스라니!" LBJ린든 존슨는 코웃음을 쳤다. "사람들이 도대체 아리스토텔레스가 누군지 알기나 하나!"

존슨은 아리스토텔레스 인용문을 좀 더 친숙한 사람이 말한 것으로 바꾸기로 결심했다. 그는 이런 문구를 집어넣었다.

"우리 아버지가 평소에 내게 해 준 말에 따르면…"

후버 또한 단도직입적으로 핵심을 찌를 때 유머를 구사했다. 1929년 여름, 영부인이 한 흑인 여성을 백악관에 초청했다. 일부에서 난리가 났다. 전례가 없었기 때문에 믿을 수 없는 일처럼 보였다. 텍사스 주의회에서 일부 의원은 대통령 탄핵까지 요구했다.

후버는 화가 났다기보다는 상황을 즐긴 편이었다. 그는 영부인에게 도덕적으로 옳은 일을 한 것이라고 안심시켰다. 아울러 영부인에게 이렇게 말했다.

"정통 종교의 주요 이점 중 하나가 불구덩이 지옥을 텍사스 의회에 갖다 준다는 것이죠."

## 워싱턴 웃기기

또 한 단계는 "평균보다는 더 재미있는 대통령"이다. 이 단계는 대부분의 대통령보다는 더 건강한 유머 감각을 과시한 대통령을 위한 자리다. 하지만 내 친구 데이비드 레터맨*이 뽑은 "TOP 10"에는 분명히 도달하지 못한 그룹이다. 이 그룹은 조지 부시로 시작해 빌 클린턴으로 끝난다. 그 사이에는 미국 건국 초기 대통령 몇 사람이 있다. 건국 초기 대통령들은 현대인들이 보기에 그들을 기념하는 대리석 조각처럼 생명이 느껴지지 않는다. 그것은 정말 그들의 잘못이 아니다. 제임스 먼로제5대 대통령보다 매릴린 먼로Marilyn Monroe에 더 주파수가 맞춰져 있는 시대에, 시간이 흐를수록 그들에게 이득 될 것은 없다.

풍자극이 토요일 밤에 막을 내려야 한다면, 대부분 정치 유머도 지나치게 익어버린 바나나처럼 유통기한이 오래가지 못할 것이다. 캐츠킬 희극배우**가 독립선언문을 쓸 수는 없지 않았겠는가. 거꾸로 토머스 제퍼슨제3대 대통령, 〈독립선언문〉의 기초자의 입술에 미소를 띠우게 해준 것이 오늘날 ***〈메리에게는 뭔가 특

---

*David Michael Letterman: CBS-TV 인기 토크쇼 〈데이비드 레터맨쇼〉 진행자.
**Catskills comic: 뉴욕주 남동부 캐츠킬Catskill산맥 일대. 캐츠킬의 희극은 20세기 중반에 특히 융성했는데, 현대 희극배우들이 독립전쟁 당시의 정서를 소화하기 어렵듯이, 독립전쟁 시대의 정서가 오늘날 통하기 힘들다는 의미인 것 같다.
***캐머런 디아즈, 맷 딜런 등이 출연한 1998년 로맨틱코미디 영화.

별한 것이 있다There's Something About Mary〉 세대를 즐겁게 해 줄 수는 없지 않겠는가.

애깃거리가 되는지 안 되는지는 잘 모르겠지만, 우리의 건국 시조들이 그렇게 엄격해 보인 데에는 다른 이유가 있다. 그들은 급진적이고, 새롭고, 시험되지 않은 정부 시스템에 가능한 한 최대한의 품격을 부여해야 했다. 그리고 초기 역사학자들은 이 완벽한 인물들을 신성화할 필요가 있었다. '필라델피아 제헌의회'에서 제임스 매디슨제4대 대통령은 뉴욕 출신의 거버너 모리스\*와 내기를 걸었다고 한다. 매디슨은 모리스가 워싱턴의 등을 때리고 이름first name만 부르면\*\* 멋진 저녁을 사겠다고 약속했다. 모리스는 내기를 받아들였다가, 대통령으로부터 호되게 당하고서야 성과를 거둘 수 있었다. 모리스는 저녁을 얻어먹었지만 다시는 위대한 워싱턴을 대할 때는 선을 넘어서면서까지 친숙한 척 하지는 않겠다고 다짐했다.

거버너라는 희한한 이름을 들어본 적도 없는 사람이라면 별로 재미없는 이야기다. 하지만 워싱턴도, 근엄하게 가발 쓴 반신반인 같은 동료들 대부분처럼 [웃길 줄 알았다.] 예를 들어보자. 워싱턴이 제헌의회에서 돌아온 직후 자신의 농장 마운트 버넌Mount Vernon에 정원사를 고용했다. 워싱턴이 계약을 맺은 후보

---

\*Gouverneur Morris(1752-1816): 미국의 정치가·외교관·재정전문가. 미연방헌법 최종안 작성에 참여했다. 1792-1794년 프랑스 공사로 재임.
\*\*조지 워싱턴George Washington을 "조지George"라고만 부르는 것.

자는 술고래였다. 워싱턴은 정원사가 1년간 엄숙하게 맨정신으로 의무를 다 하도록 했다.

"크리스마스에 4달러 지급(4일 낮과 밤을 술 마실 수 있음). 부활절에는 같은 취지로 2달러. 성신강림절에도 2달러(아침에 가볍게 한잔, 저녁과 낮에는 독주를 마실 수 있음)."

누구나 워싱턴의 의치義齒에 대해 들어봤을 것이다. 그 의치를 본 사람이 있기는 한가? 이와 관련해, 남북전쟁 이전 대통령 중에서 입술이 살짝 치켜 올라가는 정도의 미소라도 본 사람이 있기는 한가? 그들을 이상적으로 묘사한 초상화는 심각하기만 했다. 비난을 하려면 피사체를 왜곡하는 초기사진 시대의 렌즈에 해라. 은판사진법daguerreotype이 쓰이던 초기 카메라로 사진을 찍으면 거의 어둡고 입술을 꽉 다문 표정만 나왔다. 그렇지않은 모습으로 사진을 찍기 위해서는 노출을 너무 오래해야 했기 때문이다.

대통령의 말을 후대 사람들이 공유하기 전에 순화해야 한다고 주장하는 연설문·농담 작가 그리고 깐깐한 편집자들이 20세기 이전에는 "발명"되지 않았다는 사실은 엎친 데 덮친 격이다.

---

*barnyard references: 동물이 사는 헛간 상황을 가리키는 용어가 고상할리 없다. 욕설도 많다. 옛날 대통령들은 헛간관련 용어들을 많이 썼는데, 요즘처럼 말을 다듬어줄 공보 비서도 없었다는 뜻.
**Charles Francis Adams, Sr.(1807-1886): 미국의 정치인, 외교관. 존 애덤스제2대 대통령의 손자이자 존 퀸시 애덤스제6대 대통령의 아들이다. ≪존 애덤스 전집Works of John Adams≫, ≪존 퀸시 애덤스 회고록Memoirs of Johm Quincy≫을 편찬했다.

초기 대통령 대부분은 농부나 대농장 소유주 출신으로, '헛간과 관련된 말'에 익숙했다.* 그렇지만 존 애덤스의 손자찰스 프랜시스 애덤스 1세**는 이 저명한 조상의 서신을 출판키로 하면서 조심스럽게 "저급한" 언급을 지웠다. 그 언급들은 전부 다 의미심장했고, 많은 부분이 해학적이었다.

조지George에서 조지George까지…. 조지 부시제41대 대통령는 1999년 지극히 개인적인 이야기들을 폭넓게 모아 출판했다. 많은 독자들에게 새로운 내용이었다. 1987년 11월 7일 부시의 일기가 대표적 사례다.부통령 시절(1981-1989)

"아이오와주, 브랜든. 작고 아담한 도시다. 타운 전체 인구보다 많은 사람들이 이 작은 시내 한복판에 모여 있다. 온 곳에서 다 모였다. 소방관들은 노란 코트를 입고 군중들의 이동을 통제한다. 어린이, 기수, 집에서 만든 부통령 환영 표지들. 나는 브랜든 피드스토어Brandon Feedstore로 간다. 그리고 걸어 들어가기 직전, 사람들과 악수를 하고 있는데 한 할머니가 내게 말했다.

'생각보다 젊어 보이네요.'

'많은 사람들이 더 커 보인다고는 합니다.'

'아니, 아주 더 젊다고 그랬어요.'

'그런데, 저는 63세인데요.'

'제기랄…?'

모든 사람들이 그 할머니가 하는 말을 들었다. 옆에 있던 사람들 모두 놀라서 움찔하는 듯했다. 나도 웃었고 그들도 신나게 웃었다. 정말 환상적이었다. 내 정치인생 중 최고의 순간 중 하나였다."

빌 클린턴이 조지 H. W. 부시의 뒤를 이어 백악관에 들어온 지 얼마 안 됐을 때였다. 클린턴은 민주당 모금 만찬에서 이렇게 말했다.

"제가 예전에는 유머 감각이 있었는데 사람들이 그게 대통령답지 못하다고 해서 그만하기로 했습니다."

그렇다. 클린턴은 자주 헐리우드의 아는 사람들에게 최고로 멋진 문구를 만들어 달라고 요청했다. 이 시대의 대통령은 정치적 무기고에 보관된 최강의 무기 중에서도 '웃음'이라는 무기 없이는 누구도 버텨낼 수 없다는 점을 클린턴은 이해하고 있었다. 그리고 클린턴 대통령은 일방적 무장해제\*를 수용할만한 그런 인물이 아니었다.

반듯하기로 유명한 워런 크리스토퍼Warren Christopher 국무장관에 대해 클린턴은 "대통령 전용기 안에서 M&M작고 동그란 초콜릿을 먹을 때 나이프와 포크를 사용하는 유일한 사람"이라고 말했다.

2000년 백악관출입기자단 만찬에서 대통령은 지난날의 공과로 생각이 가득했다. 클린턴이 그의 행정부에서 일어난 스캔들\*\*에 대해 대담하게 익살을 부렸다.

---

\* "웃음"이라는 무기의 포기.
\*\* 섹스 스캔들. 특별검사가 조사했고 탄핵재판으로까지 이어졌다.

"아시다시피, 의회에서 공화당도 시간이 촉박합니다. 이해합니다. 정말 이해합니다." 클린턴이 말했다.

"그들이 나를 조사할 시간이 단지 7개월여 남았습니다. 중압감이 무척 클 겁니다. 시간은 없고 풀리지 않은 해답은 많고. 예를 들면 지난 몇 달간 저는 10파운드가 빠졌습니다. 그게 다 어디로 갔습니까? 왜 제가 그걸 특별검사한테 제공하지 않았습니까? 어떻게 그 빠진 살이 결국 팀 러서트* [NBC 〈미트 더 프레스〉 진행자]한테 갔습니까?"**

## 달걀과 비스킷

드와이트 아이젠하워와 제럴드 포드는 종종 대통령으로서 저평가되는데, 유머리스트로서도 역시 저평가되고 있다. 이들은 "사람들 생각엔 재미없었던 그들" 그룹의 선두를 이룬다. 아이크 Ike(아이젠하워의 애칭)는 내 영웅이다. 단지 그가 유머를 "사람들과 잘 어울리고 일이 성사되는 데" 핵심 요소라고 인식했기 때문만

---

*Tim Russert(1950-2008): NBC 방송의 유명 시사대담프로그램인 〈미트 더 프레스 Meet the Press〉의 진행자이자 정치전문기자(발그레한 볼에 푸근한 인상이 트레이드마크였다). 러서트가 진행한 〈미트 더 프레스〉는 미국의 일요일 아침을 대표하는 최고 인기의 정치 토크쇼. 전·현직 미국 대통령을 비롯해 수많은 정치인이 그의 방송에 출연해 진땀을 뺐다.
**온갖 종류의 사실 확인 요구에 시달려온 클린턴은 빠진 살도 특별검사한테 증거로 제출해야 하느냐고 농담한 것이다. 또 억측이 많아서, 자신은 살이 빠지고 NBC 〈미트 더 프레스〉 진행자는 살이 찐 것도 어떤 상관관계가 있는지 수사를 해봐야 하는 게 아니냐고 역설적으로 농담한 것이다.

은 아니다. 아울러 그는 고향에 대한 지역적 애정을 굳이 숨기려고 하지 않았다. 아이크는 아버지가 철도 관련 일자리를 찾아 머물렀던 텍사스에서 태어났다. 그렇지만 아이크는 두 살 때 캔자스의 애빌렌으로 갔고 이후 평생을 캔자스 사람이라고 여겼다.

그는 이렇게 비유했다. "닭이 오븐에다 달걀을 부화할 수는 있다. 하지만 그렇다고 해서 그것이 비스킷은 아니다."

아이젠하워가 매사에 그렇게 명쾌한 것은 아니었다. 아이젠하워 대통령계열 인사들은, 그가 기사거리에 정신을 쏟고 있는 기자들의 주의를 흐트러뜨리기 위해 간혹 일부러 말을 헷갈리게 한다고 생각했다. 공보비서인 짐 해거티Jim Hagerty가 정치적으로 민감한 질문들이 제기될 것이라고 주의를 주면 아이크는 이렇게 대답했다.

"걱정 마세요, 짐. 그 문제가 제기되면 내가 기자들을 헷갈리게 만들어버릴게요."

한번 판단해보시라. 1954년 기자회견에서, 아이크에게 질문이 던져졌다.

"회기 중 그 프로그램을 바꿀 필요가 없다고 판단하시면, 추가 수정안을 내시겠습니까?"

아이크는 대답했다. "네, 물론입니다. 저는 제가 모든 대답을 미리 알 만큼 명석하다고 믿을 정도로 어리석다고는 생각하지 않습니다."

오래 사는 것이 최고의 복수인지 아닌지는 모르겠다. 전직 대통령들이 현직일 때는 좀처럼 발휘하지 못했던 유머 감각을 나중에서야 때때로 발견한다는 것을 제럴드 포드는 사례로 보여 준다. 엘 고어 부통령이 대통령 후보로 지명된 민주당전당대회 전날이었다. 포드가 내셔널프레스클럽에 나왔다. 그는 부통령의 연설 방식에 번뜩이는 재기 같은 것이 부족하다고 놀렸다.

"앨 고어가 언젠가 환경에 대해 연설하기 위해 바닷가에 갔습니다. 그런데 파도가 밀려 나가더니 결코 돌아오지 않더라고요."*

포드 대통령이 친 골프공 몇 개가 엉뚱한 곳으로 날아갔을 수는 있다. 그렇지만 언론에서 가장 잘못했다고 비난할 수 있는 사안이 머리를 부딪친 것이라면—글쎄, 역사는 댄 래더**보다는 훨씬 더 우호적일 것이다. 치코Chico의 무대에서 넘어졌던 사람을 생각해보라!***

포드의 후임인 지미 카터 역시 퇴임 후 숨겨져 있던 유머 보따리를 풀어놨다. 그의 저서 ≪살아 있는 믿음Living Faith≫에 전형적인 이야기가 실려 있다. 카터의 글이다.

---

*The tide went out and never came back: 연설이 재미없어 파도가 돌아오지 않았다는 것.
**Daniel Irvin Rather: 미국 CBS 앵커(1981-2005). 〈이브닝 뉴스〉를 진행해온 미국 최장수 뉴스 앵커 댄 래더는 2005년 24년간의 앵커생활을 마무리하게 된다(2004년 9월 조지 W. 부시 대통령 "군복무 특혜" 오보사건으로 사과하고 은퇴함).
***포드 대통령은 자신이 친 골프공이 갤러리로 날아가고, 헬리콥터 출입구에 머리를 부딪치고, 대통령 전용기 트랩에서 미끄러지는 장면 등이 언론에 노출돼 실수하는 이미지가 강했다고 한다. 언론은 포드의 리더십을 높게 평가하지 않았다. 시간이 흐르고 나면 포드 대통령이 조금 더 나은 대접을 받지 않겠느냐는 취지인 것 같다. 밥 돌은 1996년 대통령 선거 때 공화당 후보였던 자신의 사례도 들었다. 당시 73세였던 밥 돌은 캘리포니아 치코의 한 유세장에서 넘어진 일이 있는데, 그 보도 내용이 씁쓸했던 모양이다.

한 친구가 죽어서 하늘나라에 갔다. 그가 성 베드로와 한 천사를 만났다. 성 베드로가 물었다.

"자신에 대해서 말해보시오."

그가 대답했다.

"주요 대학에서 박사학위를 받았습니다. 사업은 매우 성공적이었습니다. 교회 활동에 열심이었습니다. 주일 학교에서 교사도 했습니다. 자격이 충분하다고 생각합니다."

성 베드로가 물었다.

"다른 사람들을 위해서 무엇을 했습니까?"

이 친구는 잠시 생각하더니 말했다.

"대공황기에, 일단의 방랑자들이 집에 찾아왔습니다. 어머니께서는 샌드위치를 만들었고 제가 그들에게 가져다주었습니다. 달러화 가치가 떨어지기는 했지만, 최소한 50센트 어치는 됐습니다."

성 베드로가 물었다.

"최근에 한 일은 없습니까?"

이 친구가 대답했다.

"사실 지난해에, 제 이웃집이 불에 타 무너졌습니다. 저는 뒤뜰에 있던 낡은 가구 중에 작은 테이블을 찾아 그에게 갖다줬습니다. 이것 역시 50센트 어치는 됩니다."

성 베드로가 천사에게 말했다.

"지상에 가서 이 얘기가 사실인지 확인하시오."

그래서 천사가 내려갔다 돌아왔다.

"맞습니다. 그가 말한 것이 모두 사실입니다. 어떻게 할까요?"

성 베드로가 말했다.

"그에게 1달러를 돌려주고 지옥에 가라고 전하시오."

## 역사의 희생자

이제부터는, 대통령이 태어난 곳의 선물 가게에 배치하기에는 적합하지 않은 이야기들이다. 자질은 많았지만 유머 감각은 그다지 높게 평가되지 않은 최고 책임자들을 다루고 있다. 이들의 명단에는 미 대통령 역사상 가장 머리가 좋았던 사람 중 한 명인 존 퀸시 애덤스제6대 대통령도 들어있다. 역사책에서 애덤스는 앤드루 잭슨제7대 대통령의 그림자에 가려져 있다. 앤드루 잭슨은 개척 시대의 영웅이었고, 한 세대가 잭슨의 시대라고 명명될 정도로 인기가 높았다. 애덤스는 일기장에 털어놨다.

"나는 사람들과 함께 있을 때 그렇게 즐겁지 않고, 또 그런 걸 좋아하지도 않는다."

요즘 식으로 말하자면 우리의 아픔을 공유하지 않았다는 뜻이다. 애덤스에게는 다른 측면도 있었다. 그는 한쪽 손으로 영어를 쓰면서 또 다른 손으로는 그리스어를 번역할 수 있었.

그러나 애덤스의 가장 큰 재능은 적을 묵사발 내는 데 있었다. 한 불쾌한 라이벌에 대해서 그는 이렇게 선언했다.

"얼굴은 납빛이고, 비쩍 말랐고, 숨을 쉬면 쓸개에서 나오는 푸른 기운이 감돌고 혀에서는 독이 뚝뚝 떨어집니다."

그런데 사람들은 [나]보고도 혀가 날카롭다고 한다.

제임스 매디슨제4대 대통령도 역사의 희생자일지 모른다. 한 필라델피아 대표단은 이 버지니아 출신의 작은 남자가 "놀라울 만큼 성향이 온화하다"고 썼다. 한 여성은 버지니아의 매디슨 집을 방문하고는 그가 정말 말을 잘했고 위대한 이야기꾼이라고 평가했다. 이 여성은 "말 한 마디 한 마디가 받아 적을만했다"고 친구에게 말했다. 불행히도, 이 여성은 한 마디 말도 적어놓지 않았다. 아무도 받아 적지 않았다. 다른 한편으로, 매디슨은 먼지처럼 건조한 이미지였지만, 그 때문에 역사적 위상이 훼손되지는 않았다. 코미디 센트럴Comedy Central에 존 스튜어트\*와 함께 나온다는 것과 '헌법의 아버지'라는 것은 별개다.

종합해보면, 성공한 대통령 모두가 꼭 TV쇼 진행자인 리노 Leno나 레터맨Letterman에 '필적할' 농담 실력이 필요했던 것은 아니었다. 농담 실력보다 외교 성과가 훨씬 더 탁월했던 사람을 생각해보라. 생각났는데, 닉슨이 워터게이트\*\*를 악성농담 정도로 치부했던 시기가 틀림없이 있었다.

---

\*Jon Stewart: 유명 코미디언. 코미디 방송채널 '코미디 센트럴'의 〈데일리쇼〉 진행자.
\*\*워터게이트 사건(Watergate Affair): 1972년 대통령 "닉슨"의 재선을 획책하는 비밀공작반이 워싱턴 워터게이트빌딩에 있는 민주당 전국위원회본부에 침입하여 도청장치를 설치하려다 발각·체포된 정치적 사건. 당시 닉슨은 도청사건과 백악관과의 관계를 부인하였으나, 결국 1974년 대통령직을 사임하게 되었다. 임기 도중 대통령이 사임한 것은 미국 역사상 최초의 일이다.

머리말: 통치력과 유머 감각

닉슨 대통령과 나는 공통점이 많다. 우리는 모두 궁핍한 시골에서 자랐고, 제2차 세계대전에 참전했고, 하원 의원과 상원 의원을 지냈다. 물론 다른 점도 있다. 바로 그 차이 때문에 닉슨은 사람들이 대통령이라고 부른다.

닉슨은 물론 배우 셜리 매클레인Shirley MacLaine보다 더 자주 거듭 태어났다. 그러나 한 가지는 변하지 않았다. 닉슨의 딸 줄리 아이젠하워Julie Eisenhower는 어머니에 대해 쓴 탁월한 전기에서 한 장면을 회고한다. 팻 닉슨Pat Nixon이 비난에 직면해서 인내하고 있는 남편에 놀라는 장면이다. 닉슨은 말했다.

"나는 매일 아침 일어나서 적들을 혼란스럽게만 합니다."

닉슨은 아마 JFK의 유명한 연설문 작성자 테드 소렌슨*도 헷갈리게 만들었을 것이다. 닉슨이 케네디 취임연설 후 시카고에서 소렌슨과 마주쳤다.

닉슨이 그에게 말했다.

"그 취임 연설 중 일부는 제가 했으면 좋을 뻔했습니다."**

연설문을 작성했던 소렌슨은 자부심에 가득 차 닉슨에게 이렇게 물었다.

---

*Ted Sorensen(1928-2010): 존 F. 케네디의 특별보좌관으로 명연설문들을 작성. "JFK의 분신"으로 불렸다. 특히, 케네디의 취임사 [국가가 여러분을 위해 무엇을 해줄 수 있는지 묻지 말고, 여러분이 국가를 위해 무엇을 할 수 있는지 자문해보라.]는 구절은 불후의 명연설문이 되었다. 대외문제 자문역까지 맡았던 소렌슨을 두고 케네디는 "나의 지적 혈액은행"이라고 극찬했다.
**닉슨은 1960년 대통령 선거에서 공화당 후보로 출마하였으나 민주당 후보 케네디에게 패하였다.

"어느 부분이죠? 〈국가가 여러분을 위해 무엇을 해줄 수 있는지 묻지 말고….〉 그 부분입니까?"

"아니요." 닉슨이 설명했다. "〈나는 엄숙히 선서합니다….〉로 시작하는 부분 있잖습니까?"

## 농담거리 신세

이제 마지막 단계에 왔다. 의도는 좋았는데, 공과는 잘 드러나지 않은 8명의 지도자들이다. 이들은 역사에 치이고 학자들의 샌드백 신세로 전락했다. 마틴 밴 뷰런과 밀러드 필모어는 퇴임 후 그렇게 편안한 밤을 보내지는 않았다.* 두 사람은 각각 제3당 후보로서 백악관 재입성을 시도했다.

마틴 밴 뷰런은 〈자유토지당〉,** 밀러드 필모어는 〈아무것도 모른다〉 당*** 후보였다. 지어낸 얘기가 아니다. 1856년에는 "아무것도 모른다" 당이 있었다. 요즘은 많은 유권자들이 이를 양당의 계열당으로 생각한다.

---

*Neither Martin Van Buren nor Millard Fillmore went gently into that good night: 영국 시인 딜런 토머스Dylan Thomas(1914-1953)의 시 [조용히 사라지지는 마세요, 저 안녕의 밤 속으로(Do Not Go Gentle Into That Good Night)]의 인용구절. 임종 순간까지도 열정을 추구하자는 메시지를 담고 있다.

**Free Soil Party(자유토지당): 1848-1852년 사이에 존속했던 미국의 정당. 마틴 밴 뷰런의 주도로 창당되었고, 노예로부터 해방된 자유민들이 자유롭게 토지를 영유하는 것이 도덕적으로나 경제적으로 노예제보다 더 나은 방법이라 주장함. 1854년에 공화당으로 흡수되었다. 밴 뷰런은 1848년 자유토지당 후보로 대통령 선거에 나섰으나 백악관 재입성에 실패하였다.

나는 대통령 선거에 다시 나갈 가능성에 대해 질문을 받을 때면, 정신이 번쩍 뜨이는 그들의 사례들을 기억하려고 애쓴다. 그리고 W. C. 필즈****의 말을 되풀이한다.

"처음에 성공하지 못하더라도 시도하라, 또 시도하라. 그런 다음 그만두라. 더 바보처럼 굴어봤자 소용없다."

여러분은 이 말을 하고 있는 재커리 테일러*****를 상상할 수 있겠는가?

---

***Know-Nothing Party("아무것도 모른다" 당): 1845-1860년 사이에 존속한 정당. 이민제한, 외국 출착자 공직진출금지(이민배척주의) 등의 핵심 정책으로 1850년대 초반 돌풍을 일으켰다. 정식 당명은 '미국 토착주의당Natvie American Party'이었으나 "아무것도 모른다당Know-Nthing Party"이라고 불렸다. 가톨릭교회 공격과 폭동 등으로 당국의 조사를 받을 때마다 소속 정당에 대한 질문이 나오기만 하면 "아무것도 모른다"고 시치미를 뗐기에 따라붙은 별칭이다. 밀러드 필모어는 백악관에 재입성하기 위해 1852년 휘그당 후보로, 1856년 "아무것도 모른다"당 후보로 대통령 선거에 나섰으나 떨어졌다.
****William Claude Fields(1880-1946): 미국 유명 코미디언・배우・작가. 한때 찰리 채플린과 같이 명성을 떨쳤다. W. C. 필즈의 인생을 그린 영화 〈어느 코미디언의 눈물〉이 있다.
*****제12대 대통령(재임 1849-1850). 평생 군인으로만 살았던 재커리 테일러는 자신의 의지보다 전쟁 영웅을 원했던 휘그당의 필요에 따라 대통령 후보로 지명되어 쉽게 당선되었다.

★

# 경지에 이르다
## A Class by Themselves

# 1

## 에이브러햄 링컨
### Abraham Lincoln

언젠가 링컨이 말했다. "나는 많은 조롱을 견뎌왔고 친절한 대접도 많이 받아왔습니다. 그렇다고 조롱이 크게 악의가 있던 것은 아니었습니다. 또 친절한 대접이라고 해서 조롱기가 전혀 없던 것도 아니었습니다."*

*연극배우 제임스 해케트(James Hackett)가 셰익스피어에 관해 쓴 책을 링컨에게 보냈다. 링컨은 셰익스피어 연극에 대한 의견을 담아 감사의 답신을 보냈다. 이 편지가 유출돼 신문에 기사와 함께 실렸는데, 링컨을 놀리는 내용이었다. 이에 해케트가 사과하자 링컨이 위로한 말이다.

1830년대, 뉴세일럼에 살던 링컨은 지역 민병대에 입대해 〈블랙호크 전쟁〉*에 참전했다. 링컨은 후일 자신이 나라를 지키기 위해 흘린 피는 오로지 모기에게 돌아갔을 뿐이라고 말했다. 군인들에게 최고 권력을 부여해 온 미국의 역사와 자기 자신을 함께 풍자한 것이다.

> *Black Hawk War(1832): 아메리카 인디언 소크족의 추장 블랙호크(검은 매)가 지휘한 인디언부족과 미국의 전쟁. 이 전쟁에서 링컨은 인디언 전사들을 만난 적도 없고, 총 한 방 쏜 적이 없었다. (실제 전투에는 참가하지 못함. 이등병으로 강등되어 제대했다.)

링컨은 천성적으로 풍자에 재능이 있었고, 그걸 통제할 줄 알았다. 그렇지만 부지불식간에 그런 재능이 밖으로 튀어나오곤 했다. 링컨이 장광설을 늘어놓는 한 연사를 촌평했다.

"그는 내가 만난 사람 중에서, 가장 간단한 생각을 말하는 데 가장 많은 단어를 우겨넣습니다."

"설교를 들을 때, 목사님께서 벌과 싸우듯이 설교하셨으면 좋겠습니다."라고 링컨이 말했다. 그런 무례 때문에 링컨은 종종 곤경에 처하곤 했다. 스프링필드의 한 언론인은 이 떠오르는 정치인이 "광대처럼 군다"고 비난하기까지 했다. 링컨은 자신도 어쩔 수 없었다. 그의 큰 체구에서 개척 시대의 기지가 용솟음쳤던 것이다. 링컨은 열변을 토하는 순회 목사의 숲속 교회당 이야기를 무척 좋아했다. 목사는 멜빵 없이 늘어진 구식 바지와 단추 하나로 옷깃을 조인 셔츠를 입고 있었다. 그는 "나는 그리스도이니, 내가 오늘 그를 대변할 것이다."라는 원고를 읽으면서 설교를 시작했다.

이때쯤 작고 푸른 도마뱀이 목사의 한쪽 다리를 달려 기어올랐다. 설교자는 몹시 당황했다. 숨도 고르지 못한 채 그는 바지를 조이고 있던 단추를 풀었다. 성가시던 도마뱀은 곧 등 쪽으로 옮아갔다. 목사는 이번에는 셔츠를 조이고 있던 단추를 느슨하게 풀었다. 그리고 "나는 그리스도이니, 내가 오늘 그를 대변할 것이다."를 되풀이했다. 신도석의 반응은 짐작이 갈 것이다. 놀람과 침묵 속에 한 노년의 여성이 천천히 일어나 설교석의 사나이를 손가락으로 가리켰다.

"목사님, 당신께서 예수 그리스도를 대변하신다면, 전 이제 성경과는 끝이라는 말을 해두고 싶습니다."

스프링필드의 이웃사람이 하루는 창밖을 바라봤다. 링컨이 그의 두 아들 윌리, 태드와 함께 걷고 있었다. 아이들은 서로에게 고함을 지르며 허공에 주먹질을 하고 있었다.

"무슨 일입니까?" 이웃사람이 물었다.

"그냥 어디서나 있는 그런 일입니다." 링컨이 대답했다. "호두가 세 개 있는데, 두 녀석 다 서로 두 개씩 갖겠다는 거예요."

대통령 후보 링컨이 평생 라이벌인 스티븐 A. 더글러스*에 대해서 이렇게 말했다. "더글러스의 지지자들은 그의 둥글고, 유쾌하고, 뭔가 이뤄낼 것 같은 얼굴에서 우체국, 택지국, 치안, 내각구성, 선박 징세, 외교 임무 등이 풍성하게 쏟아져나올 것으로 생각하고 있습니다."

>  *Stephen A. Douglas(1813-1861): 미국의 정치가·변호사. 1843-1847년 연방 하원의원과 1847-1861년 상원의원. 민주당의 지도자로 활약하였다. 1854년 노예제의 인정 여부를 각 주 자체의 주민투표에 의해 결정하도록 위임하는 '캔자스-네브라스카 법안'을 의회에 제출하였다. 1858년 링컨과의 7회에 걸친 〈링컨-더글러스 토론〉으로 유명하다. 일리노이주 상원의원 선출에 공화당 후보 링컨에게 승리하여 상원의원으로 재선되었다. 2년 후 1860년 대통령 선거에서는 링컨이 더글러스를 누르고 당선되었다.

링컨은 더글러스의 주장을 평가절하했다. 더글러스의 주장은 "말 밤나무*horse* chestnut를 밤색 말chestnut *horse*로 바꿔버릴 수 있을 만큼 허울만 번지르르하고 환상적인 말의 조합"이라는 것이다.

유명한 1858년 〈링컨-더글러스 토론〉*을 통해 비쩍 마른 일리노이 출신 변호사 링컨은 전국적 명사로 떠올랐다. 두 사람 모두 격렬했으나 링컨은 결코 유머감각을 잃지 않았다. 게티즈버그에서 그는 친구에게 긴 망토를 건네며 이렇게 한마디 했다.

"내가 스티븐을 박살낼 때까지 들고 있어주시오."

*Lincoln-Douglas debates: 1858년의 대통령선거를 위한 중간선거에서 '민주당의 스티븐 더글러스와 공화당의 에이브러햄 링컨' 사이에서 벌어졌던 토론. 봄부터 가을까지 7회에 걸쳐 각지를 순회하면서 전개하였다. 노예제를 인정할 것인지의 문제는 각 지방 정부에 이임하는 것이 옳다고 주장한 스티븐 더글러스의 '주민투표론'에 대하여 링컨은 노예제도를 폐지해야 한다고 반론을 폈다. 이때의 연방상원의원 선거에서는 더글러스가 승리했으나, 이 토론을 통해 링컨은 유권자들에게 깊은 인상을 남기게 되고, 결국 2년 후 1860년 공화당 대통령 후보로 지명되어 당선된다.

같은 토론에서 스티븐 더글러스는 링컨과의 첫 만남을 거론하고는 점수를 땄다고 생각했다. 링컨이 뉴세일럼의 가게 점원으로 위스키와 시가를 팔던 시기였다. 더글러스가 말했다.

"링컨 씨는 매우 훌륭한 바텐더였습니다!"

링컨의 대답이 이어졌다.

"더글러스 씨가 말한 것은 모두 사실입니다. 저는 식료품점에서 일했고 목화, 양초, 시가, 그리고 가끔 위스키를 팔았습니다. 그 당시 더글러스 씨는 최고의 고객이었습니다. 저는 카운터 안에 서서 카운터 밖에 있는 더글러스 씨에게 위스키를 자주 팔았습니다.

그런데 지금 우리의 차이점은 이렇습니다. 저는 카운터 안을 완전히 떠났습니다. 하지만 더글러스 씨는 여전히 예전처럼 그 자리를 떠나지 않는다는 겁니다."

심리학적 통찰에서 이건 어떨지? 링컨이 말했다. "기지란, 사람들이 그들 자신을 바라보는 것처럼 다른 사람들을 묘사하는 능력이다."

링컨의 부인 메리가 정신세계에 관심이 많았다는 것은 널리 알려진 사실이었다. 정신세계에 관한 책을 쓴 저자가 책 한 권을 대통령에게 보냈다. 누군가가 그 책에 대한 견해를 묻자 링컨이 대답했다.

"글쎄요, 그런 종류의 책들을 좋아하는 사람들한테는 좋아할 만한 것이겠죠."

링컨은 당대에 가장 성공한 변호사 중 한 명이었다. 그의 성공은 부분적으로 유머 덕이었다. 한 변호사가 만든 장황한 서류 초안을 보고 링컨이 말했다.

"게으른 목사가 설교 원고를 길게 쓰는 것과 같습니다. 목사가 원고 작성에 착수는 했는데, 멈추기에는 너무 게을렀다는 말입니다."

1860년 시카고 공화당 전당대회에서, 링컨의 참모들은 오랜 관행에 따라 미래의 지지자들을 위해 각료 자리를 내걸었다. 후보 자신은 참모들에게 "나를 얽어맬 약속은 하지 말아주십시오."라고 주문했다. 하지만 그런 문제에서 진짜 현실주의자였던 선거 참모 데이비드 데이비스David Davis는 그런 지시는 바로 무시해 버렸다.

"링컨은 여기 없고, 또 우리가 어떤 상황에 직면해야 하는지도 모릅니다!"

데이비스가 다뤄야 했던 사람들 중 한 명이 사이먼 캐머런 Simon Cameron이었다. 그는 펜실베이니아 출신의 상원의원으로 손버릇이 나빴다. 캐머런은 나중에 전쟁부국방부의 전신장관을 맡았는데 직무수행에 문제를 드러낸다. 캐머런의 숙적 새디어스 스티븐스*는 이 '정직한 에이브' Honest Abe(링컨의 애칭)가 그처럼 고약한 악당 두목과 코드를 맞출까봐 놀라서, 늦기 전에 링컨에게 경고하기 위해 달려갔다.

"캐머런이 도둑질을 할 거라고 생각한다는 얘기는 아니겠지요?" 링컨이 물었다.

"아닙니다. 벌겋게 달궈져 있는 난로야 훔치지 않겠죠." 스티븐스가 말했다.

링컨은 이 이야기가 너무 재미있어서 참지 못하고 캐머런에게 말해버렸다. 캐머런은 당연히 그 말의 취소를 요구했다. 얼마 안 돼 스티븐스가 얼굴색이 벌게져서 백악관에 나타났다.

"링컨 씨, 왜 제가 말씀 드린 내용을 캐머런에게 했습니까?"

"꽤 괜찮은 농담이어서 그가 화 낼 거라고는 생각하지 못했습니다."

"보십시오, 그가 매우 화가 나 있어서 저는 취소하겠다고 약속할 수밖에 없었습니다."

스티븐스는 계속 떠벌렸다.

"지금 취소하겠습니다. 제가 캐머런이 벌겋게 달궈져 있는 난로는 '훔치지 않을 거'라고 말했죠? 그 말 철회합니다."

*Thaddeus Stevens(1792-1868): 공화당 급진파 지도자. 노예제 폐지에 적극적이었다. (410쪽 참조)

거만해 보이는 한 여성이 백악관 리셉션에서 링컨에게 다가왔다. 그 여성은 링컨에게 자신의 아들을 대령으로 임명해 달라고 요구했다. 그 여성은 그것이 혜택이 아니라 아들의 권리라는 점을 설명했다.

"대통령님, 제 할아버지는 렉싱턴에서 싸웠습니다. 제 친척은 블래든스버그에서 유일하게 도망치지 않았습니다. 제 아버지는 뉴올리언스 전투에 참전했습니다. 대통령님, 그리고 제 남편은 몬테레이에서 전사했습니다."

링컨이 대답했다.

"부인, 부인의 가족은 이 나라를 위해 충분히 할 만큼 했습니다. 이제 다른 사람에게 기회를 줘야 할 때입니다."

어느 날 오후, 링컨은 책상 위에서 사면을 요청하는 애틋한 내용의 편지를 발견했다. 늘 다발로 첨부된 유력한 후원자들의 청원서도 없었다.

"이 남자는 친구가 없습니까?" 대통령이 물었다.

그는 친구가 한 명도 없다고 옆에 있던 비서가 확인했다.

링컨이 말했다. "그럼 제가 친구가 되겠습니다."

그리고 링컨은 사면에 서명했다.

★

테네시 출신 여성 두 명이 하루는 백악관을 방문했다. 이들은 북군에 저항해 노던Northern 교도소에 수감돼 있던 남편의 석방을 요청했다. 한 사람은 남편이 신앙심이 깊기 때문에 석방돼야 한다고 주장했다. 그러자 링컨이 말했다.

"부인, 남편이 종교적이라고 말씀하셨는데요. 어쩌면 제가 그런 문제들에 대해서는 판단이 정확하지 않을지 모르겠습니다. 그렇지만 제 생각에, 하나님께서 자유로운 존재로 창조하신 인간을 노예로 만드는, 그런 부당한 제도를 옹호하기 위해 올바른 정부에 맞서 사람들로 하여금 반란을 일으키고 싸우게 하는 종교는 진정한 종교가 아닙니다. 다른 사람들이 흘린 땀을 댓가로 자기는 거저 빵을 먹겠다는 생각을 갖고 있는 종교는 하늘나라로 갈 수 있는 그런 종교가 못 됩니다."

결국 링컨은 그 여인들의 호소에 양보했다. 그러나 앞서 그들 나름대로의 종교적 행위를 다시 한 번 살펴볼 것을 촉구하며 링컨은 이렇게 말했다.

"진정한 애국심은 거짓 신앙보다 더 거룩합니다."

장군들의 역량 부족은 링컨의 대통령 직무수행에 골칫거리였다. 링컨은 유니언* 측 여단장 한 명과 군용 노새 12필이 적군에 사로잡혔다는 보고를 받았다. 링컨은 그답게 반응했다.

"참으로 안타깝습니다. 그 '노새'들은 한 마리당 200달러나 들었는데요."

---

*Union : 원래는 미국을 통칭하는 말. 남북전쟁(1861-1865) 당시 미국은 유니언과, 노예제 폐지를 반대하며 유니언에서 탈퇴한 컨페더러시confederacy로 갈라졌다. 남북전쟁은 노예제도, 무역 및 관세, 각 주의 주권 등을 쟁점으로 발생했다. 전쟁 결과 유니언 측이 승리하며 노예제가 폐지되고 연방정부(유니언)의 권한이 강화됐다.

1862년 겨울 링컨 내각에 위기가 닥쳤다. 새먼 체이스Salmon P. Chase 재무장관이 부추기는 바람에 상원의 비판론자들은 링컨에게 윌리엄 슈어드William Seward 국무장관의 해임을 요구했다. 링컨은 뒤따른 대결상황에서 적절하게 대처했다. 이로 인해 체이스는 상원의원들에게 비밀리에 말했던 대부분의 것들을 철회해야 했다.

체면을 구긴 체이스는 슈어드가 이미 제안한 대로 자진해서 사퇴하는 길 외에 대안이 없었다. 링컨은 기분이 좋아졌.

"이제, 말 타고 길을 떠날 수 있습니다. 내 가방 양쪽 끝에 호박이 있으니까요."*

실제로는 링컨은 두 사람의 사표를 모두 거부했다. 그리고 두 사람에 대한 리더십을 확고히 했다.

*Now, I can ride, I have a pumpkin in each end of my bag: 서부개척시대 말에 호박을 싣고 시장에 가던 모습을 인용. 두 사람을 양쪽에 두어 균형을 맞춘듯하다.

링컨이 한번은 호텔 웨이터에게 말했다. "이것이 커피라면 차를 갖다주세요. 하지만 이것이 차라면 커피로 해주세요."*

*If this is coffee, please bring me some tea. but if this is tea, please bring me some coffee: 커피 맛에 대한 불만을 우아하게 표현.

링컨은 굼뜬 조지 매클렐런* 장군과 자주 다퉜다. 대통령이 장군에게 전장 움직임에 대해서 더 잘 보고하라고 지시하자, 매클렐런은 이를 기회로 대통령을 놀려먹기로 하고 백악관에 다음과 같은 전문을 보냈다.

워싱턴 DC
링컨 대통령 귀하
"암소 6마리를 막 포획했습니다. 어떻게 할까요?"
조지 B. 매클렐런

결코 질 수 없는 링컨이 답신을 보냈다.

**포토맥군**
조지 B. 매클렐런 장군
"장군, 우유를 짜시오."
A. 링컨

*George B. McClellan(1826-1885): 남북전쟁(1861-1865) 당시 북군 지휘자. 북군의 주력군 중 하나였던 포토맥군을 지휘했다.

링컨이 처한 것과 같은 문제들로 시달린 대통령은 거의 없었다.

남북전쟁 중 가장 어두웠던 시기에, 보스턴의 저명한 지역 인사 대표단이 불만을 전하러 백악관에 왔다.

대통령은 참을성 있게 이야기를 듣고는 물었다.

"몇 년 전에 블롱댕*이 나이아가라 폭포 위 양쪽에 로프를 팽팽하게 걸어놓고 그 위를 건너간 걸 기억하십니까?"

대표단이 고개를 끄덕였다.

"대서양에서 태평양에 걸친 이 위대한 나라가 지금까지 이루어낸 물질적 가치, 부, 번영, 성과 그리고 미래에 대한 희망, 이 모두를 지니고 블롱댕이 저 무서운 폭포를 건너간다고 상상해보십시오. 그리고 그런 것들이 후세에 남을 지 여부가 그런 것들을 어떻게든 폭포 맞은편으로 옮겨놓는 블롱댕의 능력에 달려있다고 생각해보십시오. 또 가정의 평안과 집의 안정 등 세상에서 여러분이 가장 귀하게 생각하는 모든 것들이 블롱댕이 폭포를 건너느냐 여부에 역시 달려있다고 가정해보십시오."

링컨은 계속 말했다.

"그리고 블롱댕이 장대로 균형을 잡아가며 자신이 발휘할 수 있는 가장 정교한 기량으로 천둥처럼 울리는 폭포 위를 조금씩 전진해나가고 있는 그 상황에서, 여러분이 폭포 맞은편 쪽에 있다고 상상해보십시오. 여러분이 그에게 '블롱댕, 한 발 오른쪽으로!' '블롱댕, 한 발 왼쪽으로!' 그렇게 소리치겠습니까? 아니면 말없이 숨을 죽이며 전능하신 신에게 그를 이끌고 도와서 무사히 이 시험을 통과할 수 있도록 기도하시겠습니까?"

방문 대표단은 무슨 말인지 이해했다. 그들은 조용히 일어서 모자를 집어든 뒤, 대통령에게 작별 인사를 했다.

*Charles Blondin(1824-1897): 프랑스의 곡예사 샤를 블롱댕. 1859년 그는 밧줄을 타고 나이아가라 폭포를 건넜다.

1863년 가을, 링컨에게 주치의가 가벼운 천연두 증세가 있다고 말했다. 늘 그랬던 것처럼 공직 희망자들 office seekers에게 시달리던 상황이었다.

"전염되는 겁니까?" 대통령이 물었다.

"매우 전염성이 강합니다." 의사가 단언했다.

그런데 링컨은 이상하게도 기분이 좋아보였다. 의사가 이유를 묻자 대통령이 설명했다.

"좋은 점이 하나 있군요. 이제 내가 모든 사람들한테 나눠줄 수 있는 무엇인가를 갖게 됐으니 말입니다."

전쟁 와중의 중대 시기에 링컨은 귀찮게도 서명과 "인사말 sentiment"을 요청하는 편지를 받았다.

"안녕하십니까, 부인? 부인 자신만의 관심사를 낯선 사람에게 부탁할 때는 우표를 항상 동봉해주십시오. 부인의 편지에 부인의 '마음 sentiment'이 있습니다. 여기에 제 서명이 있습니다. A. 링컨."

링컨은 예술 감상 분야에서는 권위 있는 척하지 않았다. 링컨이 한번은 실물과 그다지 닮지 않은 초상화를 놓고 의견이 어떠냐는 질문을 받았다. 링컨은 그 화가가 실로 위대한 예술가라고 평가했다. 그리고 한 술 더 떴다.

"그는 하나님의 십계명을 준수하고 있습니다."

그게 무슨 뜻이냐는 질문에 링컨은 대답했다.

"제가 보기에 그 화가는 하늘 위, 땅 아래, 또는 땅 아래 물속에 있는 어떤 것과도 닮지 않게 그림을 그린 것 같습니다."<sup>*</sup>

*십계 중 [우상을 숭배하지 마라]: "너를 위하여 새긴 우상을 만들지 말고, 또 위로 하늘에 있는 것이나, 아래로 땅에 있는 것이나, 땅 아래 물속에 있는 것의 어떤 형상도 만들지 말며, 그것들에게 절하지 말며, 그것들을 섬기지 마라." (구약성서 출애굽기 20:4-5).

링컨은 조상에 대해서 별 관심이 없다고 말했다. "저는 제 할아버님이 누구인지 잘 모릅니다. 저는 그의 손자가 앞으로 어떻게 될지에 더 관심이 많습니다."

링컨의 오랜 친구인 일리노이 출신의 제시 뒤부아Jesse K. Dubois

는 내각의 한 자리를 얻기 위해 공개적으로 운동을 펼쳤다. 불행히도, 현 각료 후보군의 균형을 맞추기 위해서는 감리교도 한 사람이 필요하다고 링컨은 말했다. 설명을 요구받은 대통령이 말했다.

"영국성공회교도인 슈어드가 있습니다. 체이스가 영국성공회 신도이고, 베이츠도 영국성공회 신도입니다, 스탠턴도 성공회 신도가 되기로 확실하게 서약했습니다."

한번은 오하이오 출신의 급진적인 벤저민 웨이드Benjamin Wade 상원의원이 대통령을 찾아와 장광설을 펼쳤다. 링컨은 재미있는 이야기로 말을 막으려 했다. 그러자 웨이드가 씩씩거렸다.

"네, 대통령님. 그건 그냥 이야기에 불과합니다. 그런 일화는 많이 들었습니다. 대통령께서 그러시다가는 전국을 일화로 득실대는 지옥에 몰아넣겠습니다. 거기서 여기까지 1마일이 넘지 않습니다."

이번에는 링컨이 끼어들 차례였다.

"웨이드 씨." 대통령이 한마디 했다. "바로 의회까지 거리군요, 그렇죠?"*

*의회를 지옥이라고 쏘아붙인 것.

끼어들기 좋아하는 웨이드 상원의원이 또 한번은 조지 매클렐런 장군을 지휘계통에서 해임토록 대통령을 압박하려 했다. 그러나 링컨은 그럼 누가 유니언 측 군을 통솔하느냐고 물었다.

웨이드는 비아냥댔다.

"글쎄요, 누구라도 할 수 있죠. 확실히 누구라도 매클렐런보다는 더 잘할 겁니다."

그러자 링컨이 말했다.

"웨이드, '누구라도' anybody 당신을 위해 일할 수 있습니다. 나를 위해서 말고요. 그러나 나는 지금 '어떤 사람' somebody이 필요합니다."

공직 희망자들 무리가 워낙 극성이었다. 최악의 경우, 링컨은 이들 때문에 전쟁마저 직무 최우선 순위에 두기가 힘들 정도였다. 한 친구가 백악관을 찾았다가 링컨이 몹시 지치고 의기소침해 보이자 이렇게 물었다.

"무슨 일이죠, 링컨 씨? 전선에서 뭔가 문제가 있습니까?"

링컨이 창백하게 미소 지었다. "아니, 전쟁이 아닙니다. 미주리주 브라운스빌 우체국입니다."

링컨은 전쟁부 전신국을 자주 찾았다. 그는 책상에 가서 서랍을 열고 전방에서 날아온 급보뭉치를 읽어보곤 했다. 그런 파일 중 한 건의 맨 밑바닥을 훑으면서 링컨이 말했다.

"이제 건포도까지 다 처리한 것 같군I guess I've got down to the raisins."

한 직원이 이 이상한 표현을 듣고 대통령에게 의미를 물었다. 링컨은 기꺼이 응하며 가끔 과식하는 경향이 있던 서부지역 소녀의 이야기를 꺼냈다.

"어느 날 소녀가 건포도를 지나치게 많이 먹었습니다. 게다가 과자를 더 먹었습니다. 아닌 게 아니라 그녀는 속이 거북해졌습니다. 마침내 먹은 건포도가 올라오기 시작했습니다. 소녀는 헐떡거리며 어머니를 바라보고는 이렇게 말했습니다. '이제 괜찮아질 거예요. 건포도까지 다 처리됐거든요.'"

백악관 리셉션에서 한 노인이 모자를 흔들며 큰 소리로 말했다.

"대통령님, 뉴욕주에서 왔습니다. 그곳에서 우리는 전능하신 신과 에이브러햄 링컨이 이 나라를 구할 것으로 믿고 있습니다."

링컨이 얼굴에 미소를 지으며 고개를 끄덕였다. 그리고는 이렇게 말했다.

"친구시여, 반만 맞았습니다."*

*신만이 이 나라를 구할 수 있다는 것.

1864년 링컨의 재선 캠페인 중 특히 힘들었던 시기에, 한 친구가 대통령에게 노골적으로 당선될 것으로 기대하느냐고 물었다.

"글쎄요." 링컨이 대답했다. "누군가 편을 들어주지도 않았는데 공직에 당선됐다는 사람이 있단 이야기는 들어본 적이 없는 것 같습니다."

탈주병에 대해서 선고를 내리는 것만큼 링컨을 괴롭히는 일도 없었다. 링컨이 자신의 관대한 방침을 합리화하면서 설명했다.

"한 사람을 총살한다는 것이 그 사람한테 더 좋은 일이라고 믿지 않습니다. 하지만 우리가 그를 살리면, 최소한 뭔가 그 사람으로부터 변화를 이끌어낼지도 모릅니다. 여러분은 도망쳤다가 붙잡혀, 왜 그랬는지 추궁당한 병사의 이야기를 틀림없이 들으셨을 것입니다. 그는 이렇게 말했습니다. '저, 대령님, 그건 제 잘못이 아닙니다. 제 심장은 율리우스 카이사르처럼 용감합니다. 그렇지만 제 다리들은 전투가 시작되면 저로부터 달아나려고 합니다.'"

링컨은 말을 이었다.

"저는 의무를 성실하게 다하려고 했던 많은 사람들에게 이런 얘기가 사실일 것이라고 믿어 의심치 않습니다. 그렇지만 그들은 자신의 의지보다 훨씬 거대한 육체적 공포에 압도당한 것입니다."

그런 다음 링컨도 자신의 "다리 사건leg cases"을 거론했다.

★

링컨은 같은 당 사람들로부터 비난받을 때 어떻게 대응하느냐는 질문을 받자 이렇게 말했다.

"그 문제에 대해서는 치즈를 먹으며 자신의 생각을 얘기했던 일리노이주의 어떤 노인 같은 기분이 듭니다. 그가 식사를 하고 있는데 아들이 들어와서 분위기가 깨졌습니다.

그의 아들이 말했습니다.

'잠깐요, 아버지! 치즈에 벌레가 있어요!'

그는 식사를 계속하면서 이렇게 대답했습니다.

'걱정 마라, 아들아. 벌레들이 참을만하면 나도 참을만하다.'"

★

1864년 링컨은 집권 2기 연속 대통령 후보로 결정됐다. 한 동지는 링컨에게 그가 지는 경우는 오로지 그랜트 장군이 리치몬드를 점령하고, 그 뒤 대통령 선거 출마를 결심하는 것이라고 말했다.

"글쎄요." 링컨이 말했다. "저는 제가 이런 유형의 사람일거라고 느낍니다. 주치의와 심각하게 논의한 뒤, 특별히 죽고 싶지는 않지만 꼭 죽어야 한다면, 반드시 죽고 싶은 질병으로 죽겠다고 말하는 그런 사람 말입니다."**

*Ulysses S. Grant: 율리우스 그랜트 북군사령관. 제18대 대통령(1869-1877)이 된다.
**그랜트가 리치몬드를 점령할 수 있다면, 그에게는 선거에서 져도 괜찮다는 것.

링컨의 검찰총장 에드워드 베이츠Edward Bates가 1864년 사임한 뒤 내각에는 남부 출신이 없어 선거철을 맞아 큰 부담이 됐다.

링컨이 말했다.

"예수의 열두 제자가 오늘날 선택된다면, 지역별 이해관계가 고려됐을 것입니다."

공직 희망자들의 끊임없는 압력은 링컨에게 다른 모든 부담보다 더욱 더 무거웠다. 그러나 링컨은 이런 상황에서도 유머를 찾으려고 했다. 링컨이 백악관을 찾아온 사람의 이야기를 소개했다.

"그가 해외 대사직 임명을 요청했습니다. 그 직무를 얻을 수 없다는 걸 알게 된 후, 그는 약간 더 낮은 직책으로 자세를 낮췄습니다. 결국 그는 넥타이를 맨 웨이터 자리까지 요청했습니다.

그것도 안 된다는 것을 확인한 그는 내게 오래된 바지 한 벌을 부탁했습니다. 때로는 겸허한 것도 좋더라고요."

몹시 무례한 공직 희망자가 이미 채워진 자리를 원했다. 링컨은 그에게 전보를 보냈다. "어느 나라의 병참감이 되기를 원하십니까? 이 나라는 이미 병참감이 있습니다."

누구보다 끈질긴 공직 희망자 중 한 사람이 어느 날 관세청 책임자가 방금 숨졌다는 뉴스를 듣고 링컨을 찾아왔다. 그가 그 '자리'를 대체할 수 있었을까?

링컨이 말했다.

"장의사만 상관없다면, 저는 괜찮습니다."*

*It's fine with me if the undertaker doesn't mind: 관세청 책임자는 이미 숨졌고, 그가 지금 있는 자리는 '관 속'이다.

링컨은 노예제도의 악함과 노예제도 옹호론자들의 위선을 단 한 문장으로 드러냈다. 그는 이렇게 말했다.

"누구든지 노예제도를 찬성하는 주장을 들을 때마다, 그 사람을 개인적으로 노예를 시켜 보면 어떨끼 하는 강한 충동이 생깁니다."

한 공무원이 연방기금 40달러를 횡령한 혐의로 고발당했다. 그는 법의 관대한 처분을 호소하면서 사실은 30달러만 훔쳤다고 설명했다. 링컨은 이웃집 딸을 고발한 인디애나주의 한 남자 이야기가 생각난다고 말했다. 고발 사유는 이웃집 딸이 부적절한 행위로 사생아 3명을 낳았다는 것이었다.

"저, 그건 거짓말입니다." 고발당한 여성이 말했다. "증명도 할 수 있습니다. 왜냐하면 저는 애가 두 명뿐이거든요."

링컨을 걱정하는 친구들이 암살 위험에 대해 좀 더 많이 조심하라고 충고했다. 이에 링컨이 대답했다.

"울타리가 전부 쓰러져 있는데 문고리를 걸어놔야 뭐 합니까?"

전쟁이 끝날 무렵 제퍼슨 데이비스*와 다른 저항 지도자들의 소재 및 이들에게 내려질 처벌에 관해 논란이 많았다. 링컨 입장에서는 그들이 캐나다나 국외로 도망치기를 바랐다.

링컨은 말했다.

"당신이 코끼리 뒷다리를 잡고 있는데 그 코끼리가 달아나려고 한다면, 그냥 달아나도록 내버려두는 게 상책이죠."

*Jefferson Davis(1808-1889): 남북전쟁 당시 남부연합 대통령.

# 2

## 로널드 레이건
### Ronald Reagan

★

촌철살인의 대가 레이건은 워싱턴을 이렇게 묘사했다. "소리가 빛보다 빨리 날아다니는 유일한 도시."

"직업으로서 정치는 나쁘지 않습니다." 시민 정치인 입장에서 레이건은 단언했다. "성공하면 보상이 많습니다. 인기를 잃더라도 언제든 책을 쓸 수 있습니다."

레이건은 한 풋내기 기자 이야기를 즐겨 말했다. 그 기자의 첫 임무는 95세 생일을 축하하는 노인 집을 방문하는 것이었다.

기자가 물었다.

"장수의 비결은 무엇입니까?"

노인이 말했다.

"저는 술 안마십니다. 담배도 피지 않습니다. 거친 여성들과 어울리지도 않습니다."

바로 그때 2층에서 부딪치는 소리가 심하게 났다.

어린 기자가 물었다.

"저게 뭡니까?"

95세 노인이 대답했다.

"오, 제 아버님입니다. 또 취했어요."

물가 상승기에 주지사였던 레이건이 청중들에게 물었다. "여러분께서 달러를 대체할 수 있는 것은 없다고 생각하시던 그때를 기억하십니까? 오늘날 실제로 그렇게 됐습니다!"*

*Do you remember back in the days when you thought that nothing could replace the dollar? Today it practically has!: 달러화 가치가 폭락해 실제로 아무것도 달러를 대체하지 않게 됐다는 것.

레이건은 늘 관료들을 놀리기를 좋아했다. 레이건은 어떤 관료들은 십계명을 이렇게 다시 쓸지도 모른다고 상상했다. "해서는 안 될지니, 확신을 갖고 반대하지 않는다면, 또 다음과 같이 기술된 예외 사항이라면 1-10장 a항을 보라."*

*관료들은 복잡하고 세밀한 조문을 만들어내기를 좋아한다는 것.

[위대한 소통의 사나이]*였던 로널드 레이건마저도 그 능력이 작동하지 않던 날이 있었다. 레이건이 언젠가 멕시코시티에서 연설했다. 저명인사들이 대거 청중으로 모인 자리였다. 연설을 마친 후 레이건은 맥없이 드문드문 이어지는 박수소리를 들으며 자리에 앉았다. 다음 연사인 멕시코정부 대표가 스페인어로 군중들에게 한 연설은 박수와 웃음으로 계속 중단되곤 했다. 그럴수록 레이건의 부끄러움은 더해갔다. 레이건은 창피한 티를 내지 않기 위해 박수치는 데 동참했다. 미국대사가 고개를 기울이며 말했다.

"제가 대통령님이라면 박수치지 않겠습니다. 연사가 지금 대통령님의 연설을 통역하고 있습니다."

*Great Commnicator : 대중과의 교감에 탁월했던 레이건의 별칭.

레이건이 말했다. "경제학자는 현실에서 발생하는 무엇인가를 보고 그것이 이론적으로 성립할지 여부를 궁금해 하는 사람이다."*

*학자들은 원래 이론을 정립한 뒤, 그것이 현실에서 적용될지 여부를 실험하는데 경제학자는 거꾸로라는 것을 풍자.

1987년 성패트릭 축일에 레이건은 이 이야기를 소개했다.

"제 사랑하는 아버님이 언젠가 한 친구 얘기를 들려줬습니다. 그는 술집에 걸어 들어가 카운터를 내려치면서 큰 소리로 외쳤습니다. '아일랜드 사람을 데려와, 그럼 내가 겁쟁이가 뭔지를 보여주지.'

그가 그러는 동안 6.5피트의 아일랜드인이 앞으로 나와 양셔츠 소매를 걷어 올리며 말했습니다. '내가 아일랜드인이다.'

그러자 이 친구가 말했습니다.

'저, 제가 겁쟁이인데요.'"

레이건은 워싱턴 행정부가 세금을 걷고 쓰는 경향에 대해 항상 의구심을 갖고 있었다. 그는 납세자를 이렇게 정의했다.

"연방정부를 위해 일하지만 공무원 시험을 치르지 않아도 되는 사람."

레이건은 사실 마음만 먹으면 매우 신랄했다. 지미 카터가 1980년 선거에서 〈60분〉*에 출연해 자신이 이룬 성과에 대해 이야기하기로 돼 있었다. 이에 대해 레이건이 말했다.

"그럼 59분이 남을 걸요."

또 한번은 가장 무도회에 초대된 희한한 친구에 대해 레이건이 말했다.

"얼굴에다 달걀을 깨부숴 묻히고 가더군요. 자유주의 경제학자처럼 말입니다."**

*60minutes: TV 시사 프로그램.
**He slapped some **egg on his face** and went as a liberal economist: 자유주의 경제학자들이 경제예측에서 늘 "망신을 당한다[egg on one's face]"는 조롱.

레이건은 보수적 행동주의자conservative activists들 모임에서, 워싱턴에 불균형한 것이 두 가지 있다고 주장했다. 하나는 예산이고, 또 하나는 자유주의자들liberals이다.

레이건은 미하일 고르바초프*가 전해준 이야기를 즐겨 말했다.

모스크바의 식료품 가게 밖에 끝이 안 보이도록 줄이 늘어서 있었다. 그 줄은 달팽이가 기어가듯, 느릿느릿 앞으로 나아갔다. 하루가 다 지나갔다. 이른 아침부터 줄을 섰던 사람들도 가게 입구에 조금도 더 다가 선 것 같지 않아 보였다. 마침내 한 모스크바 시민이 폭발했다.

그는 "이게 다 고르바초프 잘못이다. 가서 고르바초프를 죽이겠어."라고 외쳤다. 그리고 그는 서둘러 떠났다.

24시간이 지난 후 그가 의기소침한 기색으로 돌아왔다.

"그래서, 고르바초프를 죽였습니까?" 누군가가 물었다.

"아니요." 그가 대답했다. "그 줄은 두 배나 더 길더라고요."

*Mikhail Gorbachev(1931- ): 구소련 공산당 서기장에 선출된 뒤, 페레스트로이카(개혁)를 추진하여 구소련의 개혁・개방정책을 주도했다. 1990년 3월 소련 최초의 대통령에 선출(재임 1990.3-1990.12)됨. 1990년 노벨평화상 수상.

1987년 4월 레이건이 백악관출입기자 만찬에서 말했다.

"제가 보청기를 착용한다는 것은 비밀이 아닙니다. 그런데 바로 며칠 전에 갑자기 작동이 잘 안 됐습니다. 알고 보니 KGB 구소련 국가보안위원회가 제 보청기에 도청장치를 했더라고요."

레이건은 소련인들이 자기들끼리 주고받는 이야기들을 즐겨 말했다. 자동차를 사려면 의무적으로 10년을 기다려야 하고, 또 구매자는 10년치 비용을 미리 내야 한다는 강제 조건에 관한 것도 그중 한 이야기였다. 레이건이 말했다.

"마침내 할 일을 다 해낸 젊은이가 있었습니다. 그는 거쳐야 할 모든 관청과 기관들을 다 통과했고, 또 모든 서류에 서명했습니다. 그리고 최종 도장을 찍는 기관에 도착했습니다. 그가 돈을 내밀자 관리들은 말했습니다.

'10년 후에 와서 차를 갖고 가십시오.'

그가 물었습니다. '오전입니까, 오후입니까?'

그러자 관리가 대답했습니다. '잠깐만요. 우리가 지금부터 10년 후를 얘기하고 있는데 그게 중요합니까?'

젊은이는 대답했습니다.

'배관공이 그날 오전에 오기로 했거든요.'"

비슷한 이야기다. 레이건은 자기 나라 헌법과 미국헌법의 차이점을 논쟁 중이던 두 소련 시민에 대해 언급했다.

한 소련 시민의 말이다.

"그건 쉽습니다. 소련헌법은 언론과 집회의 자유를 보장합니다. 미국헌법은 '말하고, 모이고 난 이후의 자유 freedon after speech and freedom after gathering'를 보장합니다."

레이건 사전에, 공산주의자란 마르크스와 레닌을 "읽는" 사람이다. 비공산주의자란 마르크스와 레닌을 "이해하는" 사람이다.

"소련 농업에 잘못된 네 가지가 무엇입니까?" 레이건이 물었다.
"봄, 여름, 겨울, 그리고 가을입니다." *

*Spring, summer, winter, and fall: 시나 노래가사들처럼 영어의 음율을 맞추기 위해 계절 순서를 바꿔서 말하는 경우가 있는데, 이에 따른 농담.

"해머던지기 선수인 소련의 육상스타가 서방국가에 가서 그곳 실상을 확인하고 고국으로 돌아왔습니다. 그는 귀국 후 첫 시합에서 세계 신기록을 세웠습니다. 소련 신문기자가 그에게 서둘러 물었습니다.

'동무, 어떻게 그렇게 해머를 멀리 던질 수 있습니까?'

그러자 해머선수는 '낫을 줘보세요. 그럼 더 멀리 던져버릴 겁니다.'*라고 대답했습니다."

*해머와 낫은 각각 노동자와 농민을 상징한다. 구소련의 국가 문장.

레이건은 또 양날의 칼 격인 아일랜드식 축복의 말blessing을 좋아했다.

"우리를 사랑하는 사람들이시여, 우리를 사랑하소서. 그리고 우리를 사랑하지 않는 사람들은, 신이시여, 그들의 마음이 돌아서게 해주소서. 그리고 신께서 그들의 마음을 돌아서게 하지 않으신다면, 신이시여, 발목을 돌려주소서. 그럼 우리는 절룩거리는 모양으로 그들을 식별할 수 있을 것입니다."

레이건이 한번은 왜 그 많은 장소 중에 하필 라스베이거스에서 열린 미래의 미국농부Future Farmers of America 모임에서 연설했느냐는 질문을 받았다.

"이보십시오." 레이건이 대답했다. "그들은 지금 라스베이거스의 크랩 테이블을 연 소득이 확실한 사업처럼 보이게 하려고 일하는 중입니다."*

*they're in a business that makes a Las Vegas crap table look like a guaranteed annual income: 라스베이거스는 도박 도시. 크랩은 주사위 노름의 일종이다. 레이건은 농사가 기후나 시장 상황 등에서 가변 요소가 많아 노름처럼 예측이 힘들다는 점을 전제로 이야기하고 있다. 영농 후계자들이 노름마저 연소득이 확실한 사업처럼 보이게 만들려고 할 만큼 열심이라는 취지.

레이건이 한 유권자를 소개했다. 그는 나라가 처한 가장 큰 문제가 무지인지, 무관심인지를 묻는 질문에 이렇게 대답했다.
"모릅니다. 그리고 관심 없습니다."

레이건이 자신의 모금 능력에 대해 겸손을 떨었다. 실제로 그는 이렇게 말했다. "제가 정부에 들어간 것도 그 때문입니다. 왜냐하면 요청할 필요가 없어요. 그냥 갖다 쓰면 됩니다."

레이건이 또 한번 기자들 앞에서 제4부*를 놀렸다.
"나는 리처드 닉슨이 〈미트 더 프레스Meet the Press〉에 나가서 크리스 월러스, 톰 브로코, 그리고 존 챈슬러와 한 시간을 꼬박 보낸 게 정상은 아니었다고 생각합니다. 이로써 닉슨에 대한 처벌이 충분치 않았다는 얘기도 그만둬야 하겠습니다."**

*현대 사회에서는 "언론"을 입법·행정·사법부에 이어 제4부로 보는 경향이 있다.
**언론인과 이야기하는 것 자체가 고역이고 처벌이라는 의미로 언론을 꼬집었다. 닉슨이 워터게이트(56쪽 참조)로 충분한 대가를 치렀느냐는 비판이 있었는데, 이처럼 언론과 오래 이야기했으니 큰 벌을 받았다는 것.

★

레이건은 연설문 작성자가 필요 없었다. 그는 촌철살인에 본능적 감각을 타고났다. 예를 들어 '현상status quo'에 대한 그의 정의는 "라틴어로 우리가 처해 있는 [혼란mess]"이다.

어느 날 레이건이 백악관 집무실에서 남아프리카 공화국의 데스몬드 투투* 주교를 만났다. 곧 누군가가 물었다.

"투투Tutu에 대해서 어떻게 생각하십니까?"

레이건은 말했다.

"그저—그랬습니다So-so."

*Desmond Tutu(1931- ): 1984년 노벨평화상 수상. 투투 주교는 레이건과 만나 미국을 비판했다. 레이건은 투투 주교가 돌아간 후 기자회견에서 그의 비판에 반박하지 않고 투투라는 이름의 운율에 맞춰 "So-so"라고 답해 웃음을 자아냈다.

레이건은 자기를 낮추는 데에도 일류였다. 특히 자신의 나이가 주제였을 때 그랬다. 레이건이 언젠가 말했다.

"제가 5학년이었을 때 저는 국가 채무가 무엇인지를 알고 있었는지 자신이 없습니다. 물론 제가 5학년이었을 때는 국가채무란 게 없었죠."

★

교회 신도들 앞에서 레이건 대통령은 자신이 들었던 가장 짧은 설교를 소개했다. 그 설교는 몹시 무더웠던 어느 여름날 그의 고향이었던 일리노이주 딕슨에서 행해졌다.

설교자는 이렇게 말했다.

"오늘이 덥다고 생각되더라도, 견디십시오 just wait."*

*지옥의 불길을 생각하면서, 덥더라도 참으라는 뜻.

★

레이건이 한번은 연회에서 밥 호프*를 소개해달라는 요청을 받았다. 레이건은 그의 두 가지 위대한 사랑을 이야기했다.

"그는 군인들을 즐겁게 해주는 것을 사랑하고, 골프를 사랑합니다. 최근에 그가 저한테 '핸디캡이 어떻게 됩니까?'**라고 물었습니다. 그래서 저는 '의회'라고 대답했습니다."

*Bob Hope(1903-2003): 희극배우. 전 세계 주둔 미군위문공연으로 유명하다.
**What's your handicap?: 골프 실력(타수)을 물어보는 말. 핸디캡은 원래 악조건, 불리한 여건, 방해물 등을 뜻한다. 의회를 '장애물'로 본 대답이다.

★

# 3

## 프랭클린 D. 루스벨트
## Franklin D. Roosevelt

하버드대 대학생으로서 FDR 프랭클린 D. 루스벨트은 뉴딜New Deal 정책을 예견이라도 하듯이 '하버드 사회봉사회'에 가입하고, 전도활동을 펼쳤으며, 프랜시스 피바디* 교수가 이끄는 "사회적 문제에 대한 윤리" 과정을 수강했다. 이 과정은 학교 안팎에서 대체로 "피보의 배수, 주취, 이혼Peabo's Drainage, Drunkenness, and Divorces"이라고 불렸다.

*Francis Greenwood Peabody(1847-1936): 목사, 하버드 신학대학원 학장 역임. 19세기부터 20세기 초까지 활발했던 개신교 지식인들의 진보적인 신학운동인 사회복음운동The Social Gospel movement을 펼쳤다. '사회복음주의자'들은 사회적 정의, 범죄, 빈곤, 아동 노동, 전쟁 등의 사회적 주제들에 대해 기독교 사상으로 접근했다.

★

루스벨트 대통령은 서면 질의서 제출이라는 형식적인 관행을 없앴다. 그리고 자주 어린 아이처럼 행동했다. 기자들은 그런 루스벨트 대통령을 도저히 싫어할 수 없었다. 루스벨트 대통령도 알파벳 수프* 기관 패러디에 웃음을 터뜨렸다. 그중에는 〈시카고 트리뷴Chicago Tribune〉의 월터 트로한Walter Trohan이 쓴 이런 노래가 있었다.

내 조국, 그것은 당신의 나라
달콤한 자유의 땅
FDIC.
AAA, NRA,
CCC, RFC,
PWA, WPA,
HOLC.

*Alphabet soup: 특히 기호나 약어들이 많아서 대단히 이해하기 어려운 언어. 루스벨트대통령은 알파벳 약자로 통칭되는 연방기관을 많이 만들었다. [FDIC: 연방예금보험공사Federal Deposit Insurance Corporation], [NRA: 국가부흥기구National Recovery Administration], [HOLC: 주택소유자대출공사Home Owers' Corporation] 등. 이 연방기관을 접시에 넣으면 마치 알파벳 수프처럼 보인다. 루스벨트 행정부는 뉴딜을 추진하면서 알파벳이 모자라 쩔쩔매었다. (알파벳 수프는 원래 조그만 알파벳 모양의 파스타를 넣어 만든 수프) 어린이 영어놀이로 알파벳 수프 놀이가 있다.

★

루스벨트는 공식행사 중에서까지 기자들과 가볍게 메시지를 교환했다. 한빈은 드로한이 대통령의 히비드 대학교 방문에 동행했다. 프랭클린 2세*가 명문 '플라이 클럽Fly Club' **에 가입하는 행사였다. 이 〈트리뷴〉 기자는 장난스럽게 대통령에게 메모를 전했다. 자신은 노트르담 대학교를 다녔기 때문에 '콜럼버스 기사단Knights of Columbus'에 가입할 수도 있었다는 내용이었다. 그래서 그는 루스벨트 가족 같은 저명한 클럽회원들을 대하면 더욱 느낌이 각별하다는 것이었다.

곧 FDR이 갈겨 쓴 답신이 왔다.

"휘이, 파리fly, 귀찮게 하지 마세요." ***

*James Roosevelt(1907-1991): 프랭클린 루스벨트의 아들 제임스 루스벨트.
**하버드 대학교의 유서 깊은 남학생 클럽의 하나. [Fly]는 알파Alpha의 ph, 델타Delta의 l, 파이Phi의 i: [phli]에서 유래한 이름이다.
***Shoo, **fly**, don't bother me: 클럽 이름과 [파리]의 발음이 같다.

FDR은 연설법과 관련해 이제껏 기록된 충고 중 최고의 말을 했다. "진지하시오. 짧게 하시오. 그리고 앉으시오."

집무 첫날부터 루스벨트는 새로운 구상들을 실험했다. 루스벨트는 일관성에 목매지는 않았다. 동시에 실수하는 것을 두려워하지도 않았다. 루스벨트가 보좌관에게 말했다.

"저는 타석에 들어설 때마다 매번 안타를 칠 것으로 기대하지 않습니다. 제가 원하는 것은 최고의 타율입니다."

1934년 FDR은 금융인인 조지프 P. 케네디\*를 새 증권거래위원회 위원장에 지명했다. 개혁론자들이 실망했다. 심지어 짐 팔리Jim Farley 민주당 의장도 그 지명에 항의했다. 팔리는 케네디의 재산형성과정에서 때때로 동원된 비도덕적 방법을 상기시켰다.

FDR은 동요하지 않았고 설득되지도 않았다. 월가를 관장하는 자리에 케네디를 앉히는 데 그에게는 나름대로 합당한 이유가 있었다. 그가 말한 대로 "도둑을 잡기 위해 도둑을 임명한 것"이다.

\*Joseph P. Kennedy(1888-1969): 백만장자 사업가·정치인. 존 F. 케네디 대통령의 아버지이다. "조지프 패트릭 케네디"는 루스벨트 행정부에서 1934년 신설된 증권거래위원회 초대 위원장으로 활동했으며, 1938-1940년에는 주영미국대사로 재직했다.

미국 신문사들은 일반적으로 FDR의 정책에 반대했다. 하지만 결론을 장식하는 것은 대개 FDR의 몫이었다.

그는 특히 저명한 칼럼니스트 월터 리프먼\*에 대해 날카롭게 한마디 했다.

"그의 영어는 참으로 명료하고 깨끗합니다. 공공 문제의 삼

각함수가 하룻밤만 지나면 유치원에서조차 명쾌해질 정도입니다."**

＊Walter Lippmann(1889-1974): 20세기 미국을 대표하는 저널리스트이다. 〈뉴욕 월드〉의 논설기자, 〈뉴욕 헤럴드트리뷴〉에서 칼럼 [오늘과 내일] 코너를 담당하여 명성을 떨쳤다. 1962년 퓰리처상 수상. 그의 명저 ≪여론Public Opinion≫과 ≪냉전Cold War≫이 있다.
＊＊복잡한 공공 문제를 언론인이 지나치게 단순화한다는 풍자.

앨리스 루스벨트 롱워스＊는 "하이드파크Hyde Park 출신의 루스벨트 집안"을 좋아하지 않았다. 저명한 친척 프랭클린FDR에 대해서 그녀가 말했다.

"3분의 2는 물러터진 옥수수죽이고, 3분의 1은 엘리너＊＊입니다."

＊Alice Roosevelt Longworth(1884-1980): 시어도어 루스벨트(TR)의 딸. 미국 사교계의 유명 인사였으며, 정치활동에 많은 시간을 쏟았다. 주요 정치인을 향해 신랄한 독설을 퍼붓곤 했다. 프랭클린 루스벨트(FDR) 집안과 친척관계.
＊＊Eleanor Roosevelt(1884-1962): 프랭클린 루스벨트의 부인이며 시어도어 루스벨트의 조카딸이다. 강인한 성격과 적극적인 활동으로 유명했던 영부인. 1946년 국제연합 인권위원회 회장을 지냈다.

1936년 선거에서 루스벨트는 이른바 "저도요me too" 스타일의 공화당원 덕에 즐거운 시간을 보냈다. 그해 가을 뉴욕에서 민주당 청중에 연설하면서 대통령은 절정의 기량을 과시했다.

"국민 여러분, 저는 번지르르한 책임회피의 실상을 경고합니다. 그것은 이렇게 말하고 있습니다.

'물론 우리는 이 모든 일을 믿습니다. 우리는 사회보장제도를 믿습니다. 우리는 실직자를 위한 일자리가 있을 것으로 믿습니다. 우리는 우리 집이 지켜질 걸로 믿습니다. 가슴에 십자가를 긋고 맹세합니다. 우리는 이 모든 것을 믿습니다. 그러나 현 정부가 하는 방식은 좋아하지 않습니다. 그 일들을 우리에게 넘겨주십시오. 우리가 그 모든 일을 하겠습니다. 더 해내겠습니다. 더 잘 해내겠습니다. 그리고 무엇보다 중요한 것은 그런 일들을 하는 데 어느 누구도 비용을 치르지 않을 것입니다.'"

지금처럼 그 당시도 경제학은 '우울한 학문'\*이었다. 1936년 12월 루스벨트는 저명한 조지프 슘페터\*\* 하버드대 교수에게도 그렇게 썼다.

"36년 전 저는 경제학과 경제학자에 대해서 꽤 치열하게 공부를 시작했습니다. 갈수록 그 과정은 강도가 높아졌습니다. 특히 마지막 4년이 그랬습니다. 결과적으로 저는 이런 결론에 도달했다는 점을 인정해야 했습니다. 자랑스럽기도 했고요. 어떻게 조심스럽게 표현하든 간에 제가 경제학에 대해서 아는 바가 없고, 그건 다른 사람도 마찬가지라는 것입니다."

*dismal science : 영국 경제학자 맬서스Malthus는 ≪인구론An Essay on the Principle of Population≫에서 "식량은 산술급수적으로 늘어나지만 인구는 기하급수적으로 늘어나 식량 부족을 피할 수 없다"고 썼다. ≪인구론≫의 암울한 결론 등에 영감을 얻어 사상가 토머스 칼라일Thomas Carlyle이 경제학을 '우울한 학문'이라고 명명했다고 한다.

**Joseph A. Schumpeter(1883-1950): 모라비아 태생. 미국의 경제학자. 1919년 오스트리아 정부의 재무장관직을 역임하기도 한 그는 경제이론 분야에서 지대한 영향을 끼쳤다. 그의 저서 ≪경제학사History of Economic≫는 경제학 방법론의 발전에 관한 탁월한 연구서로 꼽힌다. 그밖에 ≪경제발전이론Theorie der wirtschaftlichen Entwicklung≫, ≪경기순환론Business Cycles≫, ≪자본주의, 사회주의, 민주주의Capitalism, Socialism and Democracy≫ 등이 있다.

루스벨트가 '독립전쟁의 딸들'* 모임에서 연설했다. 루스벨트는 그 조직이 내세우는 바에 대해서, 비교적 뚜렷하게 한마디 비꼬고 싶은 마음을 참을 수 없었다.

그는 그들을 "동료 이민자들"이라고 부르며 시작했다.

"제 책임은 아니지만 … 저는 '메이플라워호'**를 타고 이곳에 온 많은 분들의 후손으로 태어났습니다. 그보다도 부모님 양쪽 가문에서 조상 한 분 한 분은(4~5세대를 거슬러 올라가면 32명이나 64명이 될 테죠) 모두 예외 없이 1776년 미국독립선언 이 땅에 계셨습니다. 그리고 그들 중에 토리Tory 지지자는 단 한 명이었다는 것입니다.***"

그리고 이렇게 덧붙였다. "이런 뜻입니다. 기억하십시오. 항상 기억하십시오. 우리 모두, 그리고 여러분과 특히 저는 이민자이고 혁명가의 후예라는 점입니다."

*Daughters of the American Revolution: 독립유공자들의 여성후손단체. 보수적 성격으로 잘 알려져 있다.
**Mayflower: 1620년 미국 건국 시조들이 영국에서 미국으로 건너올 때 탄 배.
***영국 보수당의 원조, 토리당 지지자. 미국에서는 독립전쟁 중 영국 편을 든 사람 또는 보수 성향의 사람을 뜻한다. '독립전쟁의 딸'이 보수 성향인데, 그 존립 기반인 독립전쟁 유공자들은 오히려 미국 독립전쟁 당시 보수주의자들에 맞선 혁명가들이었다는 것을 풍자.

루스벨트는 정적들을 놀리기를 좋아했다. 특히 자신을 미국의 기관들에 '명백하고 현존하는 위험'*이라고 묘사하는 사람들이 대상이었다. 그래서 그는 1938년 12월 노스캐롤라이나 대학교에서 이렇게 연설을 시작했다.

"저를 처음 본 여러분 졸업생들은 제가 적어도 공산주의자에 동조하고, 부자들을 해치고, 과거 전통을 파괴하는 괴물이라고 신문에서 읽거나 라디오에서 들었을 것입니다.** 여러분 중 몇 명은 아마도 저를 경제적 왕정주의자, 사악한 공공 사업체, '성전의 환전상'*** 등을 만들어낸 사람이라고 생각할지도 모릅니다. 여러분은 6년간 제가 나라를 전쟁으로 몰아넣으려 했고, 여러분과 여러분의 형제들을 유럽의 피 흘리는 전장으로 보낼 것이며, 제가 나라를 파산 상태에 빠뜨리고 저 자신은 매일 아침 '달달 볶은 백만장자'**** 메뉴로 식사한다고 들으셨습니다.

실제로 저는 지나치게 온화한 스타일의 사람이고, 나라 안과 밖에서 모두 평화를 실행하고 있고, 자본주의체제 신봉자입니다. 그리고 아침 식사로 말하자면 저는 스크램블드에그*****애호가입니다."

> *clear and present danger: 1919년 언론자유가 제한될 수 있는 요건으로 대법원이 제시한 유명한 판결 내용.
> **루스벨트의 경제 정책을 비난한 비유들.
> ***money changers of the Temple: "예수님은 성전 안에서 (…) 돈 바꿔 주는 사람들의 돈을 쏟아버리시며 그들의 상을 둘러엎으셨다." (신약성서 요한복음 2:15).
> ****grilled millionaire: 그의 정책 때문에 백만장자가 남아 있지 않다는 것.
> *****scrambled eggs: 달걀에 우유를 넣고 휘저어 볶은 요리.

FDR의 첫 번째 해군 장관 클로드 스완슨Claude Swanson은, 능력은 적당했고 원칙에 있어서 융통성이 있는 버지니아 출신의 전직 민주당 상원의원이었다. 어느 날 스완슨은 논쟁적 이슈에 대해서 갑자기 입장을 바꿨다. 이후 스완슨이 해명했던 말은 의회와 백악관의 많은 부서에서 반향을 불러일으켰다.

스완슨은 이렇게 말했다.

"유권자들이 나보다는 빨리 마음을 바꾸지 못합니다."

잡지 〈굿 하우스키핑Good Housekeeping〉은 엘리너 루스벨트 Eleanor Roosevelt를 "우리의 날아다니는 영부인Our Flying First

Lady"이라고 호칭했다. 엘리너 여사가 어느 날 볼티모어의 한 교도소를 방문키로 했다. 그날 아침 엘리너 여사는 남편을 방해하지 않기 위해 조심해서 백악관을 떠났다. 루스벨트 대통령은 부인이 왜 안 보이는지 비서에게 물었다.

"교도소에 계십니다, 대통령님."

대통령이 다시 물었다.

"놀랄 일은 아니군요. 그런데 혐의가 뭐죠?"

워싱턴은 배은망덕이 야망을 압도하는 도시다. 일례로 FDR의 비서가 그에게 물었다. 대통령의 오랜 친구가 대통령에게 매우 비판적이라는 얘기를 들었느냐는 것이었다.

"이상하군요." 대통령이 대답했다. "내가 그 친구한테 잘 해준 것이 뭐가 있는지 기억이 안 나는데요."*

*수도 워싱턴의 특성상 은혜를 베풀어야 원수로 갚는데, 그 친구한테는 잘해준 것도 없는데 왜 비판을 하는지 모르겠다는 것.

루스벨트는 까다로운 동료들을 어르는 데 선수였다. 성격이 민감한 해럴드 이키즈Harold Ickes 내무장관은 1941년 겨울 동부 해안지역의 여기저기에서 연료가 부족하다는 이유로 비판받고 있었다. 루스벨트는 몸소 리머릭*을 지어서 이 예민한 장관을 달랬다.

열정passion이 놀라운,
패션fashion의 여인이 있었네.
그녀는 침대bed에 뛰어들어,
평소처럼 말했다네said.
"여기 이키즈가 '배급ration' **해줄 수 없는 게 하나 있어요."

*limerick: 5행 희시(戲詩). 아일랜드 서남부의 항구 도시 리머릭Limeric의 이름에서 유래한다. 짧고 익살스러우며 대중적인 시 형식. 리머릭이 재미있는 이유는 1-4행에 나온 내용을 토대로 마지막 5행에 역설적이고도 재미있는 결론이 있는 데 있다.
**성적욕구의 충족을 암시.

수년 동안 루스벨트와 그의 지지자들은 대공황이 후버 때문이라고 규정했다. 제2차 세계대전이 발발했지만 두 사람의 악감정은 풀어지지 않았다. 일본의 진주만기습 직후 루스벨트는 버나드 바루크*를 불러 인력부족과 엉망이 된 국내 상황에 가장 효율적으로 대처하는 방안 등을 논의했다. 바루크는 루스벨트에게 후버를 초치招致하라고 촉구했다. 바루크는 또 그 전임 대통령허버트 후버이 기꺼이 전쟁기간에 직무 봉사할 것으로 믿는다고 말했다. 그러자 의견이 달랐던 루스벨트가 이렇게 말했다.

"나는 예수 그리스도가 아닙니다. 그리고 그를 죽은 자 가운데서 다시 살려내지도 않을 것입니다."

*Bernard Baruch(1870-1965): 금융업자·미국의 대통령 고문. 루스벨트 대통령 시절에 뉴딜정책과 전시경제정책 수립 등에 참여했다. 제2차 세계대전 후 국제연합에서 국제원자력 통제에 관한 정책을 세우는 데 기여했다.

1941년 대통령 기자회견에서 한 기자가 루스벨트의 친구 해리 홉킨스*가 정부에서 "연봉 1달러 사나이"로 일할 것이냐고 물었다.

대통령: "아닙니다. 안 그럴 겁니다."

질문: "그럼 정부에서 행정보좌 역할을 맡습니까?"

대통령: "아닙니다. 나는 그가 어떤 직책을 맡을지 모릅니다. 그렇지만 그는 연봉 1달러 사나이는 안 될 겁니다."

질문: "대가는 있습니까?"

대통령: "네, 그럼요. 그는 민주당 소속입니다!** 바보 같은 질문이군요."

*Harry Hopkins(1890-1946): 공무원·사회운동가. FDR의 가장 친한 친구이다. 뉴딜정책의 입안자 중 한 명으로 알려졌다.
**루스벨트와 해리 홉킨스는 같은 민주당 소속이다.

루스벨트는 1943년 백악관 모임에서, 2년 전 진주만기습 관련 백악관 회의 직후 그가 처음 발동했던 명령을 상기하면서 분위기를 띄웠다. 그는 육군공병대장을 불러 수도에서 대통령의 허가 없이는 그 어떤 임시 건물 건축도 금지하라고 명령했다. 화가 난 장군이 그 같은 명령의 근거를 물었다. 제1차 세계대전 때 정립된 선례에 어긋난다는 것이었다.

루스벨트는 담뱃갑으로 대략 워싱턴몰* 쪽으로 난 방향을 가리키면서 대답했다.

"바로 그렇습니다. 장군, 창문 너머로 계속 가면 해군과 무기고 건물이 아직 있는지 말해주십시오."

장군은 그렇다고 대답했다.

그 건물들은 지어진지 4반 세기 동안 그곳에 있었던 것이다.

"제가 말하려던 게 바로 그겁니다." FDR이 말했다. "'임시가 아닙니다.' 이제 사무실에 돌아가서 7년 안에 확실하게 무너질 진짜 임시 건물을 설계해주세요. 왜냐하면 이 전쟁은 그만큼은 안갈 테니까요. 그럼 저는 장군께서 갖고 오는 어떤 계획도 기쁘게 시작하겠습니다. 그렇지만 기억하세요. 7년입니다."

*Washington's Mall: 의회 앞부터 링컨기념관까지 펼쳐진 광장.

1944년 톰 듀이Tom (Thomas) E. Dewey*와 벌인 대통령 선거에서 FDR은 '김빼기 유머shaggy-dog story'의 결정판으로 정치적 불멸의 페이지를 남겼다. 워싱턴 DC의 한 노동조합 청중 앞에서 대통령은 공화당 지도자들을 놀렸다.

"그들은 저나, 제 아내나, 제 아들을 공격하는 데 만족하지 않습니다. 아닙니다. 거기에 만족하지 않고 그들은 내 작은 개 팔라Fala까지 포함시킵니다. 글쎄요, 물론 저는 공격당하는 데 화내지 않습니다. 우리 가족도 공격당하는 데 화내지 않습니다. 그렇지만 팔라는 화냅니다.

아시다시피 팔라는 스코틀랜드 태생입니다. 스코틀랜드 태생으로서, 의회 안팎에서 소설을 쓰는 공화당 사람들이 제가 자기를 알류샨 열도Aleutian Islands에 남겨놓았고, 그리고 다시 자기를 찾기 위해 납세자들로부터 200만 달러에서 300만 달러, 또는 800만 달러에서 1,200만 달러의 부담을 지우면서 구축함을 보냈다고 하는 이야기들을 지어냈다는 것을 알고서는 분노했습니다. 그 개는 이후 완전히 달라졌습니다.

저는 저 자신에 대해서는 악의적인 거짓말들을 듣는 데 익숙해져 있습니다. 제가 오래되고 벌레가 갉아먹은 밤 같은 온전하지 못한 사람인데도 꼭 필요한 사람으로 행세해 왔다는 그런 거짓말들에 말입니다. 하지만 저는 화를 낼 권리가 있고 제 개에 대한 중상모략에 반대할 권리가 있다고 생각합니다."**

이후로 익살꾼들은, 그것은 '루스벨트의 개와 듀이의 염소 사이의 선거전이라고 말했다.

\*토머스 에드먼드 듀이(1902-1971): 공화당 소속으로 1944년과 1948년 두 차례 대통령 선거에 출마했으나, 프랭클린 루스벨트와 해리 트루먼 대통령에게 패했다. 1952년에는 대통령 선거에 출마하지 않고, 대신 공화당전당대회에서 아이젠하워를 대통령 후보로, 닉슨을 부통령 후보로 지명하는 데 중요한 역할을 했다. 1943-1954년까지 뉴욕 주지사로 재직하였다.
\*\*루스벨트의 1944년 9월 23일 선거연설. "팔라 연설(Fala Speech)"이라 불린다.

FDR은 이야기의 명수로 가끔 유쾌하지 않을 것 같은 주제가 나오면 주의를 돌리는 데 재능을 발휘했다. 린든 존슨제36대 대통령이라는 이름의 젊은 의원이 처음으로 백악관 집무실에서 대통령을 만났다.

존슨이 자신의 가난한 텍사스 지역구를 위해 지방전력화행정(REA) 기금을 타고 싶어 마련한 자리였다. 회의가 진행되면서, FDR이 멀티아치 댐의 디자인에서부터 러시아 여인들의 체격에 이르기까지 모든 이야기를 다 했다. 존슨은 거의 끼어들지 못했다.

다음 번에 LBJ린든 베인스 존슨는 차트와 지도, 통계 뭉치를 완비해서 갔다. 루스벨트가 입을 열기도 전에 존슨은 자신의 계획을 설명했다.

"물, 물은 어디에도 있으나 먹을 물은 한 방울도 없습니다. 공공 전력은 어디에도 있으나 제 가난한 시민들을 위한 전력은 한 방울이 안 됩니다."

그리고 다음 10분 동안 존슨은 대화를 독점했다. 이 잠깐의 필리버스터**는 성공적이었다. 그는 REA 기금을 얻었다. 더욱이 그는 FDR에게 잊혀 지지 않는 인상을 심어주었다. FDR은 들으면 이야기의 명수를 알아 볼 줄 알았다.

*filibuster: 의사진행 방해 연설. 의회 안에서 합법적·계획적인 의사진행방해 행위. 주로 소수파 의원들이 다수파의 독주를 견제하는 목적 등에서 시도된다.

루스벨트는 월가의 한 경영인 이야기를 즐겨 말했다. 그 경영인은 매일 아침 신문을 사서 1면을 보고는, 욕을 하고 읽지도 않은 채 쓰레기통에 던졌다. 하루는 신문 가판대 운영자가 그에게 매일 무엇을 하시는 것이냐고 물었다.

사업가가 말했다. "사망 기사를 보고 있습니다."

"그렇지만 선생님, 부음란은 1면에 실리지 않습니다. 뒤쪽에 있습니다."

경영인은 말했다. "젊은이, 내가 찾는 사망 기사는 1면에 나올 거라고 믿는 게 좋을 겁니다."

# 4

## 시어도어 루스벨트
### Theodore Roosevelt

★

시어도어 루스벨트 같은 대통령은 결코 없었다. 그를 높게 평가하는 윌리엄 앨런 화이트*는 이렇게 말했다.

"신들이 시어도어 루스벨트에게 준 선물은 즐거움, 삶의 즐거움입니다. 그는 사냥, 캠핑, 목장 일, 정치, 공공 서비스에서 경찰 개혁, '러프 라이더스'**의 조직과 지휘 등 자신이 하는 모든 일에서 즐거움을 찾았습니다."

그리고 화이트는 인정했다. "루스벨트가 저를 깨물어서 제가 열 받은 적도 있습니다."

---

*William Allen White(1868-1944): "엠포리아의 현인"으로 알려진 미국의 저널리스트. 1892-1895년 〈캔자스시티 스타〉의 논설가로 활동한 그는 1895년 〈엠포리아 가제트The Emporia Gazette〉의 발행인이자 편집인이 되었다. 소도시 신문 〈엠포리아 가제트〉가 그의 사설로 인해 세계적으로 유명해졌으며, 미국의 대통령 선거에 강력한 영향력을 행사하게 되었다. 1912년 공화당의 주류파를 거부하고 시어도어 루스벨트가 이끈 진보당을 지지했다. 1923년 퓰리처상 수상.

**\*\*Rough Riders**: 〈미국-스페인 전쟁〉에서 활약했던 제1의용기병대. 시어도어 루스벨트가 모집한 미국 의용기병연대로 카우보이·광부·경찰관·대학운동선수 등의 여러 사람들로 구성되었다. 당시 해군 차관이었던 루스벨트는 자신이 조직한 [러프 라이더스]를 이끌고 스페인과의 전쟁에 참전하여 대승을 거두었으며, 국민적 영웅으로 떠올랐다.

TR시어도어 루스벨트이 워싱턴을 떠나기 전날 밤 말했다.

"아마 이 자리에서 더 오래 살고 그만큼 즐겼던 사람들이 있을 것입니다. 그렇지만 거기서 우리만큼 정말 재미있었던 사람들은 없을 겁니다."

루스벨트식 재미에는 딸 앨리스Alice의 이야기가 포함돼 있었다. 담배연기에 둘러싸인 앨리스는 목에 감은 애완 뱀 애밀리 스피너치Emily Spinach와 함께 백악관 중앙계단 밑에 숨기도 했다. 앨리스 공주는 뛰쳐나가서, 미국 대통령이 매일 자식들을 때린다며 관광객들을 깜짝 놀라게 하는 장난을 가장 좋아했다.

그래서 TR이 이렇게 말한 것은 놀랄 일도 아니었다.

"나는 미국 대통령이 될 수 있습니다. 또 앨리스는 통제할 수 있습니다. 그러나 둘을 한꺼번에 다 할 수는 없습니다."

영부인은 아이들이 '6명' 있는데, 그중 시어도어가 제일 어렸다고 했다. 대통령은 이스트룸\*에서 유도 경기를 하거나 아이들과 베개싸움을 했다. 그렇지않을 때에는 스테이트 다이닝룸\*\*에서 쥐잡기를 주도했다. 영부인은 "이 집은 개 때문에 고약해졌어요"라고 말하기도 했다. 말도 마찬가지였는데, 그중에는 '그랜트 장군' 율리시스 그랜트, '앨곤퀸' Algon-quin·북미인디언 부족이라고 이름 붙은 조랑말도 있었다. 어느 날 얼룩무늬 앨곤퀸은 엘리베이터를 타고 꼬마 아치 루스벨트Archie Roosevelt의 2층 병실까지 올라갔다. 집사장 아이크 후버***는 이렇게 말했다.

"당시 신경이 불안한 사람은 백악관 주변에서 일 못했습니다. 그랬다가는 바로 망가졌을 겁니다."

\*East Room: 기자회견, 만찬 등에 사용되는 백악관 최대 규모의 룸.
\*\*State Dining Room: 백악관 1층의 공식 만찬장.
\*\*\*백악관 집사로 42년간 일한 백악관의 산증인. (34쪽 참조)

TR이 의회에서 첫 공식 연설을 한 후 정부 인쇄국의 인칭대명사 공급 물량이 다 떨어졌다는 말이 나왔다.\*

유명한 유머 작가 미스터 둘리Mr. Dooley\*\*가 루스벨트의 ≪러프 라이더스The Rough Riders≫를 읽었다. 루스벨트가 미국-스페인 전쟁\*\*\* 때 자신의 역할을 과장해서 설명한 책이다. 미스터 둘리는 책 제목이 "쿠바에서 나홀로Alone in Cuba" \*\*\*\*로 바꿔어야 한다고 제안했다.

\*연설에서 "나(I)"라는 표현을 너무 많이 썼다는 것.
\*\*미국의 언론인·유머 작가 [핀리 던Finley Peter Dunne, 1867-1936]이 창작해서 신문에 등장시킨 풍자적인 인물이다. 못생긴 철학자 마틴 둘리를 창조한 인물. 작가 '핀리 던'의 신문 논설에 등장하는 주인공 "Mr. 둘리"는 재치가 넘치는 시카고 바의 주인으로 등장하여, 세계 정세에서부터 사소한 일상사에 이르기까지 당대의 현안에 대한 서민의 견해를 거침없이 피력하여 독자의 사랑을 받은 칼럼의 주인공.

***Spanish-American war(1898년): 이 전쟁은 쿠바인들이 스페인 통치로부터 벗어나기 위해 일으킨 독립투쟁 과정에서 비롯되었다. 미국과의 전쟁에서 패배한 스페인은 푸에르토리코와 필리핀군도, 괌 등을 미국에 양도하고 쿠바에 대한 권리를 포기했다. 아메리카 대륙에서 스페인 식민통치가 종식되었다.
****미국-스페인 전쟁 중, 루스벨트가 쿠바에서 거의 혼자 작전을 수행한 것처럼 책 내용이 기술됐다고 꼬집었다.

★

분투하는 인생의 사도로서 루스벨트 대통령이 오이스터 베이 Oyster Bay에서 휴가 중인 모습을, '미스터 둘리'는 다른 칼럼에서 이렇게 묘사했다.

"새벽 4시: 승마. 대통령은 각각 두 살과 네 살인 아들에게 지붕을 망가뜨리지 않고 제일감리교회에서 뛰어내리는 방법을 가르침.

새벽 6시: 훈련된 회색 곰과 레슬링.

아침 7시: 식사.

오전 8시: 인디언 클럽Indian clubs · 곤봉 체조*.

오전 9시: 샤키Sharkey와 권투.

오전 10시: 테니스 챔피언 격파.

오전 11시: 러프 라이더스 대원 접견….

정오: 샤키와 식사. [그리고 각계 손님들과 미친 듯이 대화]. 주제는 예술, 권투, 문학, 말 길들이기, 과학, 사격, 정치, 퓨마 죽이는 법, 외교, 로비, 시poetry, 피벗 블로pivot blow**, 개혁, 쿠바 선거."

*19세기 영국의 인도 주둔군 병사들이 현지에서 배워 영국에 전파시킨 운동기구와 운동법.
**피벗 타격: 몸을 한 번 회전시키며 치는 것. 권투의 티격 기법 중 하나로 빈 칙타를 말함.

TR은 대통령이기는 했으나, 일반적인 어떤 사안도 다루는 비공식 국가 보좌관 같은 역할을 좋아했다. 그는 표음철자법*의 미덕에 대해 설파했다. 극작가 조지 버나드 쇼George Bernard Shaw를 "엉덩이가 파란 원숭이blue-rumped ape", 토머스 페인**은 "작고 지저분한 무신론자a filthy little atheist"라고 불렀다. TR의 비판론자들은 "구리로 꽉 막힌 얼간이들copper-riveted idiots"과 "할례 받은 스컹크들circumcised skunks"이라고 두들겨 맞았다.

*phonetic spelling: 소리 나는 대로 표기하는 방식.
**Thomas Paine(1737-1809): 영국 출신의 미국 작가. 국제적 혁명이론가. 미국 독립전쟁과 프랑스 혁명기에 활약하였다. 그가 쓴 《상식》과 《위기》는 미국 독립전쟁에 중요한 영향을 끼쳤다. 프랑스 혁명과 공화주의 원칙을 옹호한 《인간의 권리》, 사회 속에서 종교의 위상을 해설한 《이성의 시대》 등의 저서가 있다.

루스벨트는 '불리 펄핏bully pulpit·강자의 연단'*이라는 말을 고안했다. 그는 이 말을 파나마 운하와 서부지역 보존을 위한 여론 지지를 이끌어내는 데 활용했다. 루스벨트는 또 다른 개혁 운동을 펼치면서 그 대상을 "방부 처리된 소고기"라고 규정했다. 이 개혁 운동은 육류포장 산업의 구역질나는 환경을 폭로한 추문탐사 기자들에게서 영감을 얻었다. 〈뉴욕 이브닝 포스트New York Evening Post〉의 글을 보자.

> 메리에게는 작은 양이 있었네.
> 메리는 양이 아픈 걸 보고는
> '포장 도시Packing Town'로 그 양을 실어 보냈네.
> 그리고 지금 그 양은 닭이라는 꼬리표가 붙었네.

*대중에게 쟁점에 대해 널리 알릴 수 있는 권한. 대통령의 권위. (127쪽 참조)

자석에 쇳가루가 달라붙듯이 기자들이 루스벨트의 백악관으로 끌렸다. 동시대의 한 잡지는 대통령의 면모를 머리기사로 뽑으며 그의 넘치는 뉴스 가치를 보여줬다.

[루스벨트 곤경에 처하다, 루스벨트 곤경에서 벗어나다.]

[루스벨트가 시도한 것들, 루스벨트가 이룩한 것들.]

[루스벨트의 임명Appointments과 루스벨트의 실망Disappointments.]

[루스벨트 비난하다, 루스벨트 비난받다.]

[루스벨트의 가정Assumptions, 전제Presumptions, 총체Omnitions와 결함Deficiencies.]

[루스벨트 대통령 임기 만료 이후에도 남아있을, 우리가 의심의 여지없이 그리워 한 매일 매일의 이야기들을 만들어내 우리는 우리가 숨 쉬는 대기의 어떤 성질을 그리워할 것이기에.]

1902년 석탄 파업 때, 루스벨트와 친한 친구인 헨리 캐벗 로지*는 무대응으로 초래된 정치적 결과에 낙담했다. 그가 대통령에게 말했다.

"우리가 뭔가 하고 있는 것처럼 보일만한 것이 없을까요?"

TR은 그렇지않아도 심각해지고 있는 석탄부족 사태로 땀을 뻘뻘 흘리고 있었다. 그는 백악관에 우호적인 상원의원을 불러 좌절감을 털어 놨다.

"제가 미국 대통령입니다. 제가 미국 최고사령관입니다. 국민이 석탄을 갖도록 해야 합니다!"

"그러나 대통령님." 그 의원이 말했다. "미국에 헌법이 있는데, 무엇을 어떻게 하시려고 합니까? 헌법은 재산권을 보장하고 신성한 것으로 간주합니다."

루스벨트의 얼굴이 벌개졌다. 그리고 그의 목소리는 가성 단계로까지 높이 올라갔다.

"국민이 석탄을 원하는데 헌법은 지옥에나 가라지!"

이 초대 손님은 하원의 유력한 공화당 의원인 "엉클 조" 캐넌**의 집으로 급히 달려갔다.

캐넌은 이 제보자에게 대통령이 도저히 그런 말을 했을 리가 없다고 반응했다.

"못 믿겠다면 직접 가서 물어보십시오." 상원의원이 말했다.

한 시간 후 "엉클 조"가 놀란 표정으로 돌아와 말했다.

"백악관의 그 친구가 그 말을 했습니다. 제가 직접 가서 그런 말을 했는지 그에게 물었더니, 저한테 정확히 '똑같은 말' [지옥에나 가라지!]을 하더군요. 신이시여, 그가 무섭습니다!"

*Henry Cabot Lodge(1850-1924): 미국 공화당 정치가. 31년 이상(1893-1924)을 상원의원으로 봉직했다. 제1차 세계대전 직후 의회를 이끌어 미국의 국제연맹 가입을 저지했다.

**Joseph Gurney Cannon(1836-1926): 조지프 캐넌. 별칭은 조 캐넌Joe Cannon이며 "엉클 조"라고 불렸다. 1872년 하원의원으로 선출되었으며, 그의 생애 가운데 46년 동안을 하원에서 지냈다. 철저한 보수주의자이자 충직한 공화주의자였던 그는 높은 연륜으로 주요 위원회 의장직을 수차례 역임했고, 8년(1903-1911) 동안 하원의장을 지냈다.

시어도어 루스벨트는 1902년 백악관을 재단장하면서 전임자의 야자수 화분을 버렸다. 아서 대통령이 설치한 사치스런 티파니 스크린*은 말할 것도 없었다. 무스헤드moosehead · 캐나다 맥주회사 맥주가 스테이트 다이닝룸을 채웠다. 그리고 귀중한 장식들이 경매를 통해 팔렸다. 그중에는 여성기독인금주연합Women's Christian Temperance Union이 언젠가 레모네이드 루시 헤이스**에게 선물한 아름답고 오래된 식기대도 있었다. 아이러니하게도

이 금주 기념품은 펜실베이니아 애비뉴의 술집 주인에게 팔렸다. 이름을 날리고 싶어하는 의원들이 때를 놓치지 않고 루스벨트에 신랄한 공격을 퍼부었다.

"엉클 조" 캐넌이 루스벨트를 옹호하기 위해 연단에 섰다.

"백악관 역사를 보면, 예전에 비 오는 날이면 돌리 매디슨***은 백악관 빨랫거리들을 이스트룸의 오래된 빨랫줄에 걸었습니다."

그리고 이렇게 덧붙였다.

"도대체, 그 빨랫줄은 어디에 있습니까?" ****

*Tiffany Screen: 유리 공예가 루이스 컴포트 티파니Louis Comfort Tiffany가 체스터 아서 대통령 시절 백악관에 설치한 고급 유리 칸막이.
**Lucy Webb Hayes(1831-1889): 제19대 대통령 러더퍼드 헤이스 대통령의 부인. 금주운동을 펼쳐 "레모네이드 루시Lemonade Lucy"라는 별칭이 붙었다.
***Dolley Madison(1768-1849): 제4대 제임스 매디슨 대통령의 부인. 백악관 분위기를 활기차게 바꾼 영부인으로 유명하다.
****빨랫줄도 없어졌는데, 식기대를 꼭 백악관에 보존해야 할 필요가 있는지를 풍자한 말.

TR은 신생국가를 선포한 파나마공화국에서 파나마운하를 파겠다는 혁명적 계획을 갖고 있었다. 이 계획은 대단한 농담 소재가 됐다.

질문 하나가 나왔다.

"갑문lock, 아니면 해수면sea level, 어느 쪽으로 할지 결정됐습니까?"

"[문을 열기unlock]로 했습니다."

"무슨 [문을 연다unlock]는 말입니까?"

"재무부 [문을 연다unlock]는 겁니다."*

*앞으로 비용이 많이 들어간다는 취지. [lock]이냐는 질문에 [unlock]이라고 대답한 것.

루스벨트는 "사악한 거부들malefactors of great wealth"을 비판하면서 고학력 계층도 봐주지 않았다. 그는 언젠가 이렇게 조롱했다. "학교라고는 가보지 못한 사람은 화물차에서 도둑질을 할지 모릅니다. 그러나 그가 대학 교육을 받았다면 철도를 통째로 훔칠지도 모릅니다."

방문 중이던 영국 정치인이 루스벨트의 매력에 흠뻑 빠졌다. 그는 말했다. "내가 보기에 미국에서 두 가지 특별한 것은 '나이아가라 폭포'와 '루스벨트 대통령'입니다."

모든 사람이 다 루스벨트에 매료당한 것은 아니었다. 비리탐사 기자인 링컨 스테펀스Lincoln Steffens는, 대통령을 깊이가 있다기보다는 허우대 좋은 기회주의자로 간주했다. 어느 날 회의에서 참모들이 TR에게 근본적인 문제들에는 신경 쓰지 않는다고 지적했다.

"대통령께서는 공평 정책square deal*만 말씀하고 있습니다."

"바로 그겁니다." 루스벨트는 목청을 높였다. "그것이 내 슬로건입니다." 그는 책상을 치며 강조했다. "공평 정책, 다음 연설에서는 그 말을 내질러야겠습니다."

그렇게 미국 역사상 가장 강력한 슬로건 중 하나가 만들어졌다.

*스퀘어 딜: 루스벨트는 1902년에 광산파업을 해결한 뒤 대기업과 노동조합의 평화공존이라는 이상을 표현하기 위해 이 용어를 처음 사용했다. "공정한 거래"를 뜻하는 이 말은 노동과 시민권, 부모의 입장과 그리스도교 윤리에 대한 루스벨트의 이상주의적인 견해를 모두 포괄한다.

까다로운 헨리 애덤스*마저도 루스벨트 열기에 전염됐다. 애덤스는 이렇게 썼다.

"그는 여전히 버펄로만큼이나 크고 따분한 사람이다. 그걸 부정할 수 없다. 그러나 그는 최소한 종류가 다르다."

또 애덤스는 다른 대통령들과 비교하는 차원에서 이렇게 기술했다.

"시어도어는 아무것도 생각하지 않고, 아무것도 이야기하지 않는다. 그는 자신의 정치적 이해관계만을 위해 산다. 만약 누군가가 그에게 신이 위대하다고 말한다면, 그는 별생각 없이 즉시 그것이 자신의 선거에 어떤 영향을 미칠 것이냐고 물을 것이다."

*Henry Brooks Adams(1838-1918): 미국의 역사학자. 그의 증조부는 미국 제2대 대통령 존 애덤스, 조부는 제6대 대통령 존 퀸시 애덤스였다. 아버지 찰스 프랜시스 애덤스는 외교관이자 역사가, 하원의원으로 활동했다. 헨리 애덤스가 쓴 ≪헨리 애덤스의 교육≫은 그의 사후 1919년 퓰리처상을 받았다. ≪미국의 역사 교사들에게 보내는 편지≫, ≪제퍼슨과 매디슨 통치하의 미국사≫ 등이 있다. (366쪽 참조)

반면에 마크 트웨인은 TR을 "남북전쟁 이후 미국에 내린 가장 강력한 재앙"이라고 선언했다. 이 저명한 작가는 1907년까지 자기중심적인 루스벨트 대통령을 묘사하기 위해 자신의 유명한 소설 주인공을 동원했다.

마크 트웨인은 이렇게 썼다.

"루스벨트 씨는 정치 세계의 톰 소여Tom Sawyer다. … 항상 과시하고, 과시할 기회를 찾아다닌다. 그의 광적 상상력에서, 위대한 공화국은 거대한 바넘* 서커스단이다. 그곳에서 자신은 광대역할을 하고, 이 세상은 관객 역할을 한다. 그는 무게 잡을 기회가 50%라도 생기면 핼리팩스**까지 간다. 그리고 그 기회가 100%라면 지옥에라도 간다."

*P. T. Barnum(1810-1891): 1871년 〈지상 최대의 쇼The Greatest Show On Earth〉 서커스단을 창단한 미국의 유명한 흥행사. 그의 일대기를 그린 영화 〈바넘〉1999이 있다.
**Helifax: 캐나다 동부 대서양 연안의 노바스코샤Nova Scotia주의 항구 도시.

★

날카로운 톰 리드Tom Reed 하원의장은 '불리 펄핏' bully pulpit이란 말을 만든 루스벨트 대통령을 놀렸다.

"시어도어 씨." 리드는 말했다. "만약 제가 당신을 존경해야 할 다른 이유가 하나 더 있다면, 그건 십계Ten commandments에 대한 당신의 독창적 해석일 겁니다."*

*루스벨트는 자신이 만든 신조어 "불리 펄핏"에 두 가지 의미를 담고자 했다. 강자를 의미하는 [bully]를, [wonderful]로도 의미하는 취지에서. 모세의 종교적, 도덕적 권위와 같은 수준에서 루스벨트가 대통령의 권위를 생각하고 그 말을 만들어냈다는 것. (119쪽 참조)

★

TR은 자녀들에게 보낸 편지에서 백악관 생활을 더할 나위 없이 즐겁게 묘사했다. 1904년 3월, 대통령은 아들 커미트Kermit에게 운동에 열중하고 있다고 짤막하게 근황을 전했다.

"나는 일주일에 세 번씩 일본인 레슬링 선수 2명과 경기를 한다. 내가 상대방의 머리 위를 빙빙 돌아서, 탈 없이 매트리스에 떨어질 것이라고 생각할 나이나 체격은 아니지. 그렇지만 선수들이 워낙 기술이 좋아서 전혀 다치지 않았어. 목이 조금 아프긴 하지만, 그중 한 명이 목조르기를 했기 때문이야. 나도 그의 기도를 잡았어. 내가 숨이 막히기 전에, 그의 숨을 막히게 해서 끝장을 낼 수 있을 거라고 생각했어. 그런데 그가 빨랐던 거지."

TR은 1907년 가을 미시시피 계곡 여행을 즐겁게 이야기했다.

"여행의 첫 부분은 … 여느 때와 다를 바 없었습니다. 기차가 도시를 지날 때면, 사람들에게 손을 흔들기 위해 계속 밖으로 서둘러 나가야 했습니다. 기차가 어디선가 멈추면, 수백 명에게 아주 짧은 연설을 해야 했습니다. 분명히 저를 좋아한다고 생각하고, 제가 정말 좋아하는 분들이지만 도대체 할 말이 없었습니다…. 배를 탔을 때는 좀 더 수월했습니다. 저는 자주 밖으로 나가 갑판 앞부분에 서서, 육지 사람과 미국 국기가 펄럭이는 외륜 증기선의 열성적인 나들이 승객들을 향해 손을 흔들어야 했습니다. 그렇지만 나만의 시간도 많이 가졌습니다. 그리고 저를 초대해준 좋은 분들에게는 정중하면서도 단호한 인상을 심어줄 수 있었다고 생각합니다. 여울목과 둑, 물 1입방피트 당 모래량, 강변 도시별로 공급되는 제조물의 분량 등에 대한 그런 지엽적 정보에는 제가 오히려 짜증을 낸다는 것을 말입니다."

루스벨트 백악관은 말과 개, 피어스와 배론 스페클이란 이름의 암탉,* 그리고 "내가 본 가장 영리한 고양이", 장난꾸러기 톰 쿼츠Tom Quartz가 돌아다니는 풍경이 특징이었다. TR은 고양이 톰이 "지극히 엄숙하고, 턱수염을 기른, 장난기라고는 전혀 없어

보이는 노신사" 조지프 캐넌 하원의장122쪽 참조과 마주치는 장면을 목격했다. TR은 아들 커미트에게 이렇게 말했다.

"캐넌은 훌륭한 친구야. 우리는 11시까지 앉아서 이번 회기 정책 방향을 논의했어. 그리고 캐넌이 갈 때 계단 입구까지 동행했지. 그가 계단을 반쯤 내려갔을 때 톰 쿼츠가 지나가는 거야. 꼬리는 빳빳하게 서 있었고 아주 복스러웠어. 톰은 캐넌 씨가 계단을 내려가는 것을 흘낏 쳐다보고 놀이 친구가 도망치는 것으로 결론을 내렸어. 그래서 톰은 캐넌을 쫓아가 아치, 쿠엔틴루스벨트 아들들과 술래잡기할 때처럼 갑자기 그의 다리를 붙잡은 거야. 그리고 잡았던 다리를 놓더니 쏜살같이 캐넌 씨를 앞질러 계단을 내려갔어. 캐넌 씨는 강철처럼 의연하게, 전혀 놀라지 않고 톰을 바라보더구나."

*피어스: Fierce(사나운), 배론 스페클: Baron Speckle(반점 남작).

가끔 TR은 자기 장점에 대해서 지나치게 솔직했다. 예를 들어 "가장 성공적인 정치가"에 대한 그의 정의는 이렇다.

"남들도 다 생각하는 것을 말하는 사람, 그것도 가장 큰 목소리로."

★

루스벨트는 정치개혁과, 그가 지배계층이라고 부르는 사람들의 리더십을 주창했다. 이상주의적인 루스벨트가 말했다.

"자리를 훔치는 것이 지갑을 훔치는 것과 구별되는 사회에서는 어떤 사람도 점잖을 수만은 없습니다."

하버드대학교 출신으로서, 학벌에 별 관심이 없던 루스벨트는 이렇게 말했다.

"바보는, 웨스트포인트West Point · 미국 육군사관학교에서 교육을 받든 하버드에서 교육을 받든 여전히 바보입니다."

★

# 양키 위트
## Yankee Wits

\*Yankee: 양키는 미국 북부, 특히 뉴잉글랜드 지역 사람을 가리킨다. 또 미국 남북전쟁 당시의 북군을 지칭한다. 뉴잉글랜드는 미국 북동부 대서양 연안 지역을 통틀어 이르는 말(메인, 뉴햄프셔, 버몬트, 매사추세츠, 로드아일랜드, 코네티컷). 1620년 영국 청교도들이 박해를 피해 종교의 자유를 찾아 메이플라워호를 타고 도착한 땅이다. 뉴잉글랜드 초기 영국 정착촌에는 강한 청교도적인 성향과 중심 권력으로부터의 완강한 독립심과 신이 특별히 가호를 내려 준다는 의식이 깃들었다.

# 5

## 캘빈 쿨리지
### Calvin Coolidge

입이 매서웠던 앨리스 루스벨트 롱워스TR의 딸(103쪽 참조)는 쿨리지가 어려서부터 피클*을 먹고 자란 것 같다고 말했다.

윌리엄 앨런 화이트언론인(115쪽 참조)가 본 쿨리지는 "말할 때 코에서 꽥꽥 소리가 나고 생각은 딴 데 가 있는 작은 남자"였다.

*pickle: 오이나 양배추 등을 소금에 절인 음식. '곤경'이란 뜻으로도 쓰인다.

쿨리지는 매사추세츠 노샘프턴에서 장래 아내가 될 그레이스 굿휴Grace Goodhue를 만났다. 그레이스는 당시 클라크 청각장애인학교Clark School for the Deaf 교사로 일하고 있었다.

그녀가 "침묵의 캘Silent Cal"로 널리 알려진 남자와 결혼하자, 그레이스에 관해 이런 농담도 나왔다.

"청각 장애인들에게 듣는 법을 가르쳤는데, 이제는 벙어리를 말하도록 해야 할 것 같다."

그레이스가 몬트리얼 신혼여행에서 돌아와 보니, 꿰매야 할 긴 양말이 57켤레가 넘었다. 신부는 남편에게 바느질 솜씨 때문에 결혼했냐고 물었다. 이에 쿨리지가 대답했다.

"아니요. 하지만 솜씨가 엄청 좋다는 건 알죠."

쿨리지 가족은 몇 년간 노샘프턴의 작은 듀플렉스두 가구용 주택에서 살았다. 이 집의 월 임대료는 28달러를 넘지 않았다. 거실 벽난로 위 장식품에는 쿨리지의 대중적 이미지를 축약한 글귀가 수놓아져 있었다.

영리하고 늙은 올빼미가 떡갈나무 위에 앉았다.
그는 더 많이 볼수록, 더 말이 없어진다.
그는 더 말이 없어지면서, 더 많이 듣는다.
우리는 왜, 이 늙은 새같이 될 수 없는가?

쿨리지 집에 침례교 목사가 방문해 그레이스가 저녁 식사를 대접했다. 그 목사는 신앙부흥집회에서 설교하기 전에는 결코 영양 섭취를 하지 않는다며 음식에 거의 손을 대지 않았다. 그날 밤 늦게 남편이 그 집회에서 돌아왔다. 그레이스가 그 목사의 설교가 어떠했는지 평가해달라고 하자 쿨리지는 이렇게 말했다.

"먹고 해도 될 만했는데."

언제나 검소했던 쿨리지는 이렇게 탄식했다. "공공 자금을 쓰는 것보다 더 쉬운 건 없습니다. 그건 주인 없는 돈처럼 보입니다."

쿨리지가 선거에서 패한 것은 노샘프턴의 보험인이었던 존 J. 케네디와의 대결이 유일했다. 케네디는 1905년 시 교육위원회 선거에서 이 공화당 상대를 간발의 차이로 이겼다. 선거는 공교롭게도 쿨리지 부부가 몬트리올 신혼여행에서 돌아오고 나서 몇 주 후에 실시됐다. 이웃 사람 한 명이 케네디에게 투표하는 이유로, 교육위원회 위원들은 자녀가 공립학교에 다녀야 한다는 점을 들었다. 쿨리지는 짤막하게 대꾸했다.

"저한테도 시간을 주세요."\*

\*아이 낳을 시간을 달라는 농담. 쿨리지의 큰아들 존은 1906년에, 캘빈 주니어는 1908년에 태어났다.

매사추세츠주 상원의장 시절, 쿨리지는 치졸해질 가능성이 있는 대립관계를 해소하기 위해 유머를 구사하곤 했다. 동료 한 명이 다른 의원으로부터 지옥에나 가라는 소리를 들었다고 불평하자 쿨리지가 말을 가로 막더니 느릿하게 말했다.

"제가 헌법과 상원 규정을 검토해봤습니다. 거기에는 당신을 강제로 보낼 수 있는 얘기는 없던데요."

쿨리지는 말이 없는 사람이라는 평판을 얻었다. 쿨리지가 한번은 이렇게 말했다.

"당신이 한마디도 하지 않는다면, 같은 말을 또 하라는 요구는 안 받을 겁니다."

방문객 한 명이 긴 침묵을 깰 것이라는 기대에서 습기 찬 오후의 창밖을 내다보며 이렇게 말했다.

"비가 도대체 그치기나 할지 모르겠습니다."

쿨리지가 대답했다.

"글쎄요, 비는 항상 그치던데요."

쿨리지가 1920년 예상외로 부통령 후보에 지명됐다. 당시 그를 알았던 매사추세츠 출신의 기자는 워런 하딩*이 임기 중 사망할 것이라고 친구들을 상대로 저녁 식사 내기를 걸었다. 이 운 좋기로 유명한 쿨리지가 국가 최고위직까지 승계할 수 있으리라는 것이었다. 다른 사람들은 입이 굳게 닫힌 이 양키 출신을 더욱 깔봤다. 민주당 관계자는 쿨리지에 대해 이렇게 말했다.

"움직일 때만 가구와 구별된다."

*제29대 대통령. 1923년 워런 G. 하딩 대통령은 재임 중 사망한다. 부통령이던 쿨리지가 대통령직을 승계했다.

윌 로저스*가 의원들을 위한 쿨리지의 아침 식사 모임에 참석해 즐거운 시간을 보냈다. 식사와 대화가 비슷한 비율로 진행됐다. 사실대로 얘기하면, 대통령은 사람보다 동물과 같이 있는 것이 더 편해 보였다. 쿨리지는 콜리collie들이 아침 식사로 소시지를 먹고 나서, 그가 다 마신 커피 잔 바닥의 설탕을 핥을 때면 시선을 다른 곳으로 돌리곤 했다. 로저스는 개들이 인간 손님보다 훨씬 더 나은 대접을 받았다고 했다. 로저스는 먹을 것을 충분히 챙기기 위해 손발을 바닥에 대고 엎드린 채 대통령 옆으로 기어가는 방안을 심각하게 고려했다고 한다.

*William Rogers: 유머 작가·배우·칼럼니스트.. (7쪽 참조)

누구보다도, 쿨리지는 공직생활을 하면서 알아듣지 못하는 사람들한테 유머를 낭비했다고 로저스는 말했다. 그건 과장이 아니었다. 로저스가 백악관 밖에서 대통령을 만났을 때 장난치듯 물었다.

"오늘은 어떤 종류의 사기꾼과 말 도둑들을 만나셨습니까, 대통령님?"

쿨리지는 말했다. "내각이오."

언론의 비판이 쿨리지를 쓸고 지나갔다. 별 탈은 없었다. 허버트 후버*가 〈아메리칸 머큐리American Mercury〉에 호의적이지 않은 칼럼이 실리자 흥분해 반발했다. 이때도 쿨리지는 아무렇지 않다는 듯이 후버에게 이렇게 말했다.

"표지가 녹색인 그 잡지의 글 말입니까? 읽으려고 했는데요, 나에 대해서 좋지 않은 내용이었어요. 그래서 읽다 말았습니다."

*쿨리지의 후임 제31대 대통령. 쿨리지 행정부에서 상무장관(1923-1928)이었다.

쿨리지는 대통령이 되자마자 집사장 아이크 후버34,117쪽 참조에게 이렇게 지시했다.

"모든 것들을 원상복귀했으면 좋겠습니다. 예전처럼요."

술을 좋아했던 전임자원런 하딩 대통령를 나무라는 의미가 확실했다.

앨리스 루스벨트 롱워스TR의 딸(103, 133쪽 참조)는 하딩 이후 백악관 분위기가 "금주법시행 당시의 주류밀매점 뒷방과 뉴잉글랜드식 응접실 차이만큼이나 달라졌다"고 말했다.

공군에 대한 지출을 더 늘려야 한다는 촉구에, 쿨리지는 내각에 물었다. "항공기를 한 대만 구입해, 조종사들이 번갈아 조종하도록 할 수는 없겠습니까?"

쿨리지는 미네소타에서 막 돌아온 상원의원에게 중서부 지역 기후와 관련해 필요한 질문들을 했다. 의원이 답례차 백악관 지역 날씨에 관해 묻자, 대통령은 특유의 무표정한 얼굴로 대답했다.

"글쎄요, 여긴 더웠습니다. 지난밤에 한 여성과 같이 앉아있었는데, 그 여성이 기절했습니다. 날씨 때문이었는지, 대화 때문이었는지는 모르겠습니다."

매수되지도 않고 통제되지도 않는 쿨리지는, 양키식 표현으로 하면 얼음 위의 돼지처럼 나 홀로였다. 한번은 친구가 ≪하우스 대령의 친밀한 기록들Intimate Papers of Colonel House≫*이라는 책을 건넸다. 윌슨의 분신이 활동한 내용이다. 쿨리지는 프랭크 스턴스Frank Stearns를 꾸짖는 계기로 이 책을 활용했다. '란제리의 제왕'으로 잘 알려져 있는, 보스턴 상인 스턴스는 쿨리지의 스폰서가 되려 하고 있었다.

쿨리지는 스턴스에게 말했다.

"미국 대통령에게 비공식 보좌관은 좋은 것이 아닙니다."

스턴스가 물었다.

"제가 언제 대통령님을 보좌하려고 했습니까?"

대통령이 대답했다.

"아닙니다. 하지만 얘기하는 게 낫다고 생각했습니다."

*우드로 윌슨 대통령의 분신으로 널리 알려진 [에드워드 만델 하우스(Edward Mandell House, 1858-1938)]의 저서. 윌슨은 대통령 당선에 도움을 준 하우스 대령을 대통령 고문직에 임용했다. 그는 윌슨의 핵심참모로 국제연맹 결성을 비롯한 제1차 세계대전의 전후처리 문제 등에 깊숙이 간여했다.

★

윌 로저스는 캘빈 쿨리지가 말을 그다지 많이 하지 않았고, 말을 할 때조차도 그다지 많이 하지 않았다고 했다. 홈스Holmes 대법관은 전쟁으로 인한 희생과 전후 사건들로 피곤해진 국가에서 그 대통령이 성공한 이유를 나름대로 해석했다.

홈스는 말했다.

"나는 [쿨리지]로부터 놀라운 어떤 일도 예상하지 않았습니다. 놀라운 어떤 일도 바라지 않았습니다."

★

쿨리지의 백악관은 지지자들이 선물로 보내준 애완동물 몇 마리를 자랑스러워했다. 그중에는 세금결의Tax Resolution와 예산국Budget Bureau이라는 이름의 새끼 사자 한 쌍이 있었다. 또 멕시코에서 온 검은 곰, 호주산 월러비, "누구라도 보면 이름이 진흙mud이라는 것을 알 수 있기 때문"이라고 대통령이 설명했던 머드라는 이름의 고양이, 쿨리지가 가장 좋아해서 목에 감고 백악관 복도를 왔다 갔다 한 너구리 레베카 등이 있었다.

레베카는 추수감사절 가족 만찬에 함께 있다가 곧바로 쿨리지의 마음속에 자리를 잡았다. 이 애완동물은 녹색 새우, 닭, 감, 달걀들을 맛보며 미식가임을 입증했던 것이다.

★

쿨리지의 가장 유명한 애완동물은 콜리종인 프루던스 프림 Prudence Prim과 롭 로이Rob Roy였다. 하워드 챈들러 크리스티 Howard Chandler Christy가 영부인의 공식 초상화를 그리는데 롭 로이가 옆에서 나란히 자세를 취했다. 쿨리지 부인은 이 동물의 하얀 털과 대비 효과가 나도록 붉은 색 옷을 입도록 권유받았다.

"당신은 그냥 하얀 색 옷을 입고, 개를 붉게 염색하면 어때요?" 대통령이 너스레를 떨었다.

쿨리지는 가장 민주적이었던 미국 대통령 중 한 명이었다. 그는 속물들에 대한 혐오감을 별로 감추려고 하지 않았다. 한번은 백악관 리셉션에서 몸집이 크고 거만한 부인이 쿨리지에게 갑작스럽게 다가 왔다. 억양으로 보면 비컨힐Beacon Hill · 보스턴의 유서 깊은 부유층 주거지역 출신이었다.

"보스턴Boston 출신입니다." 그 부인이 밝혔다.

"그렇군요." 쿨리지가 대답했다. "부인은 결코 그걸 극복하지 못할 겁니다"*

*You'll never get over it: 부인이 거만하게 지역색을 드러내고 있다는 조롱. 보스턴은 미국 동북부 매사추세츠주의 주도이며, 뉴잉글랜드의 최대도시로 역사 · 문화 · 상업 · 산업의 중심지이기도 하다. 미국 독립전쟁의 진원지이며 이와 관련된 사적이 많다.

★

현대식으로 말하면 쿨리지는 통제광control freak이었다. 그는 아내가 운전도, 승마도, 비행기 탑승도, 머리카락을 짧게 자르는 것도, 바지를 입는 것도 못하게 했다. 그는 아내의 모자도 골라주었다. 마침내 어느 날 아침 식사를 하면서 그레이스가 항의했다. 그레이스는 무슨 약속이 돼있는지도 모른다고 불평하면서 물었다.

"경호실에서 매일 일주일치 일정을 미리 준비해줄 수 없나요?"

쿨리지가 신문 너머로 그녀를 쳐다보며 한마디 했다.

"그레이스, 그 정보는 우리가 함부로 노출하지 않아요."

대통령이 된 쿨리지는 가장 가까운 피글리 위글리Piggly Wiggly 슈퍼마켓에서 온 백악관 저장물품들을 관리했다. 그는 백악관 부엌에서 음식물들이 이상하게 사라져 무척 언짢았다.

"스튜가 너무 많아요." 쿨리지가 불평했다. "하지만 스튜를 돼지고기 토막처럼 호주머니에 넣어서 집에 갖고 갈 수는 없다고 생각하는데요."

쿨리지 대통령 재임기간 내내 백악관은 대통령과 악수하고 싶어하는 국민을 위해 매일 행사를 열었다. 쿨리지는 한때 1시간을 조금 넘기며 2,096명과 악수하는 기록을 세웠다. 그는 윌리엄 하워드 태프트*가 "손 펌프질pump-handle work"이라고 비하했던 그 행사를 즐기는 편이었다. 쿨리지는 공식 리셉션에서는 잘 참지 못했다. 그런 행사는 통상 말이 많고 거만한 사람들이 넘치도록 꽉 찼기 때문이다. 쿨리지의 경호원이 한 말이다.

"특히 보석으로 치장한 여인들이나 사회 지도급 인사, 유명인들이 줄을 서 있는 것을 보면, 대통령은 저를 쿡쿡 찌르고는 이렇게 말했습니다. '대령, 저 여인에서 줄을 멈추게 하세요. 쉬어야겠습니다.' 그러고 나서 여인이 기다리는 동안, 그는 자리를 떠서 5분이나 10분 정도 앉아서 쉬는 겁니다."

*제27대 대통령(1909-1913). 윌리엄 하워드 태프트 대통령은 퇴임 후 1921년 워런 하딩 대통령에 의해 미국 제10대 연방 대법원장에 임명되었다. 쿨리지 행정부에서도 대법원장으로 재임하였고, 1930년 건강이 악화되자 대법원장직을 사임한 그는 1개월 후 세상을 떠났다.

H. L. 멩켄*은, 쿨리지가 가장 좋아하는 날은 "아무 일도 일어나지 않는 날"이라고 말해 후세 사가들에게 평가 기준을 제시했다.

*Henry Louis Mencken(1880-1956): 언론인. 비판과 풍자, 자유분방한 사고로 '볼티모어의 현인Sage of Baltimore'이라고 불렸다. (44쪽 참조)

1924년 12월 어느 날, 뉴스영화 담당자가 대통령에게 큰 소리로 말했다.

"얼굴 표정 좀 즐겁게 하시고요, 제발 '좋은 아침!'도 좋고, '안녕하십니까!'도 좋으니 뭐라도 말씀 좀 해보십시오."

쿨리지가 함께 온 사람에게 몸을 돌려 말했다.

"저 친구는 내가 의원들과 한 얘기를 다 합친 것보다 더 많은 말을 하라고 하는군요."

쿨리지는 아첨꾼들을 깔아뭉개길 좋아했다. 지나치게 열성적인 지지자가 그에게 달려와 떠벌렸다.

"대통령님, 의회 개회 때 대통령님 연설을 정말 듣고 싶었습니다. 45분을 '고스란히' 서 있어야 했습니다."

쿨리지가 대답했다. "저도 그랬습니다."

한 의원이 대통령의 최신 사진을 요청했다. 그러자 쿨리지가 이렇게 대답했다. "왜 새 사진을 원하는지 모르겠습니다. 저는 똑같은 얼굴을 쓰고 있는데요."

★

쿨리지는 연설문작성 능력에 대해서 그답게 겸허했다.

"제 우물에 물이 조금 있다는 것은 전부터 알고 있습니다. 그렇지만 물을 얻으려면 펌프질을 해야 합니다. 그것은 저절로 뿜어나오는 샘이 아닙니다."

쿨리지 행정부가 부끄러워했던 주요 사태 중 하나는 1925년 상원의 검찰총장 인준 투표 때 찰스 도스* 부통령이 잠을 자면서 발생했다. 그 결과 60년 만에 처음으로 대통령이 지명한 유력 인사가 쓴잔을 마셨다. 한 대담한 익살꾼은 부통령이 묵은 호텔 바깥에 [도스, 여기서 잠잤다!]라고 알리는 표지를 내걸었다. 도스의 공개적인 낮잠도 이제는 전설이 되었다. 온갖 조롱을 다 받는 와중에, 도스는 윌리엄 하워드 태프트 대법원장을 진정한 친구로 여겼다.

하루는 부통령이 대법원을 방문했다가 법관석에서 태프트가 하품하는 것을 목격하게 됐다. 도스를 발견한 태프트는 즉각 그에게 메모를 보냈다.

"이리 오십시오, 여기는 잠자기 좋은 곳입니다."

*Charles G. Dawes(1865-1951): 미국예산국 초대국장을 지냈다. 전쟁배상위원회 위원장으로 전후 독일의 재정 개편안(도스안)을 제시하여 1925년 노벨평화상 공동 수상자가 되었다. 그가 쓴 ≪부통령 시절의 메모≫, ≪전쟁배상금 일지≫, ≪주영대사 일지≫ 등의 저서가 있다.

쿨리지가 다른 세계를 왜 불신하게 됐는지는 어렵지 않게 알 수 있다. 언젠가 그는 친구 딸이 학교에서 어떻게 지내고 있느냐고 물었다. 마침, 그 꼬마 숙녀는 부모에게 보이기 위해 처음으로 프랑스어 책을 가져온 참이었다.

쿨리지가 물었다. "딸이 영어로 된 책은 다 알아?"\*

  \*영어도 아직 다 못 배웠을 나이가 아니냐는 농담.

쿨리지의 검소함은 치즈 부스러기도 낭비하지 않는 수준을 넘어서는 것이었다.\* 그가 한번은 이렇게 말했다.

  "나는 절약 정책을 선호합니다. 돈을 모으기save money 위해서가 아닙니다. 국민을 살리고save people 싶기 때문입니다."

  \*쿨리지가 자라난 뉴잉글랜드적 분위기는 검소와 절제, 그리고 검손을 강조했다. 이것은 평생 그에게 영향을 주었다.

대통령은 운동은 어떻게 하느냐는 질문을 받고, 재치 있게 "사진 찍는 것"이라고 대답했다. 실제로 몇 차례에 걸쳐 쿨리지는 카우보이 바지, 보이스카우트 제복, 농촌 작업복, 인디언 수족Sioux

추장의 표장 차림을 하고 사진사들에게 사진을 찍도록 했다.

쿨리지가 아내에게 말했다.

"오, 여보. 그 사람들이 나를 완전히 바보로 만드는 군요."

쿨리지는 한 번 더 생각해보고는, 대통령의 위엄이 과대평가될 수 있다고 판단했다. 어쨌든 이 완고한 양키Yankee*는 "사람들이 웃는 것은 좋은 일"이라고 결론지었다.

*쿨리지는 뉴잉글랜드 지역 버몬트주 플리머스 출생이다. 양키는 미국 북부, 특히 뉴잉글랜드 지역 사람을 가리킨다. (또 미국 남북전쟁 당시의 북군을 지칭.) 뉴잉글랜드는 미국 북동부의 여섯 주를 총칭하는 말로, 독립전쟁 당시 정치의 중심지로 청교도 정신이 남아 있는 보수적 특색을 지녔다.

쿨리지가 정치적으로 전통주의자였을지 모르지만, 백악관 초상화에 손대길 꺼려 할 정도는 아니었다. 어느 날 저녁, 쿨리지는 스테이트 다이닝 룸 바깥에서 벌어진 일 때문에 누가 봐도 정신이 산란했다. 쿨리지가 상무장관 허버트 후버에게 말했다.

"후버 씨, 존 퀸시 애덤스 씨의 머리에 빛이 좀 지나치게 반짝인다고 생각지 않습니까?"

대답할 시간도 주지 않고, 쿨리지는 고용인에게 발판 사다리를 가져오게 한 뒤 헝겊 조각을 벽난로의 재에 비볐다. 그리고 이 6대 대통령의 넓고 벗겨진 두개골에 검정 칠을 했다.

훗날, 후버 대통령 시대에 애덤스의 후손인 찰스 프랜시스 애덤스Charles Francis Adams III, 1866-1954가 해군 장관이 됐다. 찰스 프랜시스 애덤스에게 선조의 모습을 훼손한 것에 대해 사과하는 것은 후비의 몫이 됐다. 어찌됐든 후버는 그의 전임자가 한 일로 고통받는 운명을 타고난 것처럼 보였다.

사우스 다코다주의 여름 백악관에서 쿨리지는 하얀 장갑을 끼고 낚시를 하고 있었다. 그러다 아내가 놀리는 바람에 장갑 색을 좀 더 검은 색조로 바꾸었다. 경호원들이 대통령의 낚시 바늘에 미끼를 달고 그가 잡은 고기들을 챙겼다. 운동선수 같은 여행객들이 이 고급 휴양지로부터 딱 2마일 떨어진 곳에서, 어떻게 되나 보려고 했는지 대담하게도 낚시질을 했다. 경호원들은 이들이 잡은 송어들도 가져가버렸다. 쿨리지는 이렇게 말했다.

"그건 [내] 고기입니다."

한 오찬 초청 손님이 식후 시가를 사양하면서, 의치醫治로는 물고 있을 수 없기 때문이라고 이유를 설명했다.

그러자 쿨리지가 교묘한 해결책을 내놨다.

"조그만 철사 받침대를 만들어 턱에 대고, 그 위에 시가를 올려놓을 수 있도록 하는 것은 어떻습니까?"

짓궂은 쿨리지는 백악관 구성원들에게 별명을 하나씩 선사했다. 고참 도어맨은 "족제비mink"가 됐고 집사 토머스 라우치는 "곤충bug"으로 명명됐다. 쿨리지 가족은 찰스 에번스 휴즈Charles Evans Hughes 전 국무장관도 즐겁게 했다. 그는 TR이 "턱수염 기른 고드름"이라고 놀렸던 고매한 법률가 바로 그 사람이다.

대통령의 이발사는 매일 아침 풀 먹인 흰색 가운을 입고 팔에 수건을 걸친 채 쿨리지의 침실 앞으로 출근했다.

쿨리지가 그에게 말했다.

"이발도, 면도도 하고 싶지 않습니다. 하지만 올라가서 … 침실로 가서, 거기는 아직 휴즈 대법관이 차지하고 있는데요. 방문을 두드리고 면도하지 않을 건지 물어보십시오."

그는 원치 않았다.

쿨리지는 책상 위에 있는 벨을 모두 울리거나 버저를 눌러서 도어맨, 안내인, 엘리베이터 오퍼레이터들, 그리고 경찰에게 자기가 곧 갈 것이라고 경보를 내리는 것을 가장 좋아했다. 그리고 정작 그는 윈도우쇼핑을 하기 위해 백악관 옆문으로 사라져버렸다.

쿨리지는 백악관을 떠나기 얼마 앞서 이렇게 논평했다. "내 행정부가 거둔 가장 중요한 성취 중 하나는, 아마 남의 일 신경 안 쓰고 자기 일에만 신경 썼다는 데 있을 것입니다."

쿨리지는 돈을 아껴 쓰는 것 못지않게 말도 아끼는 것으로 명성을 쌓았다. 그는 그 명성을 자신에게 유익하도록 잘 활용했다.

쿨리지가 한번은 솔직하게 말했다.

"저는 미국 국민이 대통령으로 근엄한 인물을 원한다고 늘 생각했습니다. 그래서 그들과 맞춰나갔습니다." 쿨리지는 특유의 어투로 계속 말했다. "말하지 않아서 해가 될 것은 결코 없다는 것을 알았습니다."

쿨리지는 신문기자 놀리기를 좋아했다. 백악관 기자회견에서 한 기자가 물었다.

"관세에 대해 하실 말씀 없습니까, 대통령님?"

"없습니다." 쿨리지가 말했다.

"농업 법안에 대해 하실 말씀 없습니까?"

"없습니다."

"해군 예산 배정에 대해 하실 말씀 없습니까?"

"없습니다."

기자들이 줄줄이 대통령 집무실을 나서는데 대통령의 웃음 섞인 목소리가 들렸다.

"내 인용은 하지 마세요."

★

백악관을 떠나기 전에 쿨리지는 동료들에게 암울한 예언을 남겼다.

"국민은 슈퍼맨 후버를 대통령으로 선출할 것입니다. 그리고 그는 좀 어려움을 겪을 것입니다. 돈을 써야 할 것입니다. 하지만 그는 충분히 쓰지는 않을 것입니다. 그럼 민주당이 다시 들어와서 돈을 물처럼 쓸 것입니다. 하지만 그들은 돈에 대해서 잘 모릅니다. 그럼 그들은 제가 복귀해서 그들을 위해 절약하기를 바랄 겁니다. 하지만 전 그렇게는 못하죠."

★

쿨리지가 후임자 허버트 후버에게 권력을 넘기고 난 직후 충고했다. "당신은 방문객을 접대하느라 매일 3~4시간을 견뎌야 하실 겁니다. 그들 중 10분의 9는 자기들이 가져서는 안 되는 것을 바랍니다. 만약 당신이 꼼짝도 안하고 있으면, 그들은 3~4분이면 다 맥이 빠져버릴 겁니다. 그런데 당신이 기침을 하거나 웃으면, 그들은 처음부터 다시 시작할 겁니다."

★

백악관을 떠난 지 얼마 안 돼, 쿨리지가 박애주의자 에드워드 복 Edward Bok이 건립한 '노래하는 탑'에 축사하기 위해 플로리다로 갔다. 이 기념물에 한 말씀 해달라는 요청을 받고 쿨리지는 말했다.

"에드워드 복은 이 탑을 새들의 서식처로 기부했습니다. 그리고 새들이 음악에 관심을 갖도록 이 벨들을 마련했습니다."

★

1929년 쿨리지는 노샘프턴의 정든 듀플렉스로 돌아왔다. 쿨리지는 더 이상 현관문 앞을 걷거나, 방해받지 않고 고향의 거리를 돌아다닐 수 없다는 것을 깨달았다. 쿨리지가 살았던 조용한 거리는 관광객들로 꽉 찼다. 많은 방문객들은 전직 대통령이 사는 숙소의 평범함에 실망감을 거의 감추지 못했다. 한 외지인은 들릴 만큼 큰 목소리로 중얼거렸다.

"대단한 집이라고는 생각되지 않는군!"

쿨리지가 말했다. "민주당원이군!"

쿨리지는 언젠가 이렇게 강조했다. "나는 내 일에 충실하려고 했던 전직 대통령으로 기억되기를 바랍니다."

그 일의 일부는 전국에 배포되는 일간지 칼럼이었다. 쿨리지를 폄하하는 사람들은 그의 솔직담백한 메시지를 워너메이커스 백화점 광고에 비교했다. 윌 로저스가 일종의 반론에 나섰다. 이 희극 배우는 대공황기* 미국의 문제 해결을 위해 정신적 접근 방식을 취한 것에 잘못된 것이 없다고 평가했다. 실제로, 로저스는 이렇게 말했다.

"쿨리지는 우리가 뉴잉글랜드 초기 전통으로 돌아가기를 바랍니다. 기도하고 있지 않을 때는 기도하고 있던 누군가를 불태웠던 그 전통 말입니다."**

*Great Depression: 쿨리지가 퇴임한 해인 1929년 촉발됐다. 쿨리지가 난국 타개를 위해 현실 정책보다는 정신적 측면을 강조했다는 취지.
**Coolidge wants us get back th the old early New England tradition, where if he wasn't praying, he was burning somebody that was: 기도하지 않을 때는 다른 사람들을 이교도나 불신자로 몰아 불에 태웠다는 비유. 쿨리지의 정신적 접근 방식에 문제가 없다고 변호하면서도, 그러한 방식의 사례로 든 뉴잉글랜드 시대 종교의 이중성도 비판하고 있다.

쿨리지는 논란이 발생해도 동요하지 않는 것처럼 보였다. 쿨리지가 친구에게 말했다.

"그들은 내가 명백한 사안도 검토를 거듭한다고 비판합니다. 아마도 언젠가 나는 '명백한 것의 중요성'에 대해서 글을 쓰게 될 것입니다. 모든 미국민이 꼭 해야 하는 것으로 알고 있는 단순한 몇 가지 일만 수행해낸다면, 우리의 큰 문제들은 대부분 저절로 풀릴 것입니다."

쿨리지의 가장 끈질겼던 비판론자는 평론가이자 익살 수준이 전문가라고 할만한 도로시 파커\*였다. 1933년 이 전직 대통령이 사망했다는 소식을 접하고 독설가인 미스 파커Miss Parker는 말했다.

"어떻게 알아?"\*\*

\*Dorothy Parker(1893-1967): 미국의 단편작가·시인. 세태를 풍자하는 작품을 썼으며, 오헨리상을 받았다.
\*\*앞서 민주당 관계자는 쿨리지에 대해 "움직일 때만 가구와 구별된다"고 말했다. 쿨리지가 워낙 과묵했다는 취지에서. (137쪽 참조)

★

# 6

## 존 F. 케네디
### John F. kennedy

1958년 JFK는 경기 후퇴를 설명하면서 정치적 수사로 웃음을 자아냈다.

"[아이젠하워 대통령]의 견해를 해석하면, 우리는 지금 하강기의 상승기 초입의 마지막에 와 있습니다. 백악관이 긍정적 신호라고 경제를 판단하는 것을 보면, 경찰이 뒷골목에 쓰러져있는 사람의 몸을 조사하면서 '상처 중 두 개는 치명적이다. 하지만 나머지 하나는 썩 나쁘지 않다.'라고 기분 좋게 외치는 딱 그런 모습입니다."*

*백악관은 경기를 판단할 때 낙관적 측면을 강조한다는 것.

1960년 선거에서 종교적 문제가 수면 위로 떠올랐다. 케네디는 뉴욕의 스펠먼Spellman 추기경이 주선한 연례 앨 스미스Al Smith 만찬에서 경쟁 상대와 자리를 함께 했는데, 솜씨 좋게 상황을 역전시켰다. 케네디는 〈월스트리트저널Wall Street Journal〉이 최근 닉슨 부통령을 비판했다면서 이렇게 말했다.

"그건 마치 〈오세르바토레 로마노Osservatore Romano〉\*가 교황을 비판하는 것과 같습니다."

또 유세 중에 속되게 연설한 전·현직 대통령들을 닉슨이 비난한 것도 케네디는 꼬집었다. 케네디의 주장이다.

한 공화당 지지자가 최근 "빌어먹을 멋진 연설**damn** fine speech"을 했다고 닉슨 부통령을 찬양했습니다. 이에 대해, 닉슨은 "칭찬은 고맙습니다만, 말씀하시는 방식은 사양하겠습니다."라고 대답했습니다. 닉슨의 이 공화당 지지자는 안 되겠다 싶어 다시 말했습니다.

"알겠습니다. 부통령님, 연설이 너무 좋아서 선거전에 1,000달러를 기부했습니다."

그러자 닉슨이 외쳤습니다.

"제기랄, 그러실 수가요The **hell** you say."

\*교황청 신문. 닉슨이 같은 편이라고 할 수 있는 언론으로부터도 비판받았다는 풍자.

★

1960년 선거전에서 케네디의 경쟁 상대 리처드 닉슨은, 트루먼 전 대통령의 거친 말투를 쟁점으로 삼았다. JFK는 문제에 대응하기 위해 성정이 매서운 트루먼에게 신속하게 메시지를 보냈다고 한다.

"친애하는 대통령님, 대통령께서는 제 경쟁상대에게 투표할 사람들에게는 어디 어디로 가는 게 좋겠다고 제안하신 바가 있습니다. 저는 그 점에 주의하고 있습니다. 저는 당신의 심오한 동기를 이해하고 거기에 공감합니다. 하지만 저는 우리 편이 종교적 문제를 제기하는 것*은 피하는 것이 중요하다고 생각합니다."

*영어의 욕설에는 [지옥에나 가라go to hell] 등 종교와 관련된 언급이 많다.

1960년 예비선거에서 웨스트버지니아는 결정적 승부처였다. 승리를 위해 케네디는 땅속 깊이 내려가 석탄 광부들을 상대로 선거 운동을 펼쳤다.

"당신이 최고 갑부 중 한 명의 아들이라는 게 사실입니까?" 한 광부가 후보자에게 물었다. 케네디는 그렇다고 인정했다.

"당신은 무엇 하나 부족한 게 없었고 원했던 모든 것을 가졌다는 것도 사실입니까?" 광부가 물었다.

"그런 것 같습니다."

"당신은 평생 단 하루도 손으로 하는 일을 결코 해본 적이 없다는 것이 사실입니까?"

케네디가 마지못해 고개를 끄덕였다.

"글쎄요." 광부가 말했다. "한 가지는 잊으셨습니다."

1960년 선거에서 케네디는 종교 문제를 솜씨 좋게 해소시킨 것으로 유명하다. 케네디는 노먼 빈센트 필* 목사로부터 공격당한 후, "인간의 권리The Rights of Man"라는 표제의 민주당 정강과 공화당 정강을 비교했다.

케네디가 공화당 정강에 대해 말했다.

"표제가 무엇인지는 모릅니다만, '긍정적인 사고의 힘The Power of Positive Thinking'**으로 여겨졌습니다."

*Norman Vincent Peale: 성직자이자 저술가, 동기부여 연설이 탁월했다.
**노먼 빈센트 필의 대표작 《긍정적인 사고의 힘》을 인용함. 이 책은 40여 개국 언어로 번역되었고 수천만 부 이상 팔리고 있는 베스트셀러이다.

JFK도 다른 민주당 대통령들과 마찬가지로, 조언을 듣고 방향을 잡기 위해 워싱턴의 오래된 내부 인사인 클라크 클리포드Clark Clifford에게 의지했다. 1960년 선거 승리 후, 케네디는 이 특급 변호사 클라크가 8년을 재야에서 보냈으면서도 공직을 달라고 아우성치는 다른 민주당 사람들을 따라 하지 않는 데에 놀랐다. 케네디가 클라크에 대해 말했다.

"그가 대가로 바란 것은 오직 1달러 지폐 뒷면에 자신의 법률 회사를 광고해 달라는 게 다였다."

1961년 10월, 뉴욕의 칼럼니스트 레너드 라이언스Leonard Lyons가 케네디에게 편지를 썼다. 매디슨 애비뉴의 상점가에서 대통령들의 서명을 진열해놨는데, JFK의 서명은 테디 루스벨트나 U. S. 그랜트의 서명보다 더 비싸게 팔린다는 내용이었다. 라이언스는 대통령이 굳이 사의를 표할 필요까지는 없다고 덧붙이며 두 가지 이유를 밝혔다.

첫째, 당신은 너무 바쁩니다.

둘째, 당신이 너무 자주 서명을 하면 이스트 53가의 서명 시장이 위축될 것입니다.

일주일 후에 JFK가 답장했다.

"케네디 서명 시장에 관해 편지해줘서 고맙습니다. 현재 시가가 그렇게 높아졌다니 믿어지지 않습니다. 시장을 더 위축시키지 않기 위해서 이 편지에는 서명하지 않겠습니다. 안녕히 계십시오."

서명은 없었다.

케네디는 에버레트 매킨리 더크센Everett Mckinley Dirksen 공화당 상원 원내대표의 익살을 좋아했다. 그는 언젠가 백악관 예산안의 효과가 "포토맥강 한가운데에 떨어진 눈송이 충격"이라고 일축했던 유명한 '우즈의 마법사'*였다. 1960년 선거에서, 더크센은 케네디가 상원에서 의석을 자주 비웠던 일을 꼬집었다.

"우리는 그의 자리를 뉴프런티어**에서 가장 자주 비는 안장이라고 부릅니다."

더크센은 케네디의 유명한 흔들의자에 대해서는 좀 더 너그러운 입장을 보였다. 케네디가 다친 허리를 편하게 하려고 사용했던 의자였다. 더크센은 이렇게 말했다.

"저는 흔들의자들을 좋아합니다. 위험하지 않으면서 '움직이고 있다'는 느낌을 줍니다."***

*Wizard of Ooze: 설득력 있는 저음의 목소리 등 더크센의 정치 스타일에서 비롯된 별명이다. ooze는 스며나오다, 늪지 등의 뜻. 영화 〈오즈의 마법사Wizard of Oz〉에 비유한 말.
**New Frontier: 케네디가 1960년 대통령 선거에서 내세운 정치표어. 개척자 정신의 상징인 프런티어에 새로운 의미를 부여하자는 것으로, 국내 문제의 개선과 해외 후진지역 지원 추진 등을 목표로 했다. 케네디는 [이 나라를 다시 움직이도록 하자Let's get this country moving again]고 주창했다. 더크센은 케네디가 뉴프런티어 정책을 실행해 나라를 다시 '움직이도록 하겠다'고 공언했으면서 안장은 자주 비운다고 꼬집은 것이다.
***흔들의자는 위험하지 않고 기분만 낼 수 있다고 풍자했으나, 케네디가 허리가 아픈 점을 고려 이해할 수 있다는 취지로 말한 것이다.

케네디는 자신의 취임 연설의 기운 넘치는 수사법을 패러디하곤 했다. 민주당 열성당원들의 기금모금 만찬에서 케네디는 설교조로 발표했다.

"오늘 밤 우리는 자유의 승리를 축하하기보다는 당이 이겼다는 사실을 새겨둬야 합니다. 지난 1년 3개월의 과정에서 전임자들이 써야 했던 당의 빚을 우리가 갚아야 한다고 약속했기 때문입니다. 우리의 적자는 앞으로 100일 동안, 첫 1,000일 동안, 이번 행정부 임기 중 해소되지 않을 것입니다. 아니 어쩌면 우리 시대에 이 땅에서는 안 될지도 모릅니다. 그러나 시작합시다."

제2차 세계대전 중 어뢰정 PT-109에 탔던 케네디의 경험을 들으면 아이러니했다. 어떻게 전쟁 영웅이 됐느냐는 기자의 질문에 대통령은 이렇게 답했다.

"그건 전적으로 자발적인 게 아니었습니다. 내 배를 침몰시킨 것은 적들이었거든요."

1963년 7월 기자회견에서, 케네디가 1960년 대선에서 '미국을 다시 움직이도록 하겠다'*고 한 약속을 상기시키는 얘기가 나왔다. 한 기자가 물었다.

"지금 '움직이고 있다'고 생각하십니까? 그리고 그렇다면 어떻게 어디로입니까? 대통령님, 제가 이렇게 질문 드리는 이유는 대통령님이 엄청난 실패작이라는 내용의 결의안을 최근 공화당 전당대회에서 채택했기 때문입니다."

케네디가 대답했다.

"그건 만장일치로 통과됐겠네요."**

*Get America moving again.
**의회에서 법안이 잘 통과되지 않았던 현실을 풍자.

지금은 잊혀졌지만, JFK는 백악관 시절 초기 기자회견을 할 때 인덱스카드에서 답을 읽었다. 점점 그 형식에 익숙해지면서 케네디의 타고난 재치가 드러났다. 〈뉴욕타임스〉 기자는 케네디가 상원의원 시절에는 격식을 차리지 않았다고 말했다. 왜, 그렇게 준비된 답에 집착하느냐고 그 기자는 신임 대통령에게 물었다.

그러자 케네디가 대답했다.

"저는 텍스트에서 벗어나는 사람은 아닙니다."*

*Because I'm not a textual deviant: **textual** deviant가 **sexual** deviant(성도착자)와 발음이 비슷한 점을 고려한 농담 같다.

케네디는 동생을 법무장관에 지명한 직후, 사람들의 경계심을 풀게 하는 평상시 어투로 말했다.

"동생 바비*를 법무장관에 임명하고 나서 아주 많은 사람한테서 욕을 먹었습니다. 그들은 이번 임명에 그럴만한 충분한 이유가 있다는 걸 모릅니다. 바비는 개업하고 싶어하고, 저는 바비가 우선 경험을 좀 쌓아야 할 것으로 생각했습니다.**"

*Robert Kennedy(1925-1968): 존 F. 케네디 대통령의 동생 로버트 케네디. 법무장관 역임. 형이 암살당한 뒤 대통령 후보에 출마했으나 피살됐다.
**to practice law: 변호사 등 직업으로서 법을 집행하다. 동생이 개업하기 전에 경험을 쌓도록 하는 차원에서 법무 장관직을 맡겼다는 농담.

전직 대통령 트루먼과 한바탕한 뒤 케네디가 말했다. "트루먼이 저보고 SOB*라고 부른 데 대해 사과할 걸로 봅니다. 그리고 저는 제가 SOB인 것에 대해 사과할 계획입니다."

*son of a bitch(비속어)

JFK는 미 역사상 최연소 대통령 당선자였다. 그가 이렇게 말했을 때 절반은 진심이었다.

"제가 대통령직 임기를 한 번하든 두 번하든, 임기 말에는 어정쩡한 나이가 될 것이라고들 합니다. 새 일을 시작하기에는 너무 늙었고 회고록을 쓰기에는 너무 젊은 나이 말입니다."

FDR처럼, 케네디도 자신을 내세우는 데 거리낌없이 대기업을 이용했다. 한번은 그가 이렇게 너스레를 떨었다.

"편지를 받았습니다. 사실 백악관에 들어온 이후 그동안 받았던 편지 중에서 가장 좋은 편지였습니다. 베들레헴 철강회사 관계자가 보낸 건데, 편지에는 '당신은 해리 트루먼보다 더 나쁩니다.' 라고 적혀 있었습니다."

JFK가 육군사관학교 학위 수여식에서 축사했다. 모든 생도들에게 최고의 성공을 기대한다는 일반적 덕담 수준에서 더 나아갔다.

케네디가 말했다.

"저는 사관학교의 두 졸업생 [그랜트와 아이젠하워]가 백악관에 들어오셨는데, 두 분 모두 우리 당이 아니었다는 사실에 신경 쓰지 않을 수 없습니다. 이 흐름이 깨질 것이라고 더욱 확신할 때까지 저는 여러분 모두가 최고사령관이 아닌, 장군이 되기를 바랍니다."*

*대통령은 군 통수권자로서 최고사령관이다. 생도들이 장군이 되기를 기대하지만 공화당 소속 최고사령관이 되는 것은 원치 않는다는 농담.

케네디와 그의 빛나는 부인 재클린이 샤를 드골 대통령의 귀빈으로 파리를 멋드러지게 방문한 이야기는 전설거리였다. 어느 날 저녁 대통령과 이 귀빈 부부가 파리 발레를 관람했다. 콧대 높은 드골은 막간에 프랑스 사진기자 몇 명에게 한두 장의 사진 촬영을 허용한 뒤 얕보는듯한 제스처로 이들을 가볍게 해산시켰다.

다음날 한 기자가 JFK에게 물었다.

"대통령께서도 저렇게 사진기자들을 통제하고 싶지 않습니까?"

케네디가 대답했다.

"저는 조국의 구원자로서 대통령직을 소명받지 못했다는 사실을 기억하셔야 합니다."*

*드골은 제2차 세계대전 당시 프랑스 독립운동을 이끈 영웅이다.

케네디 대통령과 배리 골드워터Barry Goldwater 상원의원은 철학적으로는 대립했을지 모르지만 실제로는 좋은 친구였다. 유명한 사진작가이기도 한 골드워터가 한번은 대통령의 사진을 찍어 서명을 부탁했다. 사진이 돌아왔다.

이렇게 적혀 있었다.

"배리 골드워터를 위해, 훌륭한 사진으로 재능을 보인 그 직업을 택하라고 촉구합니다. 친구 존 케네디."

레이건이 고르바초프 농담 시리즈를 이야기하기 오래전에, 케네디는 니키타 흐루시초프\*를 이야기 소재로 삼았다. 그 공산당 서기장은, "흐루시초프는 바보다. 흐루시초프는 바보다."라고 외치며 크렘린 내부로 달려들어 오기 시작한 국민 한 사람을 언급하는 것 같았다. 흐루시초프는 침입자가 이 행위로 23년 징역형을 선고받았다고 말했다.

"3년은 당서기 모욕죄, 20년은 국가비밀 발설죄"였다.

\*Nikita Khrushchev(1894-1971): 케네디와 쿠바미사일위기 당시 대립.

케네디가는 플로리다주 팜비치의 부유한 지역에 부동산을 소유하고 있었다. 그곳 주민 대부분은 탄탄한 공화당 지지자였다. 그곳에서 휴일을 지내고 온 뒤 JFK는 자신의 인기도에 대해 의심을 품었다고 말했다.

"지난 부활절 휴일 며칠 동안, 다른 의원들처럼 다시 유권자들과 접촉하면서 그들이 무엇을 느끼는지를 확인했습니다. 그리고 팜비치에서 워싱턴으로 돌아왔습니다. 솔직히 제 정책 전부가 다 마음에 안 듭니다."

★

신앙 때문에 공격받았던 케네디가 아이러니하게도 대통령이 되어서는 가톨릭교회 지도자들의 비판에 시달렸다. 케네디가 종교계 학교에 대한 연방지원을 반대한다는 이유에서였다. 케네디 대통령은 교육 법안을 의회에 보내면서 1928년 대선에서 패했던 앨 스미스의 일화를 상기시켰다. 민주당 후보였던 앨 스미스는 대선 패배 후 로마 교황에게 수수께끼 같은 한마디의 전보를 보냈다. 내용은 간단했다.

"짐 푸십시오."

케네디는 학교 법안에 대한 기자 회견 후 이렇게 말했다.

"교황께서 한 마디로 된 전보를 보내셨습니다. '짐 싸십시오.'"*

*케네디는 미국의 첫 가톨릭 대통령이다. 그의 신앙이 대선 쟁점 중 하나였다. 앨 스미스Al Smith(1873-1944, 민주당)도 가톨릭 신도로서는 처음으로 주요 정당에서 배출된 대통령 후보였다. 그도 종교 문제로 공격받았다. 그가 대통령이 되면 가톨릭이 미국을 좌지우지할 것이라는 주장이었다. 그래서 앨 스미스는 대선 패배 후 교황에게 '백악관에 와서 미국 정치를 좌지우지할 일이 없어졌으니 짐 푸십시오' 라는 의미의 전보를 쳤다는 농담이 나왔다. 케네디도 대통령이 되어서는, 가톨릭계의 마음에 안 드는 정책을 뒷받침하고 있어서 오히려 교황이 백악관에서 나오라는 뜻으로 '짐 싸십시오' 라고 전보를 쳤다는 뼈있는 농담.

임기 초에 케네디가 한 기자에게서 질문을 받았다. "대통령직을 다시 또 해야 한다면, 그렇게 하시겠습니까? 다른 사람한테 대통령직을 권유할 의향이 있습니까?"\*

대통령이 대답했다.

"첫 번째 질문은 '예'입니다. 그리고 두 번째 대답은 '아니오'입니다. 다른 사람한테 권유하지 않겠습니다. 적어도 당분간은 그렇습니다."

*대통령이 직무 부담 때문에 힘들어하자 나온 얘기다.

## 솔직담백, 과장, 무표정
### Funnier Than the Average President

# 7

### 해리 트루먼
**Harry Truman**

트루먼은 소년 시절 야구하기에 어려움을 겪을 정도로 시력이 약했다고 말했다.

"공을 볼 수 없었기 때문에 저는 특별한 일을 맡았습니다."

누군가가 물었다. "대통령님, 그게 무엇이었습니까? 치어리더였나요?"

트루먼이 대답했다. "아닙니다. 심판이었습니다."

트루먼이 말했다. "자녀들에게 가장 효과적으로 충고할 수 있는 방법을 알아냈습니다. 그들이 원하는 것이 무엇인지를 알아내서 그대로 하라고 충고하는 것입니다."

트루먼은 대통령의 책임감에 대해 나름대로 정의를 내렸다. 정치학자들한테서는 좀처럼 배울 수 없는 내용이었다.

"대통령은 대부분의 시간을 사람들의 뺨에 키스하는 데 보낸다. 그들이 키스를 받지 않아도 해야 할 일을 하도록 하기 위해서다."

제2차 세계대전 후, 미시간의 아서 반덴버그Arthur Vandenberg 공화당 상원의원은 초당 외교정책과 동의어가 됐다. 반덴버그는 북대서양조약기구NATO와 마셜 플랜* 등 트루먼의 정책이 의회를 통과하는 데 결정적인 역할을 했다. 답례로, 반덴버그는 대통령에게 단 한 가지를 요구했다.

"당신이 착륙할 때 우리가 함께 있기를 원한다면, 이륙할 때 우리를 포함시키는 것을 잊지 마시오." 대통령은 냉전 역사의 굽이굽이에서 이 충고를 따랐다.

*Marshall Plan: 제2차 세계대전이 끝난 뒤, 미국이 서유럽 16개국에 행한 대외원조계획. 당시 미국의 국무장관이었던 조지 C. 마셜이 처음으로 공식 제안하였기에 마셜 플랜이라고 한다. 정식 명칭은 유럽부흥계획(European Recovery Program, ERP)이다.

트루먼이 광적으로 당파성이 강한 〈시카고 트리뷴〉 발행인 로버트 R. 매코믹Robert R. McCormick 대령과 시각이 꼭 일치하지는 않았다는 것은 비밀이 아니었다. 매코믹은 역사적 구조물 조각들을 수집해 요새 같은 트리뷴 타워Tribune Tower 외벽에 집어넣는 것이 습관이었다.

트루먼이 두 번째 임기의 절반가량을 지내고 백악관 보수 공사를 실시했을 때였다. 대령은 백악관의 이전 구조물 조각을 확보하라고 워싱턴 지국에 지시했다. 그 후 매코믹은 그 돌이 원래 있던 곳에서보다 더 좋은 친구와 사귀고 있다고 지국장에게 알렸다.

트루먼은 의회를 두고 이른바 '아무것도 하는 일이 없는 80대 의회'라고 매섭게 질책했지만, 특히 초당적 외교정책 분야 등 대의회 입법 활동에서 역사적 기록을 세웠다. 그래서 트루먼은 의원들에게 마냥 불평만 할 수도 없었다.

그가 한번은 이렇게 말했다.

"만약 의회에 국제 정세에 관해 모든 것을 보고한다면, 의원들은 신경질을 낼 겁니다. 만약 그들에게 아무것도 말하지 않는다면, 그들은 낚시하러 갈 겁니다."

★

1948년 트루먼은 4년의 새 임기를 위해 자신의 힘으로 선거에 나섰다.* 트루먼은 이런 논평으로 청중들을 웃기곤 했다.

"제너럴 모터스, 제너럴 일렉트릭, 제너럴 푸드, 그리고 제너럴 맥아더…. 제가 아는 모든 '제너럴general'이 다 공화당 명단에 들어가 있습니다. 그런데 제너럴 웰페어general welfare : 공공복지가 빠졌군요."

*트루먼은 1945년 4월 FDR의 사망으로 대통령직을 승계하여 첫 번째 임기를 지냈다.

역시 1948년 대통령 선거 과정의 일이다. "한 친구가 연설을 해야 할 때마다 기분이 어땠는지 이야기하는 걸 들었습니다. 그는 연설을 해야 할 때마다, 장의사가 아내 장례식에 묘지까지 장모와 같은 차를 타고 가겠느냐고 물어보는 느낌이 든다는 것이었습니다. 그가 말했습니다.

'글쎄요, 함께 갈 수는 있습니다만, 그럼 제 하루는 완전히 망치는 거죠.'"

트루먼은 전통적 가치관과 충성심이 확고한 사나이였다. 그는 언젠가 3가지가 남자의 인생을 망친다고 말했다.

"권력, 돈, 그리고 여자입니다. 저는 결코 권력을 원하지 않았습니다. 저는 결코 어떤 돈도 가져 본 적이 없습니다. 그리고 제 인생에서 유일한 여인은 지금 바로 집에 있습니다."

트루먼이 인정받아야 할 대목 중에서 특별히 언급할 가치가 있는 부분이 있다. 트루먼 자신이 유머 감각을 갖추었을 뿐 아니라, 마찬가지로 유머 감각을 지닌 켄터키의 앨번 바클리Alben Barkley 상원의원을 부통령으로 선택한 점이다. 민주당과 공화당이 어떤 사안에서 당의 기본 노선을 고집하지 않아도 될지를 토론했다. 바클리가 토론 중에 이렇게 말했다.

"한 침실 장면이 생각납니다. 더블베드를 트윈베드로 바꾼 미혼 여성이 있었습니다. 여성은 '밤마다 혹시 남자가 침대 밑에 있을까 하고 들여다봅니다. 트윈베드라면 확률이 두 배가 되겠죠!' 라고 이유를 설명했습니다."

★

바클리는 상대방의 신뢰성에 문제를 제기하기 위해 이런 이야기를 했다.

"목사가 증오의 죄악에 대해 몹시 흥분했습니다. 이 비기독교적 감정에 대해 열변을 토한 뒤, 그는 청중들을 향해 여기 계신 분들 중에 어느 분이 증오의 죄악과 싸워 이겼느냐고 물었습니다. 오직 한 사람, 비틀거리는 140세의 늙은 신사가 일어섰습니다.

'보 아저씨Uncle Bo, 당신은 어느 누구도 싫어하지 않습니까?'

'네, 싫어하지 않습니다, 목사님.'

'훌륭하십니다. 어떻게 그렇게 됐는지 이야기해주십시오.'

그러자 그 늙은 신사는 이렇게 대답했습니다.

'그러니까 저한테 비열하게 굴었던 더러운 녀석들, 제가 싫어했던 망할 자식들이 모두 죽었습니다.'"

트루먼은 재임기간 중 가장 논란이 됐던 결정에 대해 그답게 후회가 없었다. 트루먼은 후에 이렇게 말했다.

"나는 맥아더가 대통령의 권위를 존중하지 않으려 해서 해임했습니다. 맥아더가 바보 같은 SOB여서 그를 해임한 것은 아니었습니다.* 비록 그가 그렇기는 했지만, 그렇다고 장군들이 지켜야 할 법에 어긋나는 것은 아니었습니다. 만약 SOB여서 그랬다면 그들 중 절반에서 4분의 3은 감옥에 가야 할 것입니다."

*바보 같은 SOB(son of a bitch · 비속어)라는 것이 장군의 해임 사유는 안 된다는 것. 그것이 해임사유가 된다면 장군들 중 절반의 4분의 3은 해임돼야 한다는 농담.

★

트루먼은 결코 그의 대중적 뿌리를 버리지 않았다. 그가 1926년에 쓴 글이다.

"저는 17살 때부터 민주당에서 활동한 당원이었습니다만, 민주당이 오만해져 대통령과 한 자리에 앉기 위한 만찬 참석 비용으로 1,000달러를 부과하고 있다고 들었습니다. 미국 대통령은 달리 자신의 이해관계를 돌봐줄 사람이 없는 1억8천만 명을 대변합니다. 대통령과 부통령은 1억8천만 명이 뽑는 유일한 공무원입니다. 대통령과 함께 앉고 대통령의 초대 손님으로서 대통령을 바라보는 혜택을 누리기 위해 각각 5달러씩 내는 민주당원 1만 명은 민주당에 5만 달러의 1만 배의 가치가 있다고 생각합니다. 국민의 당 민주당이 비용을 따지며 오만해지면, 당의 근간인 보통사람들 한 명 한 명을 더 이상 대변하지 못할 것입니다."

★

# 8

## 린든 B. 존슨
**Lyndon B. Johnson**

★

존슨은 위대한 이야기꾼이었다. "어렸을 때 기억이 납니다. 한 정치인이 공개처형에 대해 이야기하는 것을 들었습니다."라며 대통령이 추억에 잠겼다.

"보안관은 죄인에게 주법에 따라 최후의 행동으로써 하고 싶은 말은 무엇이든 하라며 5분이 주어졌다고 말했습니다. 죄수는 '보안관님, 할 말은 아무것도 없습니다. 그냥 끝내주십시오.' 라고 대답했습니다. 그런데 구경꾼들 뒤편에서 한 남자가 뛰쳐나와 이렇게 외쳤습니다. '그 사람이 5분을 원하지 않는다면, 보안관, 제가 그 5분을 쓰겠습니다. 저는 연방 의원 후보입니다.'"

★

존슨이 상원의원 시절 자신이 소유한 텍사스 목장의 평범한 오두막집을 방문했다. 이를 지켜본 보좌관의 이야기를 신문기자 휴 사이디Hugh Sidey가 전했다. 존슨은 그 집이 에이브러햄 링컨이 태어난 그 유명한 통나무집과는 같은 점이 하나도 없다고 했다. 공교롭게도 존슨 옆에 어머니가 있었다. 그녀가 아들에게 말했다.

"아니, 린든, 철거된 시내 근처 훨씬 더 좋은 집에서 태어난 걸 너도 알고 있잖니."

존슨이 대답했다.

"알아요, 어머니. 하지만 누구나 탄생지가 필요하잖아요."

존슨의 정치적 본능은 타고난 것이었다. 텍사스 주의회 의원이었던 아버지 샘은 존슨에게 탁월한 스승이 됐다. 샘이 존슨에게 말했다.

"네가 만일 사람들이 꽉 찬 방에 들어와서 누가 네 편인지 아닌지를 구별할 수 없다면, 정치판에서 네가 할 일은 없다."

LBJ는 또 아버지로부터 "파리가 많은 계절의 꼬리가 뭉툭한 황소"* 정도의 승산으로 힘겹게 선거를 치르는 후보에 대해서도 이야기를 들었다.

*A stump-tailed bully in fly time: 뭉툭한 꼬리로는 파리를 쫓기 힘들어 고생만 하고 성공할 가능성은 별로 없는 경우.

Plain Speaker, Tall Tales, and Poker Face • 솔직담백, 과장, 무표정

1941년 LBJ가 처음으로 상원의원 선거에 나섰다. 그의 상대는 "비스킷 넘겨주세요, 아버지Pass the biscuits Pappy"라는 별명이 붙은 전설적인 텍사스 주지사 리 오대니엘Lee O'Daniel이었다. 완벽한 합의의 정치인이었던 오대니엘은, 그의 정책이 "100퍼센트 주 하나님 여호와, 미망인, 고아, 십계 그리고 황금률의 인정을 받는다."고 선언했다. LBJ는 작은 차이로 낙선했다. 워싱턴으로 돌아오면서 그는 여러 사람의 위로를 받았고 FDR은 우정 어린 충고도 했다.

대통령이 존슨에게 말했다.

"린든, 나는 당신이 마지막 표가 집계될 때까지 투표함 위에 앉아있는 법을 배울 것이라 생각했습니다. 나도 옛날에 뉴욕에서 배웠어요."

1938년 선거에서, 텍사스 보수주의자들은 샌안토니오 출신의 불처럼 과격한 모리 매버릭* 의원을 낙선 공격 목표로 설정하는 데 성공했다. 그래서 존슨은 자신의 정치적 기반을 위태롭게 할지도 모른다는 생각이 들 정도로 루스벨트의 백악관이 압박을 가할 때마다, 확실한 대답을 갖고 있었다. 그는 루스벨트에게 이렇게 말했음 직하다.

"우리의 친구 모리를 잊지 마십시오. 죽은 진보주의자liberal 보다 더 쓸모없는 것은 없습니다."

*Maury Maverick: 민주당 재선 하원의원. 진보적, 독립적 성향이 강해 1938년 당내 예비선거에서 고배를 마셨다.

존슨이 몇몇 전력사업체 간부들과의 대립 초기 상황을 설명했다. 이들은 존슨의 지역구 농부들에게 전기 공급을 거부하고 있었다. 화가 치밀어 오른 존슨 의원은 그들 중 한 명에게 "지옥에나 가라Go to hell"고 잘라 말했다.

존슨은 회고했다. "속이 시원해지더라고요. 그리고 농부들은 더 후련해했고요."

그렇지만 화가 가라앉은 것도 잠시, 다시 상황이 원래대로 돌아오자 그중 한 연장자는 존슨의 얼굴에서 웃음이 사라진 것을 알아챘다. 전력회사는 여전히 전선을 소유하고 있었고 농부들은 여전히 전기가 필요했다. 존슨은 이후 다른 사람을 지옥으로 보낼 힘이 없으면 지옥으로 가라는 말은 결코 하지 않을 만큼 신중해졌다고 말했다.

린든은 1948년 상원의원 선거에서 승리했다. 하지만 논란의 여지가 있었기 때문에 별명이 '압승의 린든Landslide Lyndon'이 됐다. 승리의 87표 차이는 리오 그린데Rio Grande강을 따라 정치적 보스들의 입김이 센 선거구에서 발생했다. 존슨은 당연히 이 문제에 민감했다.

하지만 평상시에는 그도 선거에 대해 우스갯소리를 할 수 있었다. 그런 어느 날, 존슨이 한 남자에 관해 이야기했다.

그는 존슨이 상원의원에 당선된 다음날, 텍사스 남부의 한 마을에서 울고 있는 멕시코 소년을 만났다.

"무엇 때문에 우니, 얘야?" 이 남자가 물었다.

"아버지가 어제 시내에 오셨는데 저를 보러오지 않으셨어요." 소년이 대답했다.

"그렇지만 얘야, 네 아버지는 2년 전에 돌아가셨잖아."

"네, 그렇지만 아버지가 린든 존슨한테 투표하러 시내에 오셨어요. 그런데 왜 저는 보러오시지 않았죠?"*

*이미 죽은 사람조차도 투표하는 부정선거가 치러졌다는 농담.

부통령직을 맡아 만족한 사람은 거의 없다. 린든 존슨도 마찬가지였다. 남편 인생에서 황량해질 수도 있는 시기에 보상이 될 수 있는 밝은 면을 찾아내는 일, 그런 일이라면 언제나처럼 우아하게, 레이디 버드 존슨*에게 맡겨라!

존슨 여사의 말이다.

"적어도 우리는 신문에 사진이 실렸잖아요."

*Lady Bird Johnson: Claudia "Lady Bird" Johnson. 본명은 클로리아 앨타 테일러이다. 어릴 적부터 버드(Bird)라는 애칭을 사용함. 1960년 남편 린든 존슨이 제37대 부통령에 당선되어 1961년부터 '미국의 세컨드 레이디'가 되었고, 1963년 존 F. 케네디 대통령이 암살되어 남편이 대통령직을 승계하게 되면서 '미국의 퍼스트 레이디'가 되었다.

존슨의 또 다른 이야기는 설화에 나올 법한 목사에 관한 것이다. 그 목사는 설교 시간에 항상 코를 골며 자는 신도 때문에 기분이 언짢았다. 마침내 이 성직자는 가벼운 농담을 하나 하기로 결심했다. 어느 여름 아침, 그 신도가 깊은 잠에 빠져있을 때 목사는 낮은 목소리로 말했다.

"천국에 가고 싶으신 분들은 모두 일어나주세요."

앞줄에서 코를 골고 있는 친구만 빼고는 모두 일어섰다. 그들이 앉았을 때 목사는 큰 목소리로 말했다.

"이제 지옥에 가고 싶은 분들은 일어나주세요." 이 소리 때문에 그 친구는 깨어났고, "일어나주세요"란 말에 벌떡 일어섰다. 그는 주위를 둘러본 뒤 함께 일어선 사람이 아무도 없다는 걸 알았다. 그가 마침내 말했다.

"목사님, 우리가 어떤 주제로 투표를 하고 있는지는 모르겠습니다만, 목사님과 저만 찬성하는 것 같습니다."

★

존슨은 의사를 찾아가 듣는 데 어려움이 있다고 호소한 선배 정치인의 이야기를 좋아했다. 의사가 그를 자세하게 관찰한 뒤 물었다.

"요즘 술은 얼마나 드십니까?"

그 노인은 하루에 1파인트Pint · 약 0.5리터를 마신다고 대답했다.

그러자 의사가 말했다. "그럼, 청력을 향상시키려면 음주량을 줄이셔야 합니다."

90일 후 그가 다시 의사를 찾아가 청력이 조금도 좋아지지 않았다고 말하자 의사가 물었다.

"음주량을 줄이셨습니까?"

"아뇨."

"글쎄요." 의사가 말했다. "제 충고를 따르지 않으시면 저로서는 선생님을 위해 아무것도 할 수 없습니다. 제가 선생님께서 여기 오셨을 때 청력을 향상시키려면 음주량을 줄이셔야 한다고 말씀드리지 않았습니까?"

"그렇습니다."

"그럼, 왜 그러지 않으셨습니까?"

노인이 말했다. "의사 선생님, 집에 가서 생각해봤는데, 제가 듣는 것보다는 마시는 것을 훨씬 더 좋아한다고 판단했을 뿐입니다.*"

*I just decided that I liked what I drank so much better than what I heard: 정치인들의 말을 듣는 것보다는 술 마시는 것이 더 낫다는 비유.

린든이 마음고생을 하는 경우가 드물게 있었다. 통제가 잘 안 되는 젊은 공보비서관 빌 모이어스Bill Moyers가 그중 하나였다. 모이어스가 어느 날 만찬 도중 감사기도grace를 드렸다. LBJ는 간구supplication하는 말을 들을 수 없었다고 불평했다. 그러자 모이어스가 대답했다.

"대통령님, 대통령께 말씀드린 게 아닌데요."

이스라엘의 다비드 벤 구리온David Ben-Gurion 총리가 백악관을 방문했을 때 얘기다. 방문이 끝나갈 무렵 린든 존슨 대통령은 이 유명한 귀빈에게 1억5천만 명의 대통령이 된다는 것이 결코 쉬운 일이 아님을 상기시켰다. 벤 구리온은 존슨의 마음을 이해하겠다는 듯이 쳐다보면서 말했다.

"이스라엘에서도 200만 대통령의 대통령이 되는 것이 쉬운 일은 아닙니다."

★

빌리 그레이엄*이 1964년 애틀랜틱시에서 민주당 전당대회가 진행될 때 부인 루스Ruth, 대통령 부부와 함께 백악관에서 오찬한 일을 회고했다. 식사 도중 존슨은 이 유명한 전도사에게 14명의 이름이 적힌 리스트를 건네고 물었다.

"지금, 당신이라면 러닝메이트로 누구를 선택하시겠습니까?"

그레이엄이 대답하기 전에 루스가 재빨리 그의 정강이를 걷어찼다. 그리고 남편에게 말했다. "정치적이 아닌, 도덕적이고 정신적인 범위 내에서 조언하세요."

"루스, 바로 그것입니다." 대통령이 엄숙하게 말했다.

식사가 끝나고 부인들이 방을 나가자마자, 존슨이 문을 닫은 뒤 그레이엄에게 몸을 돌렸다. LBJ가 말했다.

"됐습니다. 이제 '진짜' 어떻게 생각하십니까?"

*Billy Graham(1918~ ): 20세기를 대표하는 부흥목사 중 한 명. 100만 명이 운집한 1973년 여의도광장 집회를 비롯해 한국에서 수차례 부흥운동을 폈다.

LBJ는 1964년 압승을, 당시 수백만 명의 소비자들이 수집한 그린 스탬프*에 비교했다. 그는 "대중의 지지를 얻었습니다만, 가치 있는 무엇인가에 쓰지 않는다면 무슨 소용이 있겠습니까?"라고 말했다. 나중에 베트남 문제로 득표력이 크게 떨어졌을 때 존슨은 유머 감각을 유지하려고 애썼다. 그는 민주당 의원 입후보자들에게 말했다.

"제가 할 수 있는 최선을 다하고 있습니다. 그건 마치, 우박이 몰아치는 폭풍속의 당나귀a jackass in a hailstorm처럼 느껴졌다고 한 제 고향의 노인 같습니다. 그는 그냥 웅크리고 앉아서 받아들여야만 했습니다."

*Green Stamps: 일종의 경품 스탬프.

존슨은 자신의 개인적 리더십 스타일을 포괄적으로 정의했다. 이를 역사학자 아서 슐레진저Arthur Schlesinger가 기록했다.

"미식 축구팀이 있는데 내가 감독이고, 동시에 쿼터백이라고 상상하자. 나는 신호를 줘야 하고, 공을 뒤로 빼야 하고, 공을 들고 달려야 하고, 공을 패스해야 한다." 그는 의자에서 일어나 가상의 방어진을 날려버렸다. "나는 태클을 거는 선수이기도 하다." 그는 웅크렸다가 태클을 걸었다. "나는 패스하는 선수이다." 그는 힘차게 위로 공을 패스했다. "나는 패스된 공을 잡아야 한다." 그는 달려가서 공을 잡았다.

다시 한 번, 존슨은 의회와의 관계에서 뜻을 이뤄냈다. 존슨은 기쁨을 억누르지 못했다.

"그들은 거의 감언이설과 설득이라고 이야기하겠지만, 오늘 아침 건은 순전히 능력horsepower이라니깐요."*

*의회와의 원만한 관계라기보다는 자신의 추진력, 실현력 등 힘에 의한 성과임을 강조.

★

존슨은 자기 연민에 빠질 때가 있었다. 그런 그는 "하버드 출신들"과 자신이 의회에서 거둔 입법 성과를 인정하지 않는 사람들에게 비난을 퍼부었다.

"왜 사람들은 나를 좋아하지 않죠?" 그는 신음하며 투덜투덜 말했다. 이에 대해 딘 애치슨이 용감하게 대답했다.

"왜냐하면요, 대통령님, 당신은 사람들이 썩 좋아할 만한 그런 사람은 못되기 때문입니다."

★

에버레트 더크센과 린든 존슨은 의회 시절부터 오랜 친구였으며, 그들의 당적 차이가 두 사람의 애국심을 가로막는 일은 결코 없었다. 물론 유머 감각도 도움이 됐다. 어느 날 오후 버드 존슨 여사는 두 사람이 깊은 대화를 나누고 있는 모습을 보았다.

몇 시간 후에 다시 돌아 왔을 때도 두 사람은 여전히 대화중이었다.

"내가 가끔 비난해도 신경 쓰지 않으시겠지요, 린든?" 더크센이 물었다. "같은 당 의원이 당신을 비난할 때보다 변명하기가 더 쉽잖아요."

★

또 한번은 백악관을 소재로 비판이 몇 건 제기됐는데, 특히 세간에 구체적으로 인용될 정도였다. 존슨은 오랜 친구에게 이 일을 따졌다.

"아니, 왜 그렇게 말씀하셨습니까, 에버레트?"

더크센이 대답했다.

"저, 대통령님, 제가 야당 지도자라는 것을 아실 겁니다. 그리고 개 세 마리가 당신한테 오면, 햄버거 몇 개는 주셔야죠."

★

더크센은 존슨의 백악관에 소방관 역할을 많이 했다. 그는 특히 백악관의 인권관련 법안 통과를 막으려 했던 필리버스터*를 저지하는 데 공헌했다. 어느 날 더크센은 그의 민주당 상대였던 마이크 맨스필드Mike Mansfield에게 이렇게 털어났다.

"당신네 의석 쪽에서 표를 챙기는 게 더 쉽겠습니다. 저는 정말 몇몇 SOB비속어들을 다뤄야 합니다."

한편 더크센은 동료들이 [그의] 날개 편 독수리 같은 웅변의 흐름을 침묵시키려 하면 바로 화를 내기도 했다. 그는 이렇게 말하곤 했다.

"의원님, 의원님께서는 제가 가장 듣고 싶어하는 사람을 방해하고 있습니다."**

*filibuster: 의사진행 방해연설.
**더크센은 연설의 명수였다.

존슨의 경이적인 자부심ego 때문에 만들어진 얘기가 있다. 미국을 방문 중이던 독일 수상 루트비히 에르하르트Ludwig Erhard는 이렇게 말했다고 한다.

"대통령님, 통나무집에서 태어나신 것으로 알고 있습니다."

존슨이 대답했다. "아닙니다. 저와 링컨을 혼동하셨습니다. 저는 말구유manger에서 태어났습니다."*

*성경에 아기 예수가 말구유에 뉘어 있었다고 기록돼 있다.

또 출처가 의심스런 얘기도 있다. 대통령이 속도 초과로 적발됐다. 존슨을 알아본 경찰이 소리쳤다. "마이 갓My God!"

LBJ가 짧게 말했다. "잊어버리지 마세요!"*

*And don't you forget it!: 경찰이 놀라서 "신이시여"라고 외친 말에 자신이 '신'이라는 사실을 잊어버리지 말라는 것.

★

존슨 도서관의 관장 해리 미들튼Harry Middleton은 이 도서관에서 열린 첫 학술회의를 기억한다. 여기에서는 잠재적으로 논란의 소지가 있는 서류 수천 건이 공개됐다.

"우리는 교육에 관련된 모든 것을 다 공개하고 있습니다. 그렇지않습니까?" LBJ가 도서관장에게 물었다.

미들튼이 말했다.

"글쎄요, '공개될 수 있는' 모든 것입니다."

존슨은 그게 무슨 뜻이냐고 물었다. 미들튼은 존슨이 정부에 제공하겠다고 서명한 이전 증서에는, 살아 있는 사람들에게 부끄러운 어떤 서류도 상당 기간 비공개돼야 한다는 일반 규정이 포함돼 있다는 것을 존슨에게 상기시켰다.

"예를 들어봐 주십시오." 존슨이 말했다.

실제로 그런 사례는 해리의 책상 위를 꽉 채울 만큼 많았다. 해리는 우선 대통령에게 온 총천연색 메모memorandum로 시작했다. 이 메모에는 오리건 출신 여성 하원의원인 이디스 그린Edith Green에 대해 막말한 내용이 담겨있었다. 침묵이 흐르고 존슨이 화가 난 목소리로 으르렁거렸다.

"이디스는 이보다 더한 말도 들었습니다. 이 메모가 이디스 말고 누구한테 또 해가 됩니까?"

미들튼은 민주당의 주요 당직자인 이 메모 작성자가 자신의

Plain Speaker, Tall Tales, and Poker Face • 솔직담백, 과장, 무표정

글이 인쇄돼 나오는 걸 그다지 좋아하지 않을 것이라는 점을 지적했다.

존슨이 대답했다.

"당신이 도서관장으로 임명됐을 때 당신 직무 중에 민주당을 단결토록 하라는 내용이 한 가지라도 있었습니까?" 비슷한 방식으로 민감한 사안들 몇 건의 공개 여부를 결정지은 뒤, 존슨은 나무라듯이 물었다.

"저도 같은 방식으로 대우하시겠습니까?"

미들튼은 할 말을 신중하게 고르면서, 대통령도 그 어느 누구와 마찬가지로 배려돼야 한다고 대답했다. 존슨이 말했다.

"선량한 사람들이 40년 동안 내 평판을 지키기 위해 노력했습니다. 그런데 한 사람도 성공하지 못했습니다. 도대체 어떻게 당신은 성공할거라고 생각합니까?"

시카고의 자신만만한 리처드 데일리Richard J. Daley 시장이 언젠가 백악관을 방문해 존슨을 만났다. 데일리 시장은 한 연방검사 후보를 극구 칭찬했다.

데일리는 "그는 훌륭한 민주당원입니다."라고 시작했다. "그는 연방의회 의원에 입후보했고 실패했습니다. 그는 노트르담대와 하버드대 졸업생입니다. 그러나 대통령님, 그보다 더한 것은, 제가 이 점은 자부심을 갖고 영예롭게 말할 수 있습니다. '그는

지역구의 투표 도우미*입니다!'"

> *precinct captain: 지역 주민들을 만나면서 유권자 등록 지원과 투표 독려 등 선거 관련 활동을 펼치는 사람.

좀 이상하게 들리겠지만, 한번은 존슨이 연설문 작성 비서에게 정신지체아동들을 대상으로 로즈가든에서 연설할 예정인데 유머가 들어가야 한다고 알렸다. 난감해진 비서는 조지 리디 George Reedy 공보 비서관을 찾아갔다.

"대통령께 이렇게 말하세요, '저는 정신지체아동들을 사랑합니다—제가 바로 그런 어린이였습니다.'" 리디의 대답이었다.

존슨은 연설을 시작할 때 어울리지 않게 겸손한 말을 가미하기를 좋아했다. 존슨은 이렇게 말했다. "제 어머니와 아버지가 여기 계셔서 그 도입부를 들을 수 있었으면 좋겠습니다. 아버지는 그걸 즐기셨을 테고 어머니는 믿으셨을 겁니다."

존슨은 대공황 초기, 교육위원회에 취직하기 위해 지원한 가난한 교사 이야기를 즐겨 말했다. 그 교사는 인상적인 후보였고, 말을 잘 했으며 아는 것이 많았다. 교육위원장도 그런 점을 평가하면서 덧붙였다.

"지리에 관해 우리 지역 공동체에서 좀 다른 의견이 있습니다. 당신은 어느 편입니까? 당신은 세계가 둥글다고 가르치십니까, 아니면 세계가 평평하다고 가르치십니까?"

그 지원자가 말했다.

"어느 쪽으로도 가르칠 수 있습니다."

베트남 전쟁이 질질 끌려가고 지지도가 떨어지면서, 존슨은 마크 트웨인의 이야기에서 위안을 얻었다. 마크 트웨인이 친구 집을 찾아가려고 시골길을 걷던 중이었다. 그가 어디선가 멈춰 농부에게 방향을 물었다. 그는 1.5마일을 더 가야 한다는 말을 들었다. 마크 트웨인은 계속 걷다가 다른 사람한테 똑같이 물었다. 대답은 여전히 1.5마일이었다. 이런 일이 세 차례 더 일어났다. 마침내 트웨인이 말했다. "좋습니다. 고맙습니다. 하나님, 끝까지 해보겠습니다."

LBJ는 공화당 정적들을 꼬집어 놀리기를 무엇보다 좋아했다.

그래서 그는 심장 이식이 필요한 노인에 관한 이야기를 했다. 노인은 기증 후보자로 세 사람이 고려되고 있다는 말을 들었다. 18세 운동선수, 19세 무용수, 75세 은행가였다. 환자는 은행가의 정치 성향을 물었다. 그가 공화당원이라는 대답을 듣자 환자는 즉각 은행가의 심장을 선택했다. 수술은 성공적으로 치러졌다. 나중에 사람들은 왜 더 젊은 사람들의 심장을 놔두고 은행가의 75년 된 심장을 선택했는지를 당연히 물었다.

그는 설명했다.

"내가 알기로 한 번도 쓰지 않은 심장을 원했을 뿐입니다."

휴버트 험프리Hubert Humphrey가 존슨에게서 받은 전화 내용을 전했다. 반은 농담 같았고 반은 진담 같았다. 러닝메이트가 돼달라는 요청이었다. 휴버트는 존슨이 전화 통화를 시작하면서 이렇게 물었다고 했다.

"휴버트, 앞으로 4년간 입 다물고 있을 수 있겠습니까?"

"네, 대통령님." 험프리가 대답했다.

"또 내말을 가로 막는군요." LBJ가 쏘아붙였다.

정점에 달한 정치인으로서 존슨이 언젠가 말했다. "하루에 18시간 이상 정치를 생각하는 일은 거의 없습니다."

★

"아내를 행복하게 해주기 위해 필요한 것은 오직 두 가지라는 것을 알게 됐습니다." LBJ가 말했다. "우선, 아내가 자신이 하고 싶은 일을 하고 있다고 생각하도록 하라. 그리고 둘째, 그대로 하게 놔둬라."

★

러시아와 미사일 경쟁을 하면서 늘어나는 예산 문제를 설명하기 위해, 존슨은 기업 경영자들에게 다음과 같은 일화를 소개했다.

1861년 한 텍사스인이 저항군에 합류하기 위해 길을 떠났습니다. 그는 이웃들에게 "빗자루로 양키들을 쓸어버릴 수 있기 때문에" 전투가 쉬울 것이라며 곧 돌아오겠다고 말했습니다. 그는 2년 후에 돌아왔습니다. 한쪽 다리가 없었습니다. 그의 이웃들이 이 슬프고 누추해진 부상자에게 무슨 일이 일어났느냐고 물었습니다.

"빗자루로 양키들을 쓸어버리겠다고 말하지 않았습니까?"
이 저항군이 대답했습니다.
"우리는 그럴 수 있었습니다. 그런데 문제는 양키들이 빗자루로는 싸우려고 하지 않는다는 것이었습니다."

존슨은 좋은 농담이면 거침없이 활용했다. 존슨이 가장 좋아하는 농담 중 하나는 어느 작은 소년이 체신 장관에게 보낸 편지에 관한 내용이었다. 소년은 아버지를 잃었는데 미망인이 된 어머니는 가계부를 맞추느라 고생하고 있었다. 그래서 소년은 하나님께 이런 내용으로 편지를 썼다.

"하나님께, 어머니에게 100달러를 보내주셔서 가족을 돌볼 수 있도록 해주세요."

우연히도 그 편지는 결국 체신 장관의 책상에 올라갔다. 장관은 바로 그 편지에 감동했다. 그래서 그는 주머니에서 20달러짜리 지폐를 꺼내 관용 봉투에 넣고 항공 우표를 붙여 소년에게 보냈다. 2주일 후에 그는 답장을 받았다. 내용은 이랬다.

"하나님께, 하나님께서 해주신 모든 일에 매우 감사합니다. 그렇지만 우리는 또 100달러가 필요합니다. 괜찮으시다면, 이번에 어머니에게 그걸 보내실 때는 워싱턴을 통하지 않도록 해주십시오. 왜냐하면 그 사람들이 거기서 80%를 세금으로 떼갔습니다."

★

로스 페로*가 '다락방의 미친 아주머니crazy aunt in the attic' **
이야기를 하기 훨씬 전이었다. LBJ는 베트남전 진전 상황을 토
의하고 싶지 않은 마음을 설명하기 위해 비슷한 비유를 사용했
다. "당신에게 눈이 하나뿐인데 그 눈이 이마 한가운데에 있는
장모가 있다면, 그를 거실에 모셔놓지는 않겠죠."

*Ross Perot(1930~ ): 억만장자 기업가. 1992년, 1996년 대통령 선거 출마.
**페로가 미국의 재정 적자를 빗대서 한 말. 내놓고 다루기 어려운 문제. 누구
든지 그가 거기 있는지는 알고 있지만 언급하고 싶지 않은 상황.

LBJ와 닉슨은 오랜 정적이었다. 존슨은 그의 오랜 적을 한마디
로 표현하면서 스페인산 말에 비교했다.

"그 말은 처음 아홉 번은 어느 말보다 빠르게 달립니다. 그러
고는 돌아서서 뒤로 달립니다. 아시게 될 겁니다." 존슨이 말했
다. "그는 결국에는 좋지 않은 일을 할 것입니다. 늘 그랬습니
다."

컬러니얼 윌리엄스버그*에서 열린 만찬에서 윈트롭 록펠러
Winthrop Rockefeller 아칸서스 주지사가 연설했다. 끝이 없어 보
였다. 존슨은 다른 어떤 사람들만큼이나 참을성이 없었다.

존슨이 이렇게 속삭였다.

"이 연설이 끝나기 전에 베트남 전쟁이 끝날 것이라는 느낌이 듭니다."

*Colonial Williamsburg: 버지니아주 윌리엄스버그시의 역사 지구.

가만히 있지를 못하는 전직 대통령 LBJ는 온 관심을 대통령 도서관에 쏟았다. 도서관이 개관하기도 전에, 존슨은 백악관 시절에 시간을 집어삼키듯이 했던 많은 논란거리들을 전시해야 한다고 주장했다. LBJ는 "나는 또 다른 정치적 불신credibility gap은 사양합니다"라고 말했다. 그리고 그는 브레인스토밍을 실시했다.

"저는 정말 무례한 편지를 몇 통 받았습니다." 그가 도서관 직원들에게 말했다. "그중에서 가장 악의적인 편지를 걸러냅시다."

문서보관원들이 수백만 통의 편지를 파고들었으나 존슨은 만족하지 않았다. 마침내 대통령 자신이 탐색에 합류했다. 몇 박스를 비워낸 후 존슨은 환호성을 질렀다. 그의 손에는 캘리포니아 사람이 보낸 우편엽서가 들려 있었다. "소심한 SOB비속어로서 저는 요구합니다. 합중국 대통령직에서 물러나십시오."

존슨이 외쳤다. "이보다 더 무례할 수는 없지요."

그 우편엽서는 전시됐다.

★

존슨이 죽었을 때, 오랫동안 존슨 도서관의 관장이었던 해리 미들튼은 도서관 직원들에게 지시했다. 국기로 감싸인 대통령 관 곁에서 열을 지어 행진했던 사람들을 정확히 파악하라는 것이었다. 이유가 무엇이냐는 물음에 미들튼은 대답했다.

"언젠가 어떤 식으로든 린든 존슨은 알고 싶어하리라는 것을 저는 압니다."

# 9

## 허버트 후버
### Herbert Hoover

★

후버는 암울했던 아이오와주의 어린 시절을 떠올리면서 특유의 쓴 유머를 선보였다. 어린 시절 퀘이커* 교회에서 몇 시간씩 아무 소리도 안내고 앉아있었던 안식일 이야기였다. 발을 바닥에 대지도 못하고 내면의 빛Inner Light이 자신의 인생을 밝혀주기를 기다렸다.

후버의 회고다. 틀림없다, 그는 주일에 "교화서improving book"를 읽을 수 있도록 허락받았다. 나머지 시간의 경우, "나른한 휴식 시간 뒤에는 희망연대 모임이 뒤따른다. 그 모임에서 강연자나 교사는 나락으로 떨어지는 주정뱅이의 단계별 내면을 색깔로 보여줬다. 주정뱅이의 태도와 행동에 따라 그 색깔은 무섭게 변해갔다."

*Quaker: 기독교의 한 교파로 명상과 내적 체험을 중시한다. 후버 가족은 퀘이커 교도였다.

★

회고록에서 후버는 아이오와주의 소년 시절에 대한 향수를 떠올리면서 동시에 뉴딜정책도 비판했다. 그는 7월 4일 독립기념일 축하 행사에 쓸 불꽃을 사기 위해, 100마리 당 1페니를 받고 감자 벌레를 잡아냈다. 이 축하 행사는 근엄한 퀘이커교도 가정에도 활기를 불어넣었다. 후버는 회고록에서 이렇게 강조했다.

"그 급여가 아직도 그대로라면 상품 달러*로 환산해야 하고, 노동위원회 청문회감이다. 곤충에 비소를 사용함으로써 불꽃놀이 산업에 기술적 실업**을 일으켰을지도 모른다." 후버는 계속 확실하게 FDR의 농업정책을 두들겨댔다.

"그렇다면 최근 구제 방안은 감자가 아직 다 자라지도 않았는데 파내는 결과가 될 것이다."

\*commodity dollar: 기초상품가치 지수에 따라 변화, 결정되는 달러가치 단위.
\*\*technological unemployment: 기술 혁신이 초래한 실업.

★

1897년 런던의 광산회사는 미국 측 대리인에게 신규 자본이 투자된 오스트레일리아 광산에서 일할 후보자를 추천해달라고 요청했다. 경력은 7년 이상, 나이는 35세가량이 조건이었다. 23살이었던 후버는 자격을 부풀리고 나이 들어 보이기 위해 콧수염을 기른 뒤 런던 인터뷰에 어울릴 말쑥한 트위드tweed 의복을 구했다.

후버는 그 일을 얻었다. 2년 후, 후버에게 그 옷을 사라고 했던 친구가 우편을 통해 옷을 돌려받았다. 후버는 오스트레일리아 오지의 지옥처럼 무더운 열기(후버는 이를 "문명 안쪽으로 3야드 들어와 있는 것"이라고 기술했다) 속에서 이렇게 썼다.

"당신이 이 옷을 너무 좋아하니 가지십시오. 아직 입지 않았습니다."

후버는 오스트레일리아를 이렇게 결론지었다.

"붉은 먼지, 흑파리, 그리고 백열의 땅."

젊었을 때 후버는 음산한 서부 지형을 조사하기 위해 매년 4개월을 말 위에서 보내야 했다. 그 결과에 대해, 그는 생각나는 대로 썼다.

"나는 때때로 말이 창조됐을 때 실수는 없었는지 궁금했다. 지질학적으로 말 이전에 낙타가 있었다. 왜 말은 낙타의 육봉을 타고 나지 않았을까? 그럼 하루에 한 번 이상은 물을 주는 수고를 덜 수 있었을 텐데. 지네도 이미 있다. 말에게 짧은 다리 6개를 주었으면 어땠을까? 그럼 말은 땅에 더 밀착해서 보법이 더 좋아질 텐데. 물고기 비늘은 훨씬 이전에 만들어졌다. 말에 털 대신 비늘이 달렸으면 어땠을까? 그럼 항상 파리와 싸우느라고 사람들을 귀찮게 하지 않았을 텐데 말이다."

금주법 시대*, 후버는 아내 루Lou가 포도주 창고를 깨끗이 치워버렸을 때 항의하지 않았다. 캘리포니아 최고의 포트 와인을 자랑하던 창고였다. 후버가 말했다.

"제가 미국민과 함께 살아야 할 필요는 없습니다. 하지만 루와는 함께 살아야만 합니다."

*Prohibition(1920-1933): 수정헌법 18조에 의해 술의 제조, 판매가 금지됐다.

상무장관 시절, 낚시꾼 후버는 전국 하천에 5억 마리의 치어들을 다시 채워놓는 데 한몫했다. 그는 공공장소에서는 좀처럼 드러내지 않았던 희한한 발상으로 문제점들을 짚었다. 후버가 자신이 회장을 맡았던 아이작 월튼 리그* 회원들에게 말했다.

"미국은 물 사정이 좋은 나라입니다. 그리고 지역주민들은 낚시할 곳을 다 압니다. 미국민은 또 자동차 수백만 대를 생산합니다. 이런 양도할 수 없는 권리, 자동차, 그리고 낚시터가 부르는 소리 등 일련의 요인들로 어른과 어린이가 모두 주말에만 반경 150마일 이내에 있는 물을 찾아 곳곳으로 떠납니다. 여름 휴가철일 경우 반경은 500마일로 늘어납니다. 이런 행동반경들은 … 크게 겹칩니다. 놀랄 일은 아닙니다."

후버는 이렇게 결론지었다.

"입질하는 시간 간격은 갈수록 길어지고 있습니다. 그리고 물고기들은 갈수록 영리해지고 있습니다."

*Izaak Walton League: 환경보호단체.

제1차 세계대전 중 후버는 미국식량기구를 운영해 달라는 윌슨 대통령의 요청으로 귀향했다. 슬로건은 "식량이 전쟁을 이긴다 Food Will Win the War"였다. 후버는 곧 정부 지침에 따라 국민 수백만 명이 난방하지 않은 집에서 살고 성분이 의심스러운 빵을 구우면서, 고래 고기로 저녁을 먹고 무설탕 껌을 씹도록 했다.

설탕 통이 식당 테이블에서 사라졌다. 그리고 승리를 향해 흥겹게 "후버화Hooverization"의 길을 가고 있는 나라의 궁핍상을 집약해 묘사한 시*가 유행했다.

*먹을 것을 절약하라는 후버의 정책을 조롱하는 내용.

빵 때문에 당신에게 고맙다고 할 수 없어요.
왜냐하면 조금도 없기 때문이죠.
버터 역시 조금도 없었는데
대체물은 많았어요.
그러나 피칸*과 무화과 크로켓,*
당신의 머핀*은 밀가루인데 달걀이 없어요.
당신의 비프스테이크는 창가 화분에서 길러진 것.

당신의 버터는 사과에서 만들어진 것.

당신의 흉내낸 오리 요리는, 날개는 있지만 다리는 없어요.

당신의 생선 비슷한 것은 오트밀을 감언이설로 구워낸 것.

당신의 케첩 샐러드는 돼지기름을 뿌린 것.

당신의 돼지고기가 빠진 파스닙\* 스크래플\*

메뉴가 너무 수수해서

당신에게 편지와 함께 격려를 보내니

후버 씨는 칭찬하시는 게 좋겠어요.

고기 빠지고 밀 빠진 편지니까요!

\*pecan: 히코리의 일종. 북미산 호두나뭇과의 나무(그 열매, 식용).
\*croquettes: 감자와 고기를 섞어 둥글게 한 후 빵가루를 묻혀서 튀긴 요리.
\*muffin: 밀가루에 설탕, 우유, 달갈 등을 넣고 구워 낸 빵.
\*parsnip: 서양방풍 나물. 미나릿과의 식물(식용).
\*scrapple: 저민 돼지고기와 야채, 옥수수 가루를 기름에 튀긴 요리.

심지어 식량기구를 소재로 한 밸런타인데이 카드도 있었다.

나는 설탕으로 '후버화' 할 수 있습니다.

고기와 식량으로도 마찬가지입니다.

하지만 당신을 사랑하는 일이라면

결코 '후버화'를 배우지 않겠습니다!\*

\*사랑만은 아낄 수 없다는 풍자.

벨기에에 식량을 공급해 '위대한 박애주의자'라는 국제적 명성을 얻은 후버를 대통령 후보로 지명하려는 노력이 1920년 양당에서 시도됐다. 다른 한편에서는, 한 예리한 비평가가 후버는 훈련된 공학도로서 정치 감각이 부족했다고 지적했다. 그녀는 "후버는 물 만난 고양이 같다"*고 평가하면서 이렇게 말했다.

"후버는 정치적인 방식으로 일을 성사시키는 우회성의 즐거움에는 관심이 없습니다. 그리고 그것은 후버가 의회를 좋아하지 않는다는 뜻입니다!"

*고양이가 물을 불편해하듯 후버와 정치는 잘 맞지 않는다는 비유.

후버는 선거운동에서 돋보이고 앞서 나가기에는 자기를 내세우는 데 지나치게 소극적이었다. 어떤 사람은 그와 한 악수가 "바람 없는 날, 게양대 중간에 걸린 깃발" 같다고 비유했다.

손녀가 태어났다는 소식을 듣고 후버는 좋아했다. 후버가 한마디 했다. "하나님 감사합니다, 손녀는 상원에서 승인받을 필요 없습니다."

백악관에서 후버보다 더 어렵게 세월을 보낸 사람은 거의 없었다. 후버는 유머를 갖고 상황을 바라보려고 노력했다. 그는 이렇게 썼다.

"몇 년 전에 마미단 셔츠* 몇 벌이 모든 사람의 정신적 옷장의 한 부분이라고 결론을 내려놓고 있었다. 대통령은 옷장이 더 넓다는 점에서만 다른 사람들과 다르다."

*hair shirts: 헤어 셔츠. 수도자가 고행하기 위해 입던 옷.

대통령은 적어도 한 번은 물고기 한 마리 때문에 곤란한 상황에 처했다.*

메인주 출신 의원들이 뱅거시 주변 하천에서 잡은 통통하고 신선한 고기를 백악관에 선물했다. 그 의원들 중 한 명에게는, 선물을 받고 즐거워할 대통령과 함께 사진을 찍으며 환하게 웃을 기회였을지 모른다. 그런데 그러기 전에 이 비늘 덮인 선물이 수석 요리사에게 전달되고 말았다.

후버의 경호실장인 에드워드 스탈링Edward Starling은 나중에 그 물고기의 머리를 다시 꿰매야 했다. 위안이 없지는 않았다. 스탈링은 후에 자랑스럽게 말했다.

"메인주는 이후 3년간 민주당 편을 안 들었습니다."

*On at least one occasion, a **fish** got the president into **hot water**, so to speak: 물고기의 '뜨거운 물'을 연관시킨 표현이다.

1932년 선거에서 참패한 후, 후버는 최선을 다해 현실에 적응해 나갔다. 그는 일단의 청중들에게 여러 곳에서 패인에 대한 연구 결과를 제공받았다고 알렸다. 그리고 후버는 자기 힘으로 장편의 과학적 상황 분석을 실시했다며 내용을 보고했다.

"정답에 가장 근접해 알아낸 바로는, 우리 편 표를 충분히 확보하지 못했다는 것입니다."

아주 듣기 좋은 말은 아니지만, 후버는 나름대로 대통령직에 대해 정의를 내리고 있었다. 그가 말했다. "스무 개의 쇼가 동시에 펼쳐지지만 연기자들은 형편없는 서커스다."

후버는 현대 대통령이 프라이버시를 기대하면서 추구할 수 있는 것은 오직 두 가지라고 즐겨 말했다. 하나는 낚시이고 또 하나는 기도이다—그러나 누구도 항상 기도할 수는 없다.

후버는 이렇게 썼다.

"낚시꾼은 마음이 명상적이어야 한다. 왜냐하면 입질과 입질 사이에 시간이 많이 걸리는 경우가 많기 때문이다. 이 공백기는 인내와 침잠, 그리고 고요한 성찰을 낳는다—왜냐하면, 어느 누구도 분노나 악의로는 고기를 잡을 수 없기 때문이다. 낚시꾼은 타고난 낙천주의자다. 아니면 아예 낚시질하러 가지 않을 것이다. 항상 몇 분 후나 내일이면 우리의 운이 더 좋아질 것이기 때문이다. 이 모든 것에서 동료 낚시꾼을 사랑하고 낚시를 높이 존중하는 정신이 생겨난다."

후버는 더 나아가 이렇게 언급했다.

"낚시꾼은 무리를 짓는다. 그렇지않으면 같은 날의, 또는 1년 전, 2년 전의 그 위대한 행동들이 노래로 찬양되지 않을 것이다. 낚시꾼들만 그 노래를 듣는다. 그래서 두 명이나 세 명이 모이고, 믿음과 희망과 자선의 정신적 비타민은 영원히 재생한다. 그리고 우리는 삐걱거리는 이 문명 시대에 바로 이런 것들이 필요하다."

마지막으로 후버는 가장 좋아하는 이 취미의 철학적 매력을 요약했다. 낚시는 민주주의의 교훈이라고 후버는 말했다.

"왜냐하면, 인간은 모든 물고기 앞에서 평등하게 창조됐기 때문이다."*

*All man are created equal before fishes: 미국독립선언문 제2장에 기록된 [all men are created equal(모든 사람은 평등하게 태어났다)]을 인용함.

★

일본의 진주만기습 이후 후버가 우호적인 신문기자에게 말했다. 일본이 공격하기 전에 미국의 전쟁 개입에 반대했는데, 그 때문에 정치적 '왕따'가 됐다는 것이다.

"진실은 들으려하지 않는 사람들의 입맛에는 결코 타이밍이 맞지 않더군요."

후버는 덧붙였다.

"그 설교자*가 어떻게 대접받았는지를 보면 산상수훈도 타이밍이 나빴던 것 같습니다."

*The Preacher: 예수 그리스도를 뜻한다.

★

후버는 백악관을 떠난 뒤 집필에 몰두했다. 국내외 정적들을 다목적으로 응징하는 내용도 포함돼 있었다. 초판에는 결정적 정치 실패 15건 이상이 그려질 예정이었다. 몇 년 후, 뉴욕 월도프 타워스Waldorf Towers 호텔의 후버 숙소인 스위트룸에 밤을 샐 손님이 찾아왔다. 그는 이 연로한 전직 대통령이 새벽이 밝기 한참 전에 책상에서 몹시 화가 난 듯 뭔가를 휘갈기고 있는 것을 발견했다. 이런 시간에 무엇을 하고 있는지 이 손님이 물었다.

그러자 후버가 말했다.

"루스벨트에 관한 책을 더욱 매섭게 만들고 있는 중입니다."

시간은 좀 걸렸지만, 결국 후버는 인생의 가장 고통스런 시기에 대해 한마디 농담을 할 수 있게 됐다.

"옛날 내 정적들은 내가 혼자서 전 세계적인 대공황을 일으킬 수 있는 환상적 지성과 경제적 힘을 지녔다고 칭송했습니다."

다른 많은 노인들처럼, 후버도 밤에 잠드는 데 어려움을 겪었다. 어김없이, 후버는 침대에서 일어나 책상 위에 앉아 문자 그대로 매년 수천 통씩 되는 편지에 답장했다. 많은 편지는 어린이들이 보낸 것이었다. 한 어린이는 대통령의 여행이 어떤 것인지 물었다. 대통령들은 사람들이 어떤 생각을 하는지 이해하고 자신의 정책을 설명하기 위해서 여행을 해야 한다고 후버는 답장했다. 더욱이 조지 워싱턴이 뉴욕에서 워싱턴까지 가는 데 5~6일 걸렸던 시절 이래, 대통령들이 여행하는 여건도 매우 향상됐다. 후버는 이렇게 말했다.

"오늘날 대통령들은 제트기로 한 시간 만에 그렇게 여행할 수 있습니다. 하지만 제트기는 사람들의 머리 위를 날아갑니다. 마치 어떤 연설들처럼요."

★

Plain Speaker, Tall Tales, and Poker Face • 솔직담백, 과장, 무표정   217

한 어린이가 후버에게 "선문적인 서명 수집가가 아니란 걸 알아주셔서 기뻐요."라고 말하면서 서명을 부탁했다.

그러자 후버가 대답했다.

"옛날에 그런 사람들 중 한 명이 내게 세 가지 사인을 요청했어요. 내가 이유를 묻자 그가 '베이브 루스* 사인 한 장 얻으려면 대통령 사인 두 개가 필요합니다.'라고 그러더군요."

*Babe Ruth(본명 George Herman Ruth, 1895-1948): 미국 프로야구의 전설적 영웅. 1920-1934년에는 뉴욕 양키스에서 활약하며 메이저리그 최다홈런기록을 수립하였다.

어린 숙녀가 후버에게, 자신은 후버가 백악관에 있을 때 태어나지도 않았다면서 의사가 되는 것이 꿈이라고 털어놨다.

전직 대통령이 대답했다.

"사랑하는 캐슬린, 일찍 태어나지 않아서 수고를 많이 덜었어요. 대통령이 아니라 의사가 되겠다고 해서 반갑습니다. 우리는 의사가 충분하지 않습니다. 그리고 대통령이 되겠다는 후보자들은 충분히 많아 보입니다."

1947년 5월 '그리다이언 클럽'* 주최 만찬이 열렸다. 당시 의회는 한 세대 만에 공화당이 다수를 차지하고 있었다. 해리 트루먼과 몇 피트 떨어진 자리에 앉은 후버는, 이 같은 상황 진전과 1948년대통령선거의 해에 대한 시사점 등을 생각할 때 흐뭇해지는 마음을 의식적으로 자제하려고 했다. 후버는 이렇게 표현했다.

"자세히 말하면, 제가 비공개 전직 대통령 모임에 신규회원** 한 명을 모집하고 있다는 뻔한 뜻이 될 것입니다."

*Gridiron Club: 1885년에 결성된 중견 언론인 모임. 매년 3월 대통령을 비롯한 유명 인사를 초청해 재담, 촌극 등의 형태로 주요 정치현안에 대해 거침없이 풍자하고 희화화하는 형식의 만찬을 진행한다. 클럽 이름처럼 정치인들은 '석쇠 (gridiron)' 위에서 구워지고 볶아지지만, 이날만큼은 대통령까지도 기자들이 쏟아내는 날카로운 풍자와 정치인 비판을 유머러스하게 넘기고 함께 대화를 나눈다.
**해리 트루먼을 지칭. 부통령 트루먼은 1945년 4월 12일, 프랭클린 루스벨트의 사망으로 대통령직을 승계, 제33대 대통령(민주당)에 취임하였다.

1957년 7월, 그늘 온도가 화씨 91도*였다. 미주리주 인디펜던스시에서 열린 트루먼 도서관 개막식에 후버가 해리 트루먼과 함께 참석했다. 나중에 한 지지자가 후버에게 다가와 전직 대통령은 어떻게 나날을 보내는지 알고 싶어 했다.

"아주머니." 후버는 말했다. "우리는 약을 복용하고 도서관을 개관하면서 시간을 보냅니다."

*섭씨 32도가 넘는 무더운 날씨.

★

후버가 1961년 1월 리처드 닉슨에게 편지를 썼다.

"늙은 정치인들은 나이가 80세가 넘어 해를 끼칠 수 없게 되기까지는 반대당이 거의 존중하지 않을 것이라는 점을 당신은 알게 될 것입니다."

# 클래스룸 유머리스트
Classroom Humorists

*이 장의 주인공인 우드로 윌슨과 제임스 가필드 대통령은 학자 출신. 윌슨은 프린스턴대학교 총장, 가필드는 하이럼대학교 학장을 역임했다.

# 10

## 우드로 윌슨
**Woodrow Wilson**

장로교 목사인 윌슨의 아버지는 위트가 넘쳤다. 대통령은 윌슨 목사와 신도가 우연히 만난 이야기를 좋아했다.

신도가 말했다. "윌슨 씨, 말이 매우 보기 좋습니다. 당신보다 훨씬 낫습니다."

윌슨 박사가 대답했다. "그렇습니다. 아시다시피 말은 제가 돌봅니다만, 저는 제 신도님들이 돌봅니다."

윌슨은 젊은 시절 법 공부가 지겨웠다. (그는 "다람쥐 쳇바퀴 돌듯 단조로웠다"고 생각했다.) 윌슨은 정치인의 길을 꿈꿨다.

항상 자신의 감정적 체온을 점검했던 윌슨은 말했다.

"세상에서 가장 어려운 일은 자기 정신을 통제하는 것입니다. 그러고 나면 한 도시를 통치하는 것은 장난pastime입니다."

개인 윌슨은 좀 더 매력적이다. 윌슨은 한창 열애시기에 첫 부인에게 이렇게 썼다.

"아마 놀라실지도 모릅니다. 그렇지만 제가 대부분의 친인척이나 일부 친구들 사이에서는 … 몇몇 서클에서 위태위태하게 높은 의자에 앉아 괴상하게 연설하고, 온갖 종류의 웃기는 모습으로 인상을 쓰고, 목소리와 연설로 하는 잡다하고 기이한 형식의 풍자극을 흉내 내고, 광대극을 사랑하고, 심지어 캉캉춤을 추는 그런, 못 말릴 사람이란 걸 아시게 되면 놀라시지 않을 것이라고 생각합니다."

그것은 사실이었다. 윌슨은 가족의 품 안에서는 격식이라는 껍질을 버렸다. 그는 즐겁게 셔레이드*에 참가해, 깃털 목도리를 하고 미끄러지듯 걸어다니는 도도한 귀족 미망인 아니면 외알 안경을 만지작거리는 따분한 영국인이 돼 딸들을 경악시켰다. 윌슨은 보드빌쇼**들, 넌센스 노래들, 그리고 길버트-설리번***의 어렵지만 통통 튀는 경쾌한 노래들을 좋아했다. 윌슨은 술 취한 사람의 휘청거리는 고무다리rubber-legged 흉내 내기 요청을 많이 받았는데 그의 정열적인 '플라자 토로 공작' 〈곤돌라의 뱃사공〉 등장인물에 대한 해석도 그만큼 인기는 있었다.

*charade: 몸짓만 보고 답을 맞추는 제스처 게임.
**vaudeville show: 춤과 노래를 곁들인 가볍고 풍자적인 통속 희극.
***작사가 길버트(W. S. Gilbert, 1836-1911)와 작곡가 설리번(Arthur Sullivan, 1842-1900). 두 사람은 영국인으로 경가극(오페레타)을 만들어 인기를 얻었다.

# Classroom Humorists • 클래스룸 유머리스트

프린스턴대 총장 시절, 우드로 윌슨이 말 많고 고압적인 교수진을 다룬 방식은 후일 대의회 관계에서 문제점들을 예고하는 듯했다. 의지력 강한 이 경영자는 이사회에 정면으로 대응한 전설이 있었다.

"제가 절대적 권한을 갖지 못하면 아니, 어떻게 이 대학을 민주화할 수 있단 말입니까?"

많은 사람들이 윌슨을 경원시했고 그의 태도가 차갑다고 생각했다. 프린스턴대 동료가 모든 문제에는 두 가지 측면이 있다는 것을 상기시키자 윌슨은 되받았다.

"그렇습니다. 옳은 측면과 틀린 측면 말입니다."

윌리엄 앨런 화이트언론인(115, 133쪽 참조)는 대통령과 악수하는 것이 "갈색 종이봉투* 속의 5센트짜리 고등어를 잡는 것 같았다"고 말했다. 윌슨은 자신에게 아일랜드인과 스코틀랜드인의 두 가지 성격이 있다고 주장했다.

아일랜드 사람은 급하고, 관대하고, 충동적이고, 열성적이고, "항상 곤경에 처한 사람들을 동정하고 돕기를 갈망했다." … 스코틀랜드 사람은 "영리하고, 끈질기고, 차가웠다. 그리고 아마 약간은 배타적이었을 것이다."

"친애하는 친구, 이렇게 말합시다. 이 두 성격이 서로 다투게 되면 둘 사이에서 심판 역할을 하기가 어렵습니다." 그런 다음 월슨은 한숨을 내쉬었다. "나도 내가 화산을 지니고 다닌다는 기분이어서 불편합니다."

*brown paper bag: 당시에는 학생과 직장인들이 튼튼한 갈색 종이봉투에 점심 도시락을 싸갔다. 그렇게 점심을 싸가는 것을 'brownbagging'이라고 한다.

월슨은 잘났거나 못났거나, 그런 외형적 조건마저 주저하지 않고 정치적으로 활용했다. 실제로 1910년 주지사 선거에 출마했을 때, 그는 외모 측면에서 공화당 경쟁자에게 이점이 있다고 기꺼이 인정하면서 이렇게 덧붙였다.

"가장 아름다운 말이 항상 가장 쓸모 있는 말은 아닙니다. 제가 멀리 신고 갈 짐이 있다면, 그다지 아름답지는 않지만 힘이 세고, 크고 더부룩한 종류의 말 중 한 마리를 선택하겠습니다."

1912년 윌리엄 제닝스 브라이언*은 마지못해 월슨과 뜻을 같이 했다. 4년 전 누군가가 이 '위대한 보통사람Great Commoner' **에게 물었다. "월슨을 부통령감으로 어떻게 보십니까?How does Wilson **strike** you for the vice presidency?"

브라이언이 대답했다. "1급입니다. 그는 기회만 되면 놓치지 않고 저를 때립니다He **strikes** me every chance he gets."

*William Jennings Bryan(1860-1925): 1912년 선거에서 윌슨의 대통령 후보 지명을 도왔다. 앞서 4년 전인 1908년에는 브라이언이 대통령 후보로 선출되었다(그의 러닝메이트는 존 W. 케른이었다). 브라이언은 1900년과 1896년에도 민주당 후보로 선출되었으나 역시 공화당 후보에게 패하고 말았다. (윌슨은 자신의 당선을 위해 힘쓴 브라이언을 1913년 국무장관에 임명한다.)
**브라이언은 1901년 〈보통사람The Commoner〉이라는 신문을 창간했다.

윌슨은 민초들 사이의 인기도에 관해서는 환상을 갖지 않았다. 엄청났던 시어도어 루스벨트의 인기와 비교하면 특히 그랬다.

"그는 그들의 상상력에 호소했습니다. 나는 그러지 않습니다." 윌슨은 말했다. "그는 실제적이고 활기찬 사람입니다. 그들은 그를 보고 목이 쉬도록 소리치고 표를 던집니다. 수백만 명입니다. 나는 애매하고 추론적인 성격입니다. 인간적 특성과 적혈구보다는 견해와 학문적 사고로 더 많이 구성돼 있습니다."

윌슨은 펀pun*과 리머릭limerrick · 익살스러운 5행시을 사랑했다. 그가 가장 좋아한 구절이 있었는데, 나중에 그의 두 번째 임기 행정부를 온통 잡아먹은 사건 차원에서 비쳐보면 아이러니다.

전쟁은 무례하고 공손치 않고

그리고 나라를 매우 당황케 하고

그것은 몇 주와 몇 달간의 분투를

그리고 몇 년의 대화를 초래하네.

*언어 유희(pun): 동음이의어(同音異義語)나 각운 등을 이용하여 재미있게 꾸미는 말의 표현을 의미한다. 동음이의어를 이용한 말장난. 익살. 영어 농담에서 비중이 크다. 예를 들어 [강철 심장(heart of steel)과 도둑놈 심보(heart to steal)]는 윌슨의 펀(pun)이다.

젊은 시절 보수적 성향이 강했던 윌슨은, 대통령 선거에 출마한 1912년 무렵에는 확고하게 진보적 흐름을 대변했다.

그는 보수주의자들을 "그냥 앉아서 생각만 하는, 주로 앉아만 있는 사람"이라고 조롱하며 청중들을 즐겁게 했다. 또 보수주의는 "아무것도 변화시키지 않고 의심이 나면 할머니와 상의하는 정책"이라고 정의했다.

언젠가 시어도어 루스벨트는 윌슨이 자기 목소리에 사로잡힌 나약한 지도자라고 비난했다. 공격을 당해도 무관심했던 윌슨이 말했다. "그 양반한테 도움이 되는 화를 낸다고 뭐가 달라지겠습니까?"

1913년 윌슨의 취임식 전날 워싱턴 거리는 "윌슨에게 근심거리를 얘기하자"고 적힌 현수막을 든 여성 시위자 수백 명으로 가득 찼다. 우드로는 시위자들에게 관심을 기울이기에는 누가 봐도 제 코가 석자였다. 결국 여성 참정권론자 4명이 백악관 담장 앞에서 인간 사슬을 형성했다. 이들은 대통령이 외국에서 보였던 그런 열정을 갖고 국내에서 자결권self-determination을 주장하지 못하고 있다고 항의했다.

윌슨은 남부지방 특유의 정중한 마음에서, 찬바람 나는 이 여성 참정권론자 몇 명을 백악관에 초청해 따뜻한 차 한 잔을 대접하고 싶었다. 뼛속까지 전통주의자인 영부인 이디스 윌슨Edith Wilson은 꿈쩍도 하지 않았다. 그러자 윌슨은 이렇게 말했다.

"하지만 바깥은 춥습니다"

마침내 영부인의 반대에도 불구하고 아이크 후버 수석 집사장이 파견돼 대통령의 호의적인 제안을 전달했다. 그 여성들은 '올리브 나뭇가지' olive branch · 화평 제안를 거부했다. 그리고 치안 방해혐의로 15일 수감이라는 벌을 받았다.

아무도 윌슨이 우유부단하다고 비난하지 않았다.

"스코틀랜드-아일랜드인의 미덕은 그가 자신이 옳다고 생각할 뿐 아니라, 옳다는 것을 알고 있다는 점이다."

윌슨은 언젠가 파나마 운하 통행료와 관련해 어떤 특별한 방침을 고수하고 있는지에 대해 질문을 받았다.

"어떤 것에도 집착하지 않습니다." 윌슨이 대답했다. "어느 순간에도 유연해질 자세가 돼 있습니다."

또 한번은 국무부 카운슬러 후임자를 찾았느냐는 질문을 받았다. 대통령은 말했다.

"사람을 '찾기'는 어렵지 않습니다. 사람을 '고르기'가 어렵습니다. 아직 고르지 못했습니다."

윌슨은 "공인public character"으로서 새 인생에 적응하는 데 어려움을 겪었다. 윌슨은 때때로 거울 앞에 서서 "기념물처럼 보이지 않을 수 있는지" 알아봐야 할 것 같은 기분이 들었다고 기자들에게 말했다.

한 번 더 생각해보면, 기념물이 되는 것이 "전 미국 국민한테 악수를 당하는 것보다" 나을지도 모른다.

★

윌슨은 언젠가 대통령직을 이렇게 규정했다. "대통령에게는 운동선수의 체력, 어머니의 참을성, 초기 기독교인의 인내가 요구된다."

윌슨은 오랫동안 정부를 연구해왔으나, 워싱턴의 실제 생활에도 주눅 들지 않았다.* 그는 수도에 오는 사람들은 누구나 성장하든지 아니면 어깨에 힘이 들어간다고 즐겨 말했다. 윌슨은 또 이 워싱턴이 변화에 저항하는 것에 상심해 이렇게 말했다.

"적을 만들고 싶으면 뭐라도 바꾸려고 해보세요."

*윌슨은 존스 홉킨스 대학교에서 행정학과 역사학의 박사과정을 밟아 1886년에 박사학위를 받았다. 그의 박사논문 〈의회정부〉는 미의회의 위원회제도를 공격한 것이었다.

윌슨은 두 번째 임기에 대해서는 무관심하다고 했다. 그는 설명했다. "만약에 당신이 재선할 생각을 너무 많이 하면 재선할만한 값어치를 갖기가 어렵습니다."

★

제1차 세계대전 중 윌슨은 대중을 상대로 정치 마케팅을 할 수 있었던 첫 번째 대통령이 됐다. 뉴스영화와 새로 개발된 방송 도구 덕분이었다.

궁핍한 유럽지역 연합국을 돕기 위해 윌슨은 '미국식량기구'를 발족해 허버트 후버에게 일을 맡겼다.

이 새로운 기구는 [고기 없는 월요일Meatless Mondays]과 [밀 없는 수요일Wheatless Wednesdays]을 적극 홍보했다. [휘발유 없는 일요일Gasless Sundays]에 윌슨 대통령 부부는 말과 마차를 타고 교회에 갔다.

얼마 후 백악관 잔디에 잘 홍보된 한 떼의 양들이 나타났다. 양털이 적십자 지원을 위해 경매로 팔렸다. 영부인은 미국 토착민 출신이라는 자부심이 유난히 강해 별명이 포카혼타스*였다. 반드시 좋은 뜻만은 아니었다. 이번 일로 영부인은 '리틀 보 핍'**이라는 새 별명도 얻게 됐다. 영부인의 절약 운동은 불행히도 양들이 백악관의 관목과 꽃을 마구 뜯어먹으면서, 얻은 것보다 잃은 것이 더 많은 결과가 되었다.

\*Pocahontas(1595?-1617): 인디언 부족장의 딸. 미국 초기 이주민과 원주민 사이에서 중재 역할을 했다. 디즈니 만화영화 〈포카혼타스〉가 있다. 윌슨의 첫 번째 부인, 조지아주 서배너 출신의 엘렌 루이스 액슨 윌슨을 말한다. 엘렌은 영부인이라는 명예에는 별로 관심이 없었고 사람과 어울리는 것보다 정원가꾸기를 좋아했다. 그녀는 1914년 8월 심장염으로 백악관에서 세상을 떠났다.
\*\*Little Bo Peep: 동요 주인공. 양을 잃어버린 양치기 소녀.

"사람들은 가끔 저를 이상주의자idealist라고 부릅니다." 윌슨이 제1차 세계대전 와중에 말했다. "그렇습니다. 제가 저를 미국인으로 알고 있는 것도 같은 이치입니다. 미국은 세계에서 유일한 '이상주의자'의 국가idealistic nation입니다."

윌슨의 위장 장애는 그가 어른이 돼서 평생을 따라다닌 많은 병고 중 하나에 불과했다. 고질적 소화불량에 대한 비유로, 대통령은 중미 지역\*이 소란스러워 고통스럽다고 말했다. 백악관 주치의 캐리 그레이슨Cary Grayson은 대책으로 골프, 오트밀, 그리고 오렌지주스와 함께하는 날달걀로 된 섭생 처방을 내놨다.

윌슨은 해변 골프장에서 시간을 즐겼고 아침 시리얼에 대해 불평하지 않았다. 날달걀은 얘기가 달랐다. 한 개씩 마실 때마다 대통령은 "마치 갓난 병아리를 들이키는 느낌"이라고 말했다.

\*Central America: 신체 중앙의 위장 부위를 지칭.

1916년 선거는 미국 역사상 가장 치열했다. 윌슨은 재선됐다는 것을 3일 동안이나 실감할 수 없었다. 부통령인 토머스 마셜Thomas Marshall은 이긴 것은 이긴 것이라고 생각했다.

"우물처럼 깊지 않고 교회 문처럼 넓진 않지만 충분합니다." 마셜이 말했다. "효력이 발휘될 겁니다."

신문 읽기를 매일 반복되는 성가신 일이라고 생각한 대통령은 윌슨 혼자만이 아니었다. 하지만 전직 대학교수인 우드로 윌슨은 언론에 어떤 기사가 나와도 살갗을 콕콕 찌를 정도는 안 된다고 밝혔다.

"저는 소설fiction을 읽는 데 익숙해져 있습니다."

윌슨은 대통령으로서 '경험한바experienced'와 신문기자가 기술한 사건 사이의 분명한 불일치를 지적하면서 다시 한 번 귀에 익은 한탄의 목소리를 냈다.

"매일 아침 저는 신문을 집어들 때마다 온갖 종류의 마찰이 있다는 것을 알게 됩니다." 윌슨이 말했다. "마찰이 이미 발생하지 않았다면, 그럼 막 생기려던 참입니다. 저는 섬세하게 기름칠이 돼 있는 게 틀림없습니다."

그리고 그는 웃으며 덧붙였다.

"왜냐하면 저는 어떤 마찰도 느끼지 못하기 때문입니다."

윌슨은 그의 혁명적 입법 프로그램을 '신자유New Freedom'라고 칭했다. 비판론자들은 그것을 '포괄적 규제Universal Regulation'라고 불렀다.

★

윌슨의 전임자 윌리엄 하워드 태프트는 대체로 온화했으나, 윌슨에 대한 얘기가 나오면 정말 매서워졌다.

태프트는 말했다.

"그는 길거리에서 다른 사람을 돕겠다는 좋은 마음이 생기더라도 그게 무슨 마음인지 인정하지 않을 게 뻔합니다."

★

시어도어 루스벨트는 예상대로 더욱 가차 없었다. 무엇보다 TR은 교수 같은 윌슨을 "비잔틴 시대의 회계관Byzantine logothete"이라 불렀다.

★

윌슨은 현안에 고상한 방식으로 접근했다. 덕분에 전혀 기대하지 않았던 곳에서 지지를 끌어내는 수가 있었다. 토머스 에디슨Thomas Edison은 오랫동안 공화당 성향이었으나 1916년 윌슨의 재선을 지지했다.

위대한 발명가는 설명했다.

"사람들은 윌슨이 크게 헤맸다blundered*고 했습니다. 글쎄요, 제 생각으로도 그렇습니다. 그렇지만 저는 그가 헤매도 항상 '앞으로 나아가면서forward' 헤맨다는 것을 알아챘습니다."

*blunder는 실수하다는 뜻. '눈을 감고 가다'는 어원에서 비롯됐다.

윌슨은 심지가 곧은 사람으로, 감정을 억누르는 데 상당한 대가를 치렀다. 윌슨이 한 적수에 대해 말했다.

"내가 만약 저 사람에 대해 생각하는 바를 쓴다면, 아마 석면*에 관한 글을 써야 할 것입니다."

*asbestos(아스베스토스): 그리스어로 "불멸의, 끌 수 없는"을 뜻함. 아테네 신전 안에서 금램프(등불)의 심지로 사용되었고, 로마 웨스터 신전의 '영원의 불'의 심지를 만들었다. 20세기 초 석면은 산업적으로 미국을 비롯한 여러 선진국에서 건강에 미치는 영향이 알려지지 않은 채 건축용 시멘트를 비롯한 군함의 단열재 등으로 많이 사용되어 왔다. 그러나 2000년대 들어 석면은 세계보건기구 산하 국제암연구소에 의해 "인체에 유해한 1급 발암물질"로 지정, 사용 규제 대상이 되고 있다.

윌슨은 대책 없는 말재간꾼punster이었다. 버지니아 출신 카터 글라스Carter Glass 상원의원이 감리교회에서 중요한 직책을 맡게 됐다는 것을 윌슨 대통령이 알게 됐다. 대통령은 감리교도들이 축하의 '잔**glass**'을 너무 높이려 한다고 놀라움을 표시했다.

★

윌슨은 진정한 골프광이었지만, 골프를 "목적에 잘 맞지 않게 만들어진 도구로, 제멋대로 나가는 공을 잘 보이지 않는 구멍에 집어넣으려고 하는 헛된 노력의 시도"라고 풍자했다.

★

제1차 세계대전 중, 윌슨 행정부는 일광절약시간**daylight saving time** 개념을 도입했다. 다음은 잘 알려진 이야기다. 나이 든 백악관 주방장이 7시까지 만찬을 준비하라는 지시를 받고 짜증스럽게 말했다.

"몇 시까지 입니까? 윌슨의 시간입니까? 아니면 그리스도의 시간입니까?"

방안의 모든 사람이 웃었다. 윌슨도 파안대소했다. 그러나 잠시뿐이었다.

윌슨이 말했다. "불경스럽습니다."

백악관 주치의가 윌슨의 애완동물 약을 치워버렸다. 언어 전문가인 윌슨은 그를 "치료 허무주의자therapeutic nihilist"라고 책망했다.

이디스 볼링 갈트Edith Bolling Galt와 결혼한 다음날, 59세의 윌슨 대통령이 당시 유명한 노래 〈오, 그대 아름다운 인형Oh, You Beautiful Doll〉을 부르며 철도 차량 안을 걸어다니는 것이 목격됐다. 신부 쪽에서도 윌슨의 이 두 번째 부인은 매우 충실한 여성임을 입증했다. 한참 후인 1961년 윌슨 부인은 남편의 숙적 헨리 캐벗 로지*를 가리켜 "그 고약한 뱀"이라고 비유했던 것이다.

*공화당 상원의원 로지는 1919년 공화당이 상원을 지배하게 되자 외교위원회 위원장이 되었으며, 국제연맹 규약을 포함한 베르사유 조약의 거부를 주도하는 등 우드로 윌슨에 반하는 고립주의 외교정책을 강변하는 핵심인물로 떠올랐다.

윌슨은 마지막 각료 회의에서 대통령 퇴임 후 계획에 대한 질문을 받았다. 그가 "전직 대통령들에게 어떻게 행동할 것인가를 가르치려고 합니다."라고 대답했다.

그런 다음 이 연로한 교육자는 또 이렇게 덧붙였다.

"그렇지만 제가 매우 참기 어려운 일이 하나 있을 것입니다. 그건 하딩* 씨의 영어입니다."

*워런 하딩. 윌슨의 후임 제29대 대통령.

윌슨은 외국어를 하지 않았다. 윌슨이 설명했다. "영어를 제대로 아는 것만으로도 일생이 매우 바빠서 다른 어떤 것을 할 시간이 없었습니다."

'베르사유 평화회담'에서 윌슨은 소용돌이 같은 유럽의 논쟁에 빨려들어갔다. 어느 때인가 프랑스의 클레망소Clemenceau 수상이 패전 독일에 혹독한 처벌을 주장했다. 막대한 전쟁 배상금과 패전국을 위한 세금 등이 포함돼 있었다. 윌슨은 이 모든 것에 꿋꿋하게 반대했다. 그러자 클레망소는 이렇게 말했다.

"당신은 〔강철 심장heart of steel〕입니다."

윌슨이 반박했다.

"하지만 저는 〔도둑놈 심보heart to steal〕는 없습니다."

윌슨은 소인들lesser minds에 대한 경멸감을 거의 숨기려고 하지 않았다. 윌슨은 장로교회 목사였던 아버지로부터 명확하게 생각하고 말하는 법을 배웠다. 윌슨은 "목표를 향해 똑바로 말하라"고 들었다. 윌슨은 자신이 주창한 국제연맹League of Nations에 반대하는 상원의원들에 대해 이렇게 말했다. 언젠가는 "헛바람과 가스로 가득차서, 가두어만 놓으면 뚜껑이 열리는 순간 불을 붙이지 않아도 터져버릴 겁니다…. 이 신사들은 원 주위를 빙빙 돌면서 어딘가를 향해 가고 있다고 생각할 뿐 어디에도 도착하지 못하는 소인들의 불쌍한 마음을 지녔습니다. 나는 이들의 어리석음을 묘사할 수 있는 적합한 용어를 찾기 위해 사전을 다시 찾아보려고 합니다."

윌슨의 숙적 헨리 캐벗 로지는 매사추세츠의 뻣뻣한 귀족가문 출신으로 정치학 교수Scholar in Politics로 통하는 것을 좋아했다. 로지는 윌슨을 경멸했고 외교문서 작성, 심지어 윌슨의 "우드로 스타일Woodrovian style"도 경멸했다. 로지가 우드로 스타일에 대해 단언했다.

"프린스턴대에서는 충분히 괜찮을지 모르지만, 하버드대에서는 검열을 통과하지 못한다."*

*윌슨은 프린스턴대학교 출신, 로지는 하버드대학교 출신이다.

윌슨은 대중과 접촉하는 현대적 방식, 특히 몇 주를 정해 놓고 특별한 운동을 벌이는 관행이 계속 늘어나는 것을 달가워하지 않았다. 예를 들면 동물에 친절하기 주, 청소하기 주, 더 나은 집 만들기 주, 전국 공기정화 주 등이다. 실제로 윌슨은 이렇게 말했다.

"사람들이 '자기 일에만 신경 쓰도록 하는 주'가 정해져야 합니다."

1919년 뇌졸중 이후 윌슨은 환자가 됐다. 적대적인 의원들은 윌슨의 부인이 국가를 통치하는 게 아닌가 하고 의심했다. 뉴멕시코의 앨버트 펄Albert B. Fall 상원의원은 "여인 천하다!"\* 라고 선언했다. 그의 논리를 테스트하기 위해 펄은 동료 의원단과 함께 백악관을 찾아갔다. 거기서 그들은 침대에 누워 있는 대통령을 만났다. 대통령은 병들었으나 쇠약한 것과는 거리가 멀었다.

사실 윌슨이 너무 원기 왕성해 보이자 앨버트 펄은 안정감을 잃고 중얼거렸다.

"대통령님, 당신을 위해 기도하고 있습니다."

"어떤 쪽으로 말입니까, 상원의원님?"\*\* 윌슨은 껄껄 웃었다.

\*We have petticoat government!: 페티코트는 여자의 속옷으로, 스커트 밑에 받쳐 입는 속치마. 페티코트 거버먼트(petticoat government)는 여성이 실권을 잡고 있는 정치로 여성 정치, 여인 천하를 뜻한다. 윌슨의 두 번째 부인 에디스는 윌슨이 쓰러진 뒤 대통령 직무를 6개월간 대신한 여성이다.
\*\*좋은 쪽인지, 나쁜 쪽인지를 묻는 농담.

★

죽음이 임박해서, 윌슨은 유동식 영양분만 약간 섭취했고, 그마저 제대로 먹지 못했다. 윌슨은 또 하나의 리머릭limerrick을 만들었다.

> 펠리컨은 훌륭한 새,
> 그의 부리는 배의 용량보다 많이 머금는다네.
> 그는 부리 속에
> 일주일치의 충분한 식량을 간직한다네.
> 도대체 어떻게 그럴 수 있는지 알 수만 있다면.

윌슨이 병을 앓고 있을 때였다. 언젠가 의사 한 명이 윌슨을 면도해주면 그가 편안해할지도 모른다는 제안을 내놨다. 실제로 윌슨이 듣기로도 옛날에는 의사들이 이발사였다.

윌슨이 말했다. "그리고 아직도 그들은 야만적이죠."

# 11

## 제임스 가필드
### James Garfield

★

젊어서 오하이오Ohio 학교 교사였던 가필드는 교실의 그치지 않는 "쿵당" 소리가 불안했다.

"내 주변에서 그렇게 많고 작은 소동들이 벌어지면 정말 뱃속까지 참기 힘듭니다." 그는 심지어 그의 좌절감을 축약한 운문을 쓰기도 했다.

> 사람들이 추구한 모든 일 중에서
> 시골 선생님의 일보다
> 더 난감한 일은 없었네.
> 그것은 모든 면에서 가장 짜증나네.

★

전형적 자수성가형 인간이었던 가필드는 경험에서 우러나온 말을 했다. "1파운드의 용기는 1톤의 행운의 가치가 있습니다."

1854년 가필드는 매사추세츠 서부의 윌리엄스대학Williams College에서 입학 허가를 받았다. 거기서 그는 카리스마 넘치는 마크 홉킨스Mark Hopkins 총장에 매료됐다. 몇 년 후, 그는 이렇게 주장했다.

"이상적인 대학이란 통나무 한쪽 끝에는 마크 홉킨스, 다른 한쪽 끝에는 학생들이 앉아있는 것이다." 학교에 마음의 빚을 갚은 것이다.

가필드는 언젠가 "나는 싫어하는 데는 능숙하지 않습니다."라고 인정했다. 재건시대\*를 맞아 사람들의 감정이 고조됐을 때 가필드 의원이 친구에게 말했다.

"두 가지 일을 하고 싶습니다. 급진적이면서도 바보가 되지 않는 것입니다.\*\* 이게 제 주변에 펼쳐져 있는 사례들을 통해 판단해보자면 보통 어려운 일이 아닙니다."

\*Reconstruction(1865-1877): 남북전쟁이 종결된 1865년 무렵부터 (남부에 재건 임무를 띠고 파견되었던 연방군대가 철수하게 되면서) 전후 재건 계획이 마무리되는 1877년까지를 미국사에서는 재건시대라 부른다. 이 시기는 전쟁으로

초토화된 남부를 어떻게 "재건"할 것인가의 문제, 해방된 과거 노예들의 자립 및 공민권과 관련한 문제, 연방으로부터 탈퇴했던 남부연합 각 주늘늘 어떤 방식으로 다시 연방에 재가입시킬 것인가의 문제 등을 둘러싼 논쟁과 각종 실험이 이루어진 시기이다.

**be a radical and not be a fool: 근본 틀을 바꾸려면 아무래도 기존 사고방식 갖고는 안 될 때가 많은데, 그렇다고 상식을 마구 무시하면 바보가 되기 십상이라는 취지.

아울러, 가필드는 앤드루 존슨* 대통령이 미쳤거나 아니면 마약에 취했다고 일찌감치 확신하게 됐다. 그는 존슨이 의회를 장악하고 전장에서 거둔 승리를 무효화하기 위해 남부 저항군 및 남부 편인 북부 사람과 연합할까 우려했다.

가필드는 말했다. "그렇다면 자유의 불행, 공공의 부채."

*제17대 대통령(민주당). 인사 관련법 문제로 의회와 맞서 탄핵재판에 회부됐으나 기각됐다.

통화를 팽창시켜 정통 재무론을 무시하려는 사람들을 가필드는 거의 인정하지 않았다. 가필드는 지폐를 혐오해 "정부의 인쇄된 거짓말"이라고 불렀다. 물론, 금본위제로 돌아가면 어떤 일시적인 고통이 따를 것이다. 하지만 그 반대를 생각해보라.

가필드가 가정한 이야기다.

"한 남자의 손이 산산이 부서졌습니다. 손을 절단해야 합니다, 아니면 그는 죽습니다. 의사가 그의 피부에 칼을 대는 순간 그가 어린애처럼 웅얼거리며 웁니다. '자르지 마세요! 칼 치우세요.' 순환의 자연법칙은 곧 절단됐습니다.*"

> *The natural laws of circulation were amputated by and by: 금융 시스템에 수술을 하지 않아 자연스런 통화유통 질서가 깨졌다는 비유.

가필드는 강조했다. "정직이 최선의 정책입니다. 심지어 의원 선거에 나설 때도 그렇습니다."

독립성이 강한 가필드는 자신이 정치적 실험을 하고 있다고 여겼다. "한 인간이 자신의 신념을 생각하고 말할 수 있는지를 알아보겠다"는 것이다. 그는 무심하게 덧붙였다.

"만약 실패할 경우에도… 세상은 넓고 우리는 자유롭다."

가필드의 가장 친한 친구 중 한 명인 제레미아 블랙Jeremiah Black도 매우 희한한 사람이었다. 블랙은 앤드루 존슨이 탄핵됐을 때 그를 변호했다. 전쟁 전 그는 뷰캐넌 행정부에서 검찰총장으로 일했다. 무엇보다 블랙은 완고한 민주당 지지자였다. 그는 왜 공화당원이 안 됐느냐는 물음에 이렇게 대답했다.

"나는 지옥을 믿습니다."

★

가필드가 개인적으로 당파적 본능이 없었다고 말할 수는 없다. 1866년 선거 유세에서 그는 존슨 대통령과 그의 편들을 이렇게 비난했다.

"씻지 않고, 기름 부음을 받지 않고, 용서받지 못하고, 회개하지 않고, 교수형을 당하지 않은 남부의 저항군들."

가필드는 '누가 민주당원인가'라고 물었다.

"모든 저항 게릴라, 약탈자, 캐나다로 간 모든 징집기피자, 입대 장려금만 받고 그냥 가버린 병사, 탈주병, 위험에서 도망치고 깃발을 모욕하는 모든 겁쟁이 얌체, 노예제를 좋아하고 자유를 혐오하는 모든 남자들, 충성스런 포트 필로우의 흑인\*이나 충성스런 뉴올리언스의 백인들 학살을 방조했던 모든 남자들, 모든 골든서클기사단원,\*\* 북쪽의 증기선과 호텔들을 불태우는 데 도움을 줬던 모든 방화범들, 그리고 이름이 뭐든 범죄가 뭐든 정의보다 권력을, 자유보다 노예제를 더 사랑하는 모든 악당들, 그들이 민주당원이고 앤드루 존슨의 지지자다."

\*Negroes at Fort Pillow: 포트 필로우는 테네시주 멤피스 북쪽 요새. 남북전쟁 기간인 1864년 포트 필로우를 지키던 흑인 병사들이 남부 병사들에 의해 대거 학살당한 사건.
\*\*Knight of the Golden Circle: 남부연합에 동조적이었던 비밀단체.

★

가필드는 존슨을 혐오했지만 탄핵에 대해서는 감정이 미지근했다. 우선 존슨에 대한 상원의 심판은 결코 드라마틱하지 않았다.

가필드는 불평했다.

"우리는 일주일 내내 말의 개울에 무릎까지 잠긴 채 말, 말, 말 속을 헤쳐나왔습니다. 그리고 안개가 자욱한 말의 개울을 이제 반 조금 더 지나왔습니다."

이후 마치 탄핵 절차의 미래를 미리 보기라도 하는 듯 가필드는 예상했다.

"만약 가장 강경한 우리의 탄핵론자 몇 명에게 연설하고 패배하거나, 아니면 조용히 해서 이기거나 하는 선택이 주어진다면, 그들은 즉각 듣고 싶어하지도 않는 청중들을 상대로 6시간 연설을 하기로 결정할 것입니다."

수사학이 꽃피는 시대에, 가필드는 흥분시키기보다는 설득하는 데 더 노력을 기울였다. 가필드는 이렇게 선언했다.

"웅변의 시대는 지났습니다. 신문, 팸플릿, 그리고 책이 웅변의 시대를 몰아냈습니다. 오직 솔직담백하게 얘기하는 것—인쇄될 수 있는 주장과 사실을—이야말로 더 위대한 가치가 되었습니다."

그 시대의 다른 정치인과 마찬가지로 가필드도 공직 희망자들의 끊임없는 압력에 분개했다. 가필드가 말하길, "의원이란, 어느 공공장소에서도 들끓고 귀퉁이 귀퉁이마다 여러분을 만나고 노상강도가 총을 들이대듯이 당신 얼굴에 이력서들을 던지는" 그런 해충*들의 표적에 불과하다.

*공직 희망자들을 해충에 비유.

1872년, 그랜트의 대통령직 수행에 불만을 품은 진보적 공화당원들이 신문 편집인 호레이스 그릴리*의 주변에 몰려들었다. 그릴리는 곧 정치적으로 실패작임이 드러났다.

"그 운동은 혁명적이었습니다." 가필드는 비꼬았다. "그러나 그 혁명은 후퇴했습니다."

가필드는 개혁 운동이 그릴리 같은 기수와 함께 마무리되는 것을 보고, 물고기 꼬리로 이야기가 끝난 "아름다운 여인"** 동화를 연상했다.

"나는 말할 수 있습니다. 그랜트는 후보로 지명되기에는 적합하지 않은 사람입니다. 그리고 그릴리는 당선되기에 적합하지 않은 사람입니다."

*Horace Greeley(1811-1872): 언론인에서 정치인으로 변신. 개혁지향적 〈뉴욕 트리뷴〉 창간. 1872년 대통령 선거에 출마했으나 실패하고 그해 말에 숨졌다.
**인어공주. 대통령이 되지 못한 그릴리의 변신과정이, 결국 사랑을 얻지 못한 인어공주 이야기와 비슷한가?

가필드는 인플레이션에 맞서는 데는 늘 완강했지만, 서부의 토지 균분론자와 전선을 유지하는 일에서는 절망했다.

가필드는 "정신병원 환자들에게 재정에 관해 얘기하는 것이나, 현재 하원의 입장이 달라지길 기대하는 것이나 마찬가지"라고 중얼거렸다. 다른 의원들은 대중들의 아우성에 부응하게 내버려두라.

"나는 구구단처럼 확실한 진실에 반대해서 투표하지 않겠다." 가필드는 버텼다.

정치가 거의 참을 수 없는 지경에 이르자, 가필드는 독서에 빠졌다. 그는 동시대 소설보다 특히 제인 오스틴\*의 작품을 좋아했다. 가필드는 이례적인 예지력으로 압축 평가했다.

"오늘날 소설은 센세이션으로 많은 양념이 쳐져 있습니다. 삶의 속도가 빨라지고 불안감이 커지는 일반적 경향, 그리고 우리 시대 생활과 사고방식에 일반적으로 스며든 것처럼 보이는 성급한 성품 등에서 비롯된 것이 아닌가 하고 저는 의심하고 있습니다."

\*Jane Austin(1775-1817): 영국의 소설가. 중산 계층의 일상생활을 주제로 유머와 풍자로 가득찬 작품을 썼다. ≪오만과 편견≫, ≪이성과 감성≫, ≪설득≫ 등이 있다.

가필드는 예산 규모를 상당히 절감해 자랑스러워했다. 그러자 민주당의 한 지도급 반대론자는 가필드가 내세운 경제적 공로를 시적으로 조롱했다.

> 신의 맷돌은 비록 천천히 돌아도
> 그 맷돌들은 여전히 매우 잘게 갈아내네.
> 그러나 당신 위원회의 맷돌은
> 전혀 갈아내는 것이 없네.

만만치않았던 재선운동 기간, 가필드는 토론 신청을 물리치며 이렇게 말했다. "상대방은 상대방 청중을 모으면 되고, 나는 내 청중을 모으면 됩니다."

그렇지만 선거전이 삐걱거리며 진행되면서 가필드도 가만있지만은 않았다. 한번은 특히 상대방을 혹독하게 비난한 후 가필드가 말했다.

"내가 떠나고 나면, 자기가 죽이 됐는지 코가 됐는지 알 수 있을까 의심스럽습니다."*

---

*I doubt if he knew, when I left him, whether he was hash or jelly : 으깨져 있는 해시hash인지 물렁물렁한 젤리jelly인지 정도의 감. 상대방을 어리 둥절하게 만들 만큼 연설 솜씨가 뛰어나다고 가필드는 자랑하고 있다.

가필드도 다른 많은 중년 남자들처럼 시간의 무게를 느꼈다. 가필드는 "태어난 날은 한때 인생의 '이정표milestone' 처럼 보였으나, 지금은 오로지 '묘비tombstone' 를 닮았을 뿐"이라고 말했다.

가필드가 하원의원 시절, 그의 자리를 대체하려고 열심이었던 한 공화당 라이벌이 유권자 140명의 서명을 받아 청원서를 제출했다. 유권자들은 "자리가 주인을 찾아야 할 때when the office ought to seek the man가 왔다"고 그 후보에 동의했다. 즉각 가필드가 비틀어 말했다.

"이 선언처럼, 노스웨이 씨는 그 자리에 자신을 주인으로 찾을 기회를 주기 위해 지역구를 돌아다니고 있습니다."

가필드는 언젠가 이렇게 말했다. "오래전에 제 뇌 속에 대통령병이 자리 잡는 것을 결코 허용하지 않겠다고 결심했습니다. 그것은 자기 자신이 평화를 얻기 위해 열망해서는 안 되는, 이 나라에 단 하나뿐인 자리라고 생각합니다."

가필드가 이렇게까지 말했으나, 오하이오 출신 존 셔먼John

Sherman 상원의원의 친구들이 자신을 비난하는 것은 어쩔 수 없었다. 가필드가 1880년 셔먼을 대통령 후보로 지지하겠다고 약속했는데, 그의 당선을 위해 열심히 뛰지 않았다는 것이다.

가필드는 링컨 이야기를 하나 소개하며 응수했다. 한 소년이 진흙으로 교회를 만드는 장면이었다.

"목사님도 만들지 그러니?" 링컨이 물었다.

소년이 대답했다. "아이쿠, 진흙이 충분치 않아요."

"오하이오 고드름Ohio Icicle" 셔먼을 유력한 후보로 만드는 데 가필드는 분명히 진흙이 충분하지 않았다.

가필드는 대통령 후보로 지명되자마자 동료였던 오하이오 출신의 러더퍼드 헤이스 대통령의 호의적인 충고를 들었다.

선거전에서 공화당 후보는 균형을 잃지 않기 위해 연설을 삼가야 한다고 했다. 또 더 좋은 것은 "다리를 꼬고 앉아 선거가 끝난 이후에도 현명하게 보여야 한다"는 것이다. 무엇보다 가필드는 "절대적이고 확실하게 잉크 스탠드와 결별해서 … [모르는 사람에게], 또는 [정치에 대해서는] 어느 누구에게도 [편지를 쓰지 말아야 한다]"는 것이었다.

★

가필드는 당선 후 각료들을 선발해야 했다. 원래 그는 최소한 남부 인사 한 명을 포함시켜 전국적인 결속력을 제고시키길 기대했다. 이 작업이 간단한 일이 아니었다.

"하나씩 하나씩 저의 남부 장미들이 사라져 갔습니다."

대통령 당선자는 "북부 기후를 견뎌낼 목련꽃"을 찾는 데 낭패감을 느끼며 한숨을 내쉬었다.

그랜트는 제임스 가필드의 개혁 정책에 반대했다. 가필드는 '확고부동Stalwarts' 이라고 알려진 그랜트계 인사의 등용을 거부했다. 그랜트는 "가필드가 지렁이 등뼈도 갖추지 못했다는 것을 보여줬다"고 불평했다. 분란이 거세지면서 한 상원의원은 가필드를 호저\*, 러더퍼드 헤이스를 비둘기에 비교했다. 가필드로서는 미안해하지 않았다. 그는 내뱉었다.

"대통령이 정부 수반인지, 아니면 상원의 등록서기registering clerk of the Senate인지 알려지는 게 더 낫습니다."

\*porcupine : 몸에 길고 뻣뻣한 가시털이 덮여 있는동물.

전직 교수에 걸맞게 가필드는 3,000권 소장 규모의 도서관을 백악관에 설치했다. 집무 압력으로부터 기분도 전환할 겸 그는 라튀 송시를 번역하고 테니슨과 셰익스피어의 시를 즐겼다. 그러나 그는 여전히 펜실베이니아 애비뉴<sup>백악관과 의회 의사당을 잇는 도로</sup>에 늘어 선 공직 희망자 무리에서 벗어날 수 없는 처지였다.

대통령의 친구 한 명이 말했다.

"백악관 복도가 '먹이를 나눠줄 때 동물들이 내는 소리'로 메아리친다."

★

가필드는 자신을 괴롭힌 공직 희망자들을 깔끔하게 규정했다. "그들은 말 한 마리를 달라고 입을 엽니다. 하지만 파리 한 마리에 기꺼이 완벽하게 타협합니다."

★

가필드는 암살자의 총탄에 상처를 입고 나서 수 주일을 더 견뎠다. 그러나 임종 침대에서도 그는 한두 가지 별난 유머를 할 수 있었다.

어느 날 그는 연필과 클립보드를 요청한 뒤 자신의 이름을 휘갈기고 그 밑에 라틴 어구로, Strangultanus pro Republica ― "공화국을 위해 고문당하다Tortured for the Republic"라고 썼다.

또 다른 이야기―그의 기분은 결코 "활짝 갬"이 아니었다. 석회수와 오트밀*로 이뤄진 그의 식단을 고려할 때 그럴만했다.

위대한 인디언 '앉아있는 소'**가 포로가 돼 굶고 있다는 소식을 듣고 가필드는 곧바로 말했다.

"굶게 내버려두세요."

잠시 시간이 흐른 뒤 가필드는 더 짓궂은 생각을 했다. 가필드는 이렇게 말했다.

"오, 아닙니다. 제 오트밀을 보내세요."

*oatmeal: 귀리가루로 만든 식품. 옛날에는 말 먹이로 쓰였다고 한다.
**Sitting Bull: 인디언 부족장. 1876년 유명한 커스터 장군의 제7기병대를 전멸시켰다.

★

# 평균보다는 더 재미있는 대통령
## Funnier Than the Average President

# 12

## 조지 H. W. 부시
### George H. W. Bush

부시는 일찍이 1966년 첫 의원선거를 치르면서, 사람들이 정치인을 획일적으로 분류하는 것*에 불쾌감을 내비쳤다. 부시는 말했다.

"라벨label은 깡통에 붙이는 것입니다."

*Political pigeonholing: 정치인들을 비둘기집처럼 작은 단위로 분류해서 규정짓는 행위. 예를 들어 ㅇㅇㅇ 의원은 보수주의자, ㅇㅇㅇ 의원은 진보주의자 등.

1988년 공화당 전당대회에서 부시는 유명한 '신규세금 그만No New Taxes'을 공약했다. 2년 후 그는 방침을 바꿨다. 적자 축소를 위해 마지못해 증세를 수용한 것이다. 정치적 화약고를 건드린 것 같았다. 그런데 대통령은 문제를 회화화해 사태를 더욱 악화시켰다. 부시가 아침 조깅 때 기자들과 마주쳤다.

그는 엉덩이를 가리키며 불쑥 내뱉었다.

"엉덩이를 잘 보세요Read my hips." *

*부시는 대통령 후보 지명 연설에서 증세하지 않겠다는 단호한 결심을 밝히며 "제 입술을 잘 보십시오Read My lips"라는 유명한 말을 남겼다. 결국 부시는 약속을 어기게 됐고, 운동장에서 추궁하는 기자들을 만나자 'Read My lips'를 비틀어 "엉덩이를 잘 보세요"라고 말하고는 계속 달렸다는 얘기다.

1988년 대통령후보 지명 수락 연설에서 부시는 웅변술이 부족하다는 점을 인정하면서도 비판론자들에게 이렇게 한마디 했다.

"웅변 실력이 좋다고 땅에서 석유를 캐낼 수 없다는 것쯤은 일찍이 배워 알고 있습니다."

부시는 한층 더 유머러스한 분위기로 상대를 편하게 해주겠다고 다짐했다.

"오늘 밤은 제 카리스마를 자제하겠습니다."

선거운동 중 부시는 또 자신의 귀족 혈통에 대해 농담했다. 언젠가 부시는 메이플라워호가 플리머스로 가는 도중 잠시 항해를 멈췄을 때 엘리스섬*에 상륙했다고 주장했다.

"우리 선조들은 블루밍데일스**의 쇼핑 가방을 흔들던 사람들입니다."

*Ellis Island: 뉴욕만에 있는 섬. 유럽에서 오는 이민자들의 관문 역할을 했다.
**Bloomingdale's: 뉴욕의 최고급 백화점. 메이플라워호는 1620년 아메리카에 도착했다. 블루밍데일스가 있을 리가 없으나 부시 가문이 고급스럽게 살았다고 익살을 부렸다.

대중설득 솜씨에서 부시는 자주 전임자*의 그늘에 가리는 것 같았다. (그의 심정을 안다. 우리 중 누구도 '위대한 소통자'라고 불리지 않았다.) 부시는 말했다. "영어의 유창함으로 치면 저도 자주 지적당하지는 않습니다."

*로널드 레이건 대통령.

부시는 자신의 독특한 어법을 농담 소재로 삼았는데, 그것이 득이 되기도 했다. 경기 후퇴recession 와중에, 부시는 설명했다.

"우리는 지금 한가한 시기sluggish times를 즐기고 있습니다. 그러나 아주 많이 즐기는 것은 아닙니다."

낙관론자인 부시는 미래를 암울하게 보는 전망을 수용하려 하지 않았다. 부시는 "누군가가 미국의 황금기가 지나가버렸다고 말한다면, 그들은 잘못 보고 있는 것입니다."라고 말했다.

1992년 국정 연설을 시작하면서, 부시는 자신의 연설 실력에 대해 농담했다. "저는 이 연설에 최고의 기대를 갖고 있고, 이 연설이 크게 성공하기를 바랍니다." 부시는 또 이렇게 말했다.

"그렇지만 바바라\*에게 하라고 설득은 못 시켰습니다."

\*Barbara: 부시의 부인. 인기가 높았다. 부시 대통령 대신에 바바라가 연설을 했으면 크게 성공했을 것이라는 말.

★

제럴드 가드너Gerald Gardner는 자신의 저서 ≪선거운동 코미디: 클린턴부터 케네디까지 정치유머Campaign Comedy: Political Humor From Clinton to Kennedy≫에서, 클린턴의 1992년 경제프로그램을 겨냥하는 촌철살인의 김 빼기 어록을 비중 있게 소개했다. 부시 측에서 써먹지는 않은 것들이다….

"클린턴 주지사의 경제계획은 제게 '브로콜리경제broccoli economics' 처럼 보입니다. 듣기에는 그럴듯한데, 그대로 삼키기는 힘듭니다."

"대통령은 '최고 사령관commander in chief'이지 '최고 계산가calculator in chief'는 아닙니다."

"당신은 납세자의 지갑을 곧 입안에 집어넣을 또 하나의 치즈버거처럼 바라보는군요."

부시의 선거 연설에는 다음과 같은 내용이 포함됐는데 정곡을 찌른 것으로 성가를 높였다.

"빌 클린턴은 계속 [변화change]에 대해 말합니다. 그러나 그의 경제정책이 집행되면 당신 지갑에 남는 것은 [잔돈change]뿐일 것입니다."

부시 대통령은 재선에 실패한 후, 망연자실해 있던 1945년의 윈스턴 처칠*을 떠올렸다. 당시 처칠은 "구두 훈장을 받았다"**고 말했다. 부시는 "오늘 내가 처한 것과 정확히 똑같은 처지"라고 말했다.***

*Winston Churchill(1874-1965): 제2차 세계대전을 승리로 이끈 영국 정치가. 유럽전선 종전 후 실시된 선거에서 졌다.
**order of the boot: 해임장. order는 훈장을, boot는 해고장을 말한다.
***부시는 걸프전을 승리로 이끌었으나 선거에서 졌다.

한 졸업식 연설에서, 부시 전 대통령은 금본위제에 대해 30분을 말한 뒤, 또 연방준비제도 이사회에 관해서 거의 45분을 이야기할 참이었다. 그런 다음에야 부시는 빌리 그레이엄 목사가 한 이야기가 생각나 연설을 그쳤다. 장광설을 늘어놓는 연사에 관한 내용이었다. 그 연사의 연설은 주절주절 끊임없이 계속됐는데, 헤드 테이블에 앉아있던 한 남자가 신발 한 짝을 집어들어 연사의 연단에 던졌다. 신발은 목표를 벗어나, 대신 맨 앞줄에 있던 여성에 맞았다. 그 여성이 말했다.

"나 좀 다시 한 번 맞춰주세요 Hit me again. 아직도 그 사람이 말하는 게 들립니다."

★

# 13

## 윌리엄 하워드 태프트
### William Howard Taft

★

대통령으로서 태프트의 앞길은 처음부터 순탄치 않을 조짐이 보였다. 1909년 3월, 날씨가 매서워 취임식 장소가 실내로 옮겨졌다. 1985년 로널드 레이건의 두 번째 임기 취임식까지, 이렇게 관례에서 벗어나는 일은 다시 없었다.

태프트는 그날 아침 퇴임하는 대통령 시어도어 루스벨트와 함께 식사하면서, 자신의 대통령 취임에 대해 겸허하게 말했다. 그는 "자연마저도 저항하는 군요"라고 껄껄거렸다. 태프트는 한참 후에 또 이렇게 말했다. "제가 미합중국 대통령이 되는 날은 추운 날이 될 것이라고 늘 생각하고 있었습니다."

★

태프트는 대통령으로서 평소 아쉬움을 나타낼 일이 있을 때 은근슬쩍 여행하고 싶은 심정을 드러냈다. 그는 한번은 이렇게 말했다.

"대통령의 주요 업무는 박람회와 전시회의 입장 수익을 높이고 관광객을 도시 안으로 끌어들이는 일입니다."

정치적으로 서툴렀던 태프트는 계산이 빠르기보다는 솔직하게 자신을 드러내는 편이었다. 1908년 초 그는 "일이 없어 굶고 있는 사람은 무엇을 해야 합니까?"라는 질문을 받았다.

"누가 알겠습니까?" 태프트가 대답했다. "저는 모릅니다."

태프트의 이런 측면은 분명히 유전적 결함이었다.

한참 후 태프트의 아들 로버트\*는 고물가와 전후 육류 부족 사태에 대한 해결책을 찾느라 압박받고 있었다.

로버트가 말했다.

"덜 먹으라고 하십시오."

그 아버지에 그 아들이었다.

\*Robert Alphonso Taft(1889-1953): 로버트 태프트 상원의원. 윌리엄 태프트 대통령의 아들이다. 공화당 상원 원내총무가 되어 아이젠하워 대통령에 협력하였다. 1947년 태프트-하틀리법(노사관계법) 입법화에 노력하였다.

★

Funnier Than the Average President • 평균보다는 더 재미있는 대통령

백악관에서 태프트는 의사 결정을 연기시키는 것으로 이름이 높아졌다. 윌리엄 제닝스 브라이언은 그를 "위대한 연기자Great Postponer"라고 칭했다.

★

태프트가 친구로 여기는 사람들 중에 백만장자 철도 로비스트에서 상원의원이 된 촌시 데퓨Chauncey Depew가 있었다. 예의 없는 데퓨가 한번은 뚱뚱한 대통령에게 다가가 배에 손을 대고 물었다. "애가 태어나면 이름은 뭐라고 지을 거죠?"

그런 무례함에 동요하지 않고 태프트는 바로 응답했다.

"아들이면 윌리엄William, 태프트의 이름이라고 할 겁니다. 만약 딸이면 시어도라*라고 할 겁니다. 하지만 그게 그저 바람wind으로 판명되면 '촌시'라고 부를 겁니다."

*Theodora: 전임 시어도어 대통령의 여성형 이름.

★

1912년 시카고에서 열린 공화당 전당대회는 태프트 지지자와 전임 대통령 시어도어 루스벨트 충성파로 심하게 분열됐다. 태프트 지지자들은 광고용 전단을 인쇄했다.

월요일 저녁 7시 30분에 '루스벨트 대령'이 미시간 호수의 물 위를 걸을 것이라고 주장하는 내용이었다.

*루스벨트가 인간의 능력으로 불가능한 주장을 하고 있다는 흑색선전. 성경(마태복음 14장)에 갈릴리 호수 위를 걸었던 예수의 기적 이야기가 나온다.

태프트는 대통령직 집무 첫날부터 기분이 좋지 않았다. 금방 진부한 일과에 싫증이 났다. "다른 사람들이 말하는 것을 그냥 듣는 것이 대통령의 직무 같아 보였습니다."라고 불평했다.

태프트는, 남자들은 모두 다르지만 남편들은 모두 똑같다는 옛말을 인용했다. "의원들에 관해서도 같은 말을 변형해서 할 수 있습니다. 의원들은 모두 다릅니다." 태프트는 말했다. "그렇지만 행정부에 반대할 때는 자세나 발언에서 매우 똑같습니다."

태프트의 군사 보좌관인 아치발드 버트Archibald Butt 대령은, 태프트의 음악적 감수성이 너무 부족해서 밴드가 〈성조기여 영원하라〉*를 연주할 때마다 대통령을 쿡쿡 찔러 기립토록 해야 했다고 전했다.

*The Star Spangled Banner: 미국 국가.

★

태프트는 식사 후에는 매번 졸아서 보좌관들을 자주 난처하게 만들었다. 그의 부인은 그에게 '잠자는 미녀'*라는 별명을 붙였다. 그렇게 낮잠을 자고 깨어난 이 350파운드의 대통령에게 한 의원이 말했다.

"대통령님, 당신은 제가 정치 경험을 통틀어 완전히 잠재운 최대 청중**입니다."

태프트가 백악관 빅터축음기Victrola로 음악을 틀어 달라고 요청했던 각료 만찬 때 상황이 특히 난처했다. 첫 곡이 끝나기 전에 그는 편하게 잠들었다. 그는 잠시 깨서 두 번째 곡을 요청하고서는 다시 잠에 빠져들었다. 공직자들은 연주와 대통령이 크게 코고는 소리를 함께 감상해야 했다. 재무장관 맥베이Mac-Veagh는 지나치다고 여겼다. 그는 활기찬 행진곡을 틀면서 "죽은 사람 빼놓고는 누구라도 깰 것"이라고 장담했다.

태프트는 계속 잤다.

그러자 맥베이가 대통령 보좌관에게 말했다.

"사망한 게 틀림없군요."

*Sleeping Beauty: 유럽 전래동화 ≪잠자는 숲속의 미녀Sleeping Beauty≫.
**the target audience: 태프트의 큰 덩치를 비유해 청중 집단이라고 지칭.

★

덩치 크기로 유명한 대통령이 말했다. "최근에 전차streetcar에서 내 자리를 포기했습니다. 그랬더니 세 숙녀가 앉았습니다."

★

태프트가 한번은 기차 정거장에서 발이 묶였는데, 많은 승객이 탑승을 원해야만 기차가 정차한다는 것을 알게 됐다. 그는 기차 책임자에게 전보를 쳤다.

"힉스빌Hicksville에서 멈추십시오. '대승객'\*이 기차를 타기 위해 기다리고 있습니다."

\*Large Party: 일행이 많다는 뜻과 자신이 몸무게가 많이 나간다는 의미를 동시에 사용한 펀(pun).

★

태프트는 몸집이 큰 것에 대해서 겉으로는 의식하지 않는 것 같았고 쾌활해 보였다. 어느 날 밤 태프트 형제가 극장에 가서 앉았다. 태프트 대통령이 한마디 했다.

"호레이스, 이 극장에 불이 나면, 난 덩치 때문에 빠져나가지도 못하고 꼼짝없이 불이 붙고 말거야Horace, if this theater burns, it has got to burn around me."

★

Funnier Than the Average President • 평균보다는 더 재미있는 대통령

1912년 훨씬 전부터,* 태프트 대통령에 실망한 공화당원들은 대통령으로서 태프트를 압축해 묘사한 풍자 시인에 공감했다.

> 테디,** 집으로 와서 뿔나팔을 부세요.
> 양들은 초원에 있고, 소들은 옥수수밭에 있어요.
> 당신이 양을 돌보라고 맡긴 소년은 태프트 대통령
> 건초더미 밑에서 잠들어 있어요.

*태프트 대통령의 임기가 끝나는 시기로, 대통령 선거의 해. 태프트는 공화당 대통령 후보로 재지명되었다. 루스벨트는 태프트 반대파 공화당원을 이끌고 신당인 진보당을 조직하여 대통령에 출마한다.
**Teddy: 시어도어 루스벨트 전임 대통령의 애칭. 후임 태프트 대통령이 실망스러우니 돌아오라고 요청하는 내용이다.

1908년 대통령 선거와는 완전 딴판이었다. 당시 태프트는 윌리엄 제닝스 브라이언과 맞서 싸웠다. 한 공화당 상원의원이 "브라이언이 예전의 그 브라이언이었다고 믿을 수 없습니다."라고 말했다.

한 동료가 덧붙였다.

"아닙니다. 그는 원래부터 그랬습니다."

★

백악관 역사에서 태프트 행정부가 차지하는 위상에는 독특한 구석이 있다. 집에서 기르는 젖소 폴린Pauline 덕분이었다. 검소한 태프트 가족은 폴린에게서 짜내는 우유를 매우 높게 평가했다. 폴린은 그리다이언 클럽언론인 모임(217쪽 참조) 무대극의 소재가 되기도 했다. 그리다이언 클럽은 이 유순한 동물을 우호적으로 루스벨트의 테디 베어\*에 비교한 적도 있다. 클럽 부회장은 소를 갖고 무엇을 할 계획이냐는 질문을 받고 이렇게 대답했다.

"우유를 짤 것입니다. 젖소가 있으면 정치인들은 다 주인한테 우유 짜자고 합니다."

\*Teddy Bear: 테디 곰인형. 테디는 시어도어 루스벨트 대통령의 애칭이다. 1902년 미시시피로 곰사냥을 갔던 테디가 그곳에서 새끼 곰을 발견하고는 사냥을 포기하고 되돌아온 일이 있었다. 이 사실이 〈워싱턴포스트〉 기자에 의해 삽화와 함께 신문에 보도되었다. 그리고 뉴욕 브루클린의 장난감가게 주인이 전시한 인형에 루스벨트의 애칭인 "테디"라는 이름을 붙였다. 이것이 오늘날까지 인기있는 "테디 곰인형(테디 베어)"의 유래이다.

태프트가 백악관에서 보낸 4년은 언론의 기분 나쁜 비판 때문에 망가졌다. 태프트가 친구들에게 말했다.

"신문이 뭐라고 하든 걱정하지 마십시오. 내가 걱정하지 않는데, 왜 다른 사람들이 걱정해야 합니까? 저는 기자들에게 진실을 말했습니다. 그런데 여러분이 진실을 말하면, 기자들은 헷갈릴 겁니다."

시어도어 루스벨트는 '그의 한때 친구' 윌리엄 태프트를 "마음은 좋은데 마음이 약한 대통령"이라고 평가절하했다.

1912년 대통령 선거에서 패배한 지 얼마 안 돼, 태프트는 가시 돋친 고별사를 했다. 주제는 "우리는 전직 대통령과 무엇을 할 것인가?"였다. 태프트는 농담 삼아, [국가 최고직책의] 이전 점유자가 혹시 다시 돌아올 수 있다는 심각한 우려로부터 이 나라 국민을 보호할 방안으로 "클로로포chloroform · 마취성분름 일정량과 … 연꽃나무 열매lotus tree · 수면성분"를 제시했다.

태프트는 나아가 그 같은 결정적인 수단을 통해 전직 대통령은 "어떻게 자신과 가족을 지탱하고 역사적 위상을 정립해야 할지, 그리고 어떻게 국민을 새로운 사람들과 새로운 정책들에 인도해야 할지를 생각하는 부담에서" 해방될 수 있다고 말했다. 전직 대통령들이 직무상 상원의원이 돼야 한다는 몇 사람들의 제안에 대해, 태프트는 의아해했다.

"만일 망각 속으로 들어가 사라질 의향이라면, 저는 클로로포름이나 연꽃을 사용하는 편이 더 좋습니다. 그게 더 즐겁고 덜 오래 끕니다." 그는 껄껄거리며 말했다.

태프트는 대통령직에서 퇴임하는 것이 출감하는 것 같다고 말했다. 그는 퇴임 이후 어떻게 살려고 했는가? 예일대 법대에서 '자리chair'를 맡는 게 어떠냐는 제안을 받았을 때, 태프트는 자리는 적절치 않고, 그렇지만 대학 측이 법대 '소파sofa'*를 제안한다면 그건 괜찮을 것이라고 말했다.

*자신의 덩치가 크기 때문에 [chair]로는 좁을 것이라는 농담. 태프트는 역대 미국 대통령 가운데 가장 뚱뚱했다. 그의 임기가 끝나는 1912년에는 175㎏이라는 기록을 세웠다.

# 14

## 존 애덤스
### John Adams

존 애덤스는 완고하기가 자신이 소유한 퀸시* 농장의 돌멩이 많은 흙 같았다. 그는 인간성이 완벽할 수 있다는 환상은 거의 품지 않았다.

"사람들은 소망과 원하는 것 없이 살기보다는 자기 자신을 설득해 어떠한 부조리라도 믿고, 어떠한 매춘도 서슴지 않을 여러 가지 이유를 찾아낸다. 이성은 마침내 그들의 열정 편에 서서 열변을 토하는 옹호자가 된다. 그리고 그들은 저절로 검은 것을 희다고, 악을 선이라고, 어리석음을 현명함이라고, 영원을 순간이라고 믿게 된다"는 사실을 알게 된 것은 사실상 그의 인생에서 쓰라린 부분이었다.

*Quincy: 매사추세츠주에 있는 도시. 존 애덤스의 출생지이다.

뉴잉글랜드 사람들 중 일부는 그 지역이 인류에 공헌했다고 생각했다. 이 점에서 애덤스도 특별히 더 겸허하지는 않았다. 그는 말했다. "보스턴주민회의Boston Town Meetings와 하버드대가 우주를 움직이기 시작했습니다."

애덤스는 조국의 독립뿐 아니라 자신의 독립도 귀중하게 여겼다. 그는 이렇게 말했다. "저는 제가 정치인이 언제 됐다고 말하지 않습니다. 왜냐하면 저는 결코 정치인이었던 적이 없기 때문입니다."

조지 워싱턴이 요크타운에서 승리한 후, 애덤스의 친구들마저도 이 성격 까다로운 뉴잉글랜드인이 평화위원회Peace Commission에 참가했다는 소식에 마음이 편하지 않았다.

제퍼슨은 말했다.

"그는 프랭클린Franklin을 싫어했습니다. 그는 제이Jay를 싫어했고, 프랑스인을 싫어했고 영국인을 싫어했습니다. 그가 어느 편에 서겠습니까?"*

대답은 물론 미합중국이었다. 애덤스가 가족, 농장과 함께 사랑한 유일한 대상.

*애덤스는 토머스 제퍼슨 등과 함께 독립선언문 작성에 참여했으며, 파리에서 영국과 독립협상을 위해 벤저민 프랭클린, 존 제이(412쪽 참조)와 함께 협상대표로 참가해 1783년 미국독립을 영국으로부터 승인 받은 주역이었다.

애덤스는 종교적인 사람이었지만 다른 사람을 전도하려는 스타일은 아니었다. 애덤스가 아내 애비게일Abigale에게 말했다.

"나는 결코 신성에 대해서 글을 쓰거나 말하지 않습니다. 인간성만 해도 발휘하지 못한 채 지니고 있는 부분이 많습니다."

애덤스의 행정부 식구들까지도 대통령의 정치 선물*에 대해 문제를 제기했다. 애덤스의 전쟁부 장관인 제임스 매켄리James McHenry는 말했다.

"그가 악의로든, 장난기로든, 재치로든, 냉정하든, 술에 취하든, 맨정신이든, 화를 내든, 편하든, 뻐근하든, 질투하든, 조심하든, 자신이 있든, 마음이 닫혀있든, 마음이 열려있든, 어떻든 선물은 항상 잘못된 곳이나 잘못된 사람에게 갑니다."

*political gifts: 국기나 대통령 인형 등의 선물.

애덤스는 자기 연민이 강했고, 질투도 심했다. 애덤스는 미국 독립 후 한 친구에게 "나를 위해서는 결코 웅장한 묘, 동상, 기념비가 세워지지 않도록 할 겁니다"라고 말했다. 그는 또 한번은 미국의 독립투쟁 역사가 "한쪽 끝에서 다른 쪽 끝까지 계속된 거짓말이 될 것"이라며 이렇게 예측했다.

"프랭클린 박사의 전기봉이 대지를 때리고 워싱턴 장군이 벌떡 일어섰다는 것이 전체의 핵심이 될 것입니다. 프랭클린이 전기봉으로 워싱턴에게 전기를 통하게 한 다음 두 사람이 모든 정책, 협상, 입법, 전쟁 활동을 수행했다는 것입니다."

부통령이 되는 것은 결코 쉽지 않았다. 워싱턴의 그늘에 가려 있다고 상상해보라. 애덤스 부통령은 몹시 기분이 상했을 때에, 그의 위풍당당한 상관을 오래된 '양머리muttonhead · 얼간이'에 비유할 정도였던 것으로 알려졌다. 워싱턴의 특별한 지위는 어디에서 비롯되는가? 애덤스는 답을 안다고 생각했다.

우선 워싱턴은 키가 컸다. "다른 유대인들보다 머리 하나가 더 크다고 해서 선택된 유대 지도자와 마찬가지." 그리고 워싱턴이 버지니아 출생이라는 요소가 있다. "버지니아산 거위라면 모두 백조인 것처럼."

마지막으로 애덤스는 침묵할 때를 아는 워싱턴의 천재적 능력이 있다고 말했디. "보시다시피 제가 워싱턴의 재능을 10가지는 댔습니다. 읽기, 생각하기, 쓰기에 대해서는 한마디도 언급하지 않고 말입니다."*

> *Here you see I have made out ten talents without saying a word about reading, thinking, or writing: 두뇌의 명석함은 논외로 치고, 워싱턴이 특별한 지위를 얻는 이유가 많다는 것을 풍자하고 있다.

그럼에도 불구하고, 격이 떨어지는 정치인들과 비교하면 애덤스는 워싱턴을 확실하게 존경했다. 애덤스는 알렉산더 해밀튼 Alexander Hamilton을 "스코틀랜드 행상인의 후레자식"이라고 꼬리표를 붙였다. 대륙회의에서 애덤스는 존 디킨슨 John Dickinson을 "돈은 많고 천재성은 희귀하다"고 놀렸다. 애덤스와 같은 매사추세츠 출신의 또 다른 정치인은 "지저귀는 작고 예쁜 카나리아 새"로 치부됐다. 그는 은행을 농부와 근로자에 대한 귀족 성향의 적대자로 치부했다. 애덤스는 이렇게 말했다.

"종이 증서를 만들어내는 은행은 소매치기나 강도입니다."

애덤스는 18세기형 돈 리클스*로서, 기분 내키는 대로 모욕적 언사를 내뱉었다. 하여간에 애덤스가 해밀튼을 싫어하는 마음은 정말 철저했다. 애덤스는 이 전직 재무장관에 대해 말했다.

"복숭아 뿌리의 벌레처럼 뿌리를 갉아먹기 위해 어둠과 땅 밑에서 12년 동안 애를 썼고, 그동안 반연방주의자, 민주당 지지자들, 자코뱅들, 영국 상인에 빚진 채무자, 프랑스 고용인들의 도끼들이 항상 나무 밑동을 쳐댔어도 나무를 쓰러뜨리지는 못했습니다."

*Don Rickles(1926~2017): 미국의 전설적인 코미디언이자 배우. 독설가 스타일 '모욕 코미디'의 거장으로 대통령은 물론 어떤 명사도 그의 풍자와 조롱을 피해갈 수는 없었다.

애덤스에 대한 벤저민 프랭클린의 말이 유명하다. "애덤스는 항상 정직했고 자주 위대한 인물이었습니다. 하지만 그는 가끔 완전히 미쳐버렸습니다."

부통령의 아내로서, 애비게일 애덤스는 귀에 익은 불만을 토로했다. 그녀가 뉴욕에서 쓴 글이다.

"남성이건 여성이건 최상급에서 최하급까지 술을 마시지 않는 일꾼을 구하기는 거의 불가능합니다. 결국 제정신인 것처럼 보이는 안내원을 한 명 발견했습니다. 그런데 그는 보스턴 태생이었습니다."

★

1790년 가을 새 정부는 말뚝을 뽑고 뉴욕을 떠나 필라델피아로 향했다. 애덤스 가족은 새집 '부시 힐'*에 실망했다. 숲은 없었고, 단지 적합지 않은 창고와 골방 몇 개만이 있을 뿐이었다. 애덤스 부인은 맨해튼을 떠난 후, 평화롭게 펼쳐진 저지Jersey 지역의 밀밭과 문 앞의 웅대한 강을 특히 그리워했다.

"스쿨킬Schuylkill강은 허드슨Hudson강과 다릅니다." 애덤스 부인은 말했다. "내가 헤라클레스와 다른 만큼요."

*Bush Hill: 숲의 언덕이라는 뜻.

★

그 자신도 변호사였던 애덤스는, 동료 변호사들이 들어서 기분 좋지 않을 노래를 거리낌없이 자꾸 읊어댔다.

"당신은 왜 변호사들이 그렇게 많아졌는지 제게 묻지요.
비록 전국이 바가지를 썼지만fleeced*
그래도 괜찮을 거라고 제가 확신하는 그 이유는 충격적일 만큼 단순합니다.
양은 때때로 털이 깎이지만 그래도 양털은 다시 자라기 때문입니다."

* '양의 털을 벗기다'라는 뜻의 fleece는 '바가지 씌우다'라는 의미로도 통한다.

1800년 재선에 실패한 후 애덤스는 아들에게 말했다. "내가 인생을 다시 산다면, 미국 정치인보다 구두 제조공이 되겠다."

1801년 3월, 애덤스는 한때 친구였다가 매서운 정적으로 변한 토머스 제퍼슨의 대통령 취임식에 참석하지 않고 워싱턴을 뛰쳐나왔다.* 2주 후 퀸시에 도착한 그는 헛간에서 수백 대 분량의 해초를 발견했다. 애덤스는 생각해보니, "명예와 미덕을 … 퇴비와 잘 바꾼 셈"이었다고 썼다.

*애덤스(연방주의자)는 부통령이었던 제퍼슨(반영방주의자)과 그의 임기 4년 동안 극심하게 대립하였다. 1800년의 대통령 선거에서 재선에 실패한 애덤스는 대통령직을 제퍼슨에게 넘겨줬다.

애덤스가 친구에게 말했다. "굵은 빗방울이 한 남자에게 내릴 때 권태는 북동지방의 폭풍보다 더 나쁩니다. 그러나 농사일과 편지의 즐거움은 나를 보호합니다."

토머스 제퍼슨은 당과 대오를 이뤄나가자는 데 반대한 친구의 난호함을 존경했다. 제퍼슨은 애덤스가 "그를 만든 존재\*처럼 이해관계에서 벗어나 있다"고 말했다.

\*the being who made him: 신을 뜻하는 것 같다.

애덤스는 미국의 유럽전쟁 개입을 막기 위해 찰스 핑크니Charles C. Pinckney가 이끄는 외교사절단을 과감하게 영국에 파견했다. 많은 사람들이 이 조치에 반대했다. 어떤 사람은 대통령의 동기에 대해 저급하게 험담했다. 비판론자들은 핑크니의 진짜 목적이 자신과 백악관 후원자를 위해 여자 두 명씩을 데리고 오는 것이라고 소곤거렸다. 애덤스는 이런 얘기들을 심각하게 받아들이기에는 모두가 다 너무 우스꽝스럽다고 생각했다.

"내 명예를 걸고 선언한다."라고 대통령은 썼다. "이것이 사실이라면, 핑크니 장군이 내 여자 두 명을 빼앗아 전부 다 그가 데리고 있어야만 된다."

"대통령 집무실을 차지했던 그 누구도, 친구가 그 자리를 얻는 것을 축하하지 않습니다." 애덤스는 말했다. "대통령이라는 자리는 한 사람은 고마워할 줄 모르는 사람으로, 그리고 대통령이 수여할 수 있는 자리 하나하나 때문에 수백 명의 사람들을 적으로 만듭니다."

애덤스는 탐욕스런 독서가였다. 그는 그의 말을 듣고자 하는 사람이면 누구에게나 조언했다. "주머니 속에 시가 있다면, 결코 외롭지 않을 것입니다."

노년기에 애덤스는 진정한 지혜를 얻었다. 그는 아들 존 퀸시 John Quincy에게 말했다. "인간의 본성은 번영을 견딜 수 없단다. 그것은 틀림없이 인간과 국가를 도취시킨다. 역경은 가장 위대한 개혁가이다. 고통은 정화력을 지닌 화덕이다."

그는 야심적인 아들에게 정치 영역에서 물러날 것을 권유했다. 비록 그것이 "너도 나처럼 순무, 감자, 양배추를 재배하면서 살아야 한다. 나의 영역은 나의 정원으로 축소됐다. 너도 그래야 한다"는 것을 의미한다고 해도 말이다. 애덤스는 좋은 평판을 얻는 게 "백파이프를 서툴게 연주해 소리 내는 것"보다 더 중요하지 않다고 생각했다.

★

Funnier Than the Average President • 평균보다는 더 재미있는 대통령   285

애덤스는 노년기에 평정심을 찾는 것처럼 보였다. 그도 "모든 세대들이 다 예건"했던 앞날을 내다봤다. "땅 위의 가련한 생명체는 아무것도 내다볼 수 없고, 결국 우리는 학문과 소망을 넘어서 섭리를 믿어야 한다"는 것이다. 하지만 손자가 해군에서 경력을 쌓기를 원한다는 사실을 알게 되자 왕년의 열정이 다시 불탔다. 애덤스는 그에게 목표를 높이 세우라고 조언했다.

"너는 달까지 도약해야 한다. 그리고 필요하면 달의 뿔을 잡아야 한단다.\* 네 할아버지와 아버지가 너 이전에 그랬듯이."

\*seize her by the horns: 정면 대응하다.

인생의 마지막 몇 주를 남기고 애덤스는 노어 웹스터\*의 방문을 받았다. 그는 당연히 전직 대통령의 건강에 대해 자세히 물었다.

애덤스가 대답했다. "부실하고 무너지기 쉽고 쇠락한 곳에서 삽니다. 바람에 노출돼 있고 폭풍우가 갑자기 들이닥칩니다. 내가 알기로, 더 나쁜 것은 집주인이 전혀 고칠 의사가 없다는 것입니다."

\*Noah Webster(1758-1843): 미국의 사서 및 교과서 편찬가. ≪표준 철자 교과서≫1783를 발행, 영어교육의 권위자가 되었으며 ≪미국 영어사전≫1828을 출판하였다. 1800년 대통령 선거에서 패배한 존 애덤스는 고향인 브레인트리로 돌아가 세상을 떠날 때까지 25년간 저술활동에 전념했다.

★

# 15

## 조지 워싱턴
### George Washington

★

마크 트웨인Mark Twain은 자신이 워싱턴보다 더 훌륭하다고 단언했다. 워싱턴은 거짓말을 할 줄 몰랐으나, 그는 할 수 있었기 때문이었다.

★

인간의 본성을 예리하게 꿰뚫었던 워싱턴은 언젠가 이렇게 말했다. "최고가 입찰자를 마다할 미덕을 지닌 사람은 거의 없습니다."*

*Few men have virtue to withstand the highest bidder: [돈 앞에 장사 없다] 정도로 이해하면 될 듯. 여기에서 [the highest bidder]는 "자기를 가장 높이 평가해 주는 사람"이라는 뜻도 있다.

워싱턴을 전부터 알았던 사람들은 역시, 범접하기 어려울 만큼 당당한 그의 대중적 이미지가 어디에서 비롯됐는지 알고 있었다. 어렸을 때 놀이 친구 한 명이 말했다.

"워싱턴의 어머니를 우리 부모님보다 열 배는 더 무서워했습니다. 그분의 태도는 경외심을 불러일으키고 몸가짐은 '건국의 아버지' 아들 조지 워싱턴의 특징 바로 그대로입니다. 누구나 그 어머니를 보면, 잘 정돈된 집안에서 지시하고 집행하며 상황을 천재적으로 관장하던 그 모습을 기억할 겁니다."

23살에, 워싱턴은 식민지 시대 정치인으로서의 가능성을 가늠하면서 버지니아 하원의원 출마를 고려했다. 그는 현장의 한 친구에게 이렇게 당부했다.

"그들의 지갑 사정을 알아보세요. 별 관심도, 관련도 없다는 태도로요. [내] 사정은 많이 알리지 말고요."

워싱턴은 관행인 술대접을 하지 않고 버텼다. 선거가 실시됐을 때 술대접을 받지 않은 유권자들은 워싱턴에게 참패를 안겨주었다. 워싱턴은 다음에 윈체스터 카운티에서 출마했을 때는, 목마른 유권자들에게 넉넉하게 술을 풀었다. 전장 사정이 어떻든, 패배로부터 얻을 것을 챙기는 것은 워싱턴의 특징이 됐다.

Funnier Than the Average President • 평균보다는 더 재미있는 대통령  289

독립전쟁 초기, 워싱턴은 "벽난로 귀퉁이의 영웅"\*이 되려고 한 "용감한 뉴잉글랜드인들" 놀리기를 좋아했다. 한 버지니아주 여성은 1777년 친구들에게 쓴 편지에서 이렇게 강조했다.

"워싱턴 장군은 '영웅Hero'이 아닌 수다 잘 떨고 성격 좋은 '친구Companion'가 되기로 했습니다. 그는 가끔 노골적으로 뻔뻔해집니다만, 패니Fanny, 그런 뻔뻔함은 당신이나 내가 좋아하잖아요."

\*chimney corner hero: 벽난로 옆에서 말로만 떠드는 영웅.

프린스턴에서 영국군들을 패퇴시킨 전투에 참여했던 사람이라면 누구도 워싱턴 사령관의 모습을 결코 잊지 못할 것이다. 워싱턴은 말 위에서 도주하는 영국군을 뒤쫓으며 외쳤다.

"훌륭한 여우 사냥이다, 제군."

★

워싱턴 장군은 프린스턴 전투 후 의회 의장을 초대했을 때, 와인을 컵으로 대접했다. 그 컵을 만든 사람이 최근 퀘이커교 목사가 됐다고 누군가가 알렸다. 워싱턴은 '그 남자가 컵을 만들기 전에

목사가 됐더라면 좋았을 것'이라고 말했다.\*

>\*it was too bad the man had not turned preacher before making the cups: 그가 더 일찍 목사가 됐다면 이렇게 형편없는 컵은 만들지 않았을 것이라는 뜻.

독립전쟁 기간에 워싱턴과 그의 군대는 늘 무기와 의류, 물자, 그리고 무엇보다 자금 부족에 시달렸다. 재정 책임자인 로버트 모리스\*는 양 손이 꽉 차서 어떻게 해볼 여지가 없을 만큼 바쁘다고 밝혔다. 워싱턴은 냉소적으로 반응했다.

"그 양반 호주머니도 꽉 찼으면 좋겠습니다."

>\*Robert Morris(1734-1806): 미국독립전쟁 당시의 재무관. 미국 독립선언서의 서명자이다. 대륙회의 의원으로 활동하면서 독립전쟁에 필요한 무기와 군수품을 조달하고, 군자금을 차용해 줌으로써 막대한 이익을 얻었다. 1781년에 와서는 미국에서 가장 두드러진 사업가로 알려졌다. 1781-1784년까지 대륙회의에 의해서 재정 담당관으로 긴축 재정을 실시하고 국립조폐소 설립의 기틀을 마련, 국립은행을 설립했다.

또 한 번은 워싱턴이 활활 타고 있는 벽난로 앞에서 저녁 식사를 하고 있었다. 불길이 너무 세서 워싱턴은 테이블 한쪽 끝 다른 좌석으로 자리를 옮겼다. 누군가가 그에게 장군들은 불길을 견뎌낼 수 있어야 한다고 상기시켰다.

"그렇습니다." 워싱턴은 일단 동의했다. "그렇지만 장군들이 불길을 등 뒤에서 받는 것은 좋아 보이지 않습니다."\*

\*군인들이 전장의 불길에 등을 지면 안 된다는 비유.

요크타운에서 영국군을 물리친 미국인들은 당연히 승리를 만끽하고 싶어 했다.\* 파티를 김새게 하는 것은 워싱턴에게 맡겨라!

워싱턴 장군은 말을 타고 부대를 오르락내리락하면서 부적절한 집단행동을 금지시키며 이렇게 선언했다.

"후세가 우리를 위해 환호성을 지를 것이다."

\*1781년 10월 요크타운 전투에서, 워싱턴은 찰스 콘 월리스가 이끄는 영국군의 항복을 받아냄으로써 전쟁을 종결시켰다. 프랑스군의 원조를 받아 결정적인 승리를 거두고 독립전쟁을 성공으로 이끌었다.

워싱턴은 아무리 좋게 봐도 내키지 않았는데 떠밀린 정치인이었다. 초대대통령 취임식 바로 전날 밤 워싱턴은 오랜 친구 헨리 녹스Henry Knox에게 말했다. "그 자리로 옮겨가는 제 심정은 처형장으로 끌려가는 범죄자의 심정과 다르지 않습니다."

전쟁이 끝난 후, 워싱턴은 주권을 내놓기 싫어하는 주들 사이에 유지되고 있던 허약한 동맹 관계로 조바심이 커져만 갔다. 워싱턴은 1786년 10월 이렇게 썼다.

"영향력은 정부가 아니다."\*

\*Influence is no government: 개별 주가 지닌 영향력으로는 중앙정부의 기능을 대체할 수 없다. 워싱턴은 1787년 버지니아주 대표가 된다.

워싱턴을 존경하는 스페인 왕이 그에게 사육목적으로 큰 수망아지를 선물했다. 이 '왕실 선물Royal Gift'은 마운트버넌\*의 외양간에 수용됐다. '왕실 선물'을 위해 미국산 암망아지 33마리가 하렘의 암컷처럼 준비됐지만 왕실 선물은 좋아하지 않았다. 주인이 볼 때 '왕실 선물'은 '신세계'가 제공하는 "공화적 즐거움"을 시험해보기에는 너무 귀족적이었다. 워싱턴마저도 행정부 가족들을 부양하기 위해 현금이 무척 필요했기 때문에, 〈버지니아 가제트Virginia Gazettes〉에 이 수망아지 광고를 냈다. 암말 한 마리당 10달러에 서비스한다는 내용이었다. 워싱턴은 이 생명체가 "평민 계층과 관계를 맺기에는 왕실분위기가 너무 넘친다"고 익살스럽게 썼다.

\*Mount Vernon: 워싱턴이 말년을 보낸 곳. 버지니아주.

워싱턴은 유명세로 곤욕을 치렀다. 초상화 화가들은 그를 끊임없이 쫓아다녔다. 그는 1785년에 이렇게 썼다.

"속담에 [한 번 했으면 끝까지 해야 한다In for a penny, in for a pound]는 말이 있다. 나는 화가들의 연필 터치에 너무 시달려 이제는 그들이 고갯짓만 하면 그에 따라 움직인다. 그리고 그들이 내 얼굴선을 그리는 동안에는 '인내의 석상'*처럼 앉아있다. 이것은 다른 무엇보다도 습관과 관습이 이뤄낼 수 있는 것이 무엇인지를 알려주는 증거다. 처음에 나는 안장을 얹혀놓은 망아지처럼 참을성이 없었고 지시하는데 말도 잘 안 들었다. 다음 번에는 매우 마지못해 응했지만 난리는 덜 쳤다. 지금은 어떤 짐마차의 말도 내가 화가의 의자에 가는 것만큼 빨리 짐마차로 가지는 못할 것이다."

*Patience on a monument: 셰익스피어 작품 《십이야》의 한 구절.

워싱턴은 지구상에서 가장 유명한 인물로서, 꾸준히 이어지는 마운트버넌의 방문객 행렬을 피할 수 없었다. 그곳은 사람들이 자주 찾는 이른바 선술집이 돼버렸다. 그의 집은 방문객으로 넘쳤다.

한번은 대통령이 이렇게 고백했다.

"낯선 사람을 보지 못하는 적이 거의 없습니다. 그들은 저를 존중하는 마음에서 온다고 말합니다. 오, 그리고 '호기심' 때문이라고 해도 역시 대답은 되지 않겠습니까?"

필라델피아 대륙회의에서 워싱턴은 좀처럼 토론에 끼어들지 않았다. 하지만 어떤 상비군도 규모를 3,000명으로 제한한다는 의안에 대해서는, 토론에 뛰어들어 벤저민 프랭클린과 대립했다.*  워싱턴은 그런 발상은 바로 무시해버렸다. 워싱턴 장군은 그 의안을 "지지할 수도 있다"고 말하면서, 한 가지 조건을 달았다. 헌법에서 합중국을 공격하고 싶어하는 다른 열강들도 [그들의] 군대를 같은 규모로 제한하는 것이 보장돼야 한다는 것이다.

*1775년 제2차 대륙회의에서 워싱턴은 미국 독립군(대륙군)의 총사령관으로 임명되었다. 워싱턴은 버지니아 대표, 벤저민 프랭클린은 펜실베이니아 대표로 참석했다.

〈뉴스위크Newsweek〉 여론조사 결과, 불과 얼마 전까지 취학 전 미국 아동들의 14%는 조지 워싱턴이 아직도 백악관 집무실에 있다고 믿는 것으로 나타났다. 나머지 우리도 그저 그가 아직 그러기를 바랄 뿐이다.

워싱턴은 '위대한 소통자'는 아니었다. 사실 그는 연설할 때 고통스러울 정도로 어색해 했다. 초대 대통령은 버지니아 의회에 당선된 한 조카에게 "옹알옹알하지 마라"고 조언했다. 워싱턴은 자신의 단점을 법칙의 수준으로까지 격상시켰던 것이다.

★

오늘날 우리는 워싱턴이 결코 나무 치아를 하지 않았다는 것을 안다.\* 대신에 그는 하마 엄니로 만든 최신 의치醫治를 사용했다. 워싱턴 신화 중에서 가장 무시당하는 이야기는, 그 초대 대통령이 동전을 던졌더니 포토맥강을 넘어갔다는 내용이다. 워싱턴만큼 1달러를 버리지 않을 것 같은 사람은 없기 때문이라는 점만 보면 그렇다. 검소한 워싱턴은 말했다.

"크게 모아 거대하게 이룹니다Many mickles make a muckle." \*\*

\*워싱턴의 근엄한 이미지에 비쳐 사람들은 오랫동안 그의 의치(醫治)가 나무로 만들어졌을 것이라고 여겼으나, 최근 그렇지 않다는 과학적 조사결과가 나왔다.
\*\*속담 [티끌모아 태산(Many a little makes a mickle)]을 인용.

워싱턴 대통령은 매주 접견식을 열었다. 행사는 격식을 차려 진행됐고 악수는 허리를 굽히는 인사bow로 대체됐다. 워싱턴은 유럽에서 주문한 1야드 당 5달러짜리 검은 벨벳 복장을 하고 간단하게 연설했다. 신문 기자들이 그의 인사법을 비난하자 대통령은 마음이 아팠다. 사실, 인사는 차별 없이 가리지 않고 했다고 그는 친구들에게 말했다.

"자애로운 척하는 가면은 벗어 던지는 게 더 낫지 않습니까? 인사가 딱딱했던 것은 나이가 들었거나, 아니면 선생님이 인사하는 법을 잘 못 가르쳐주셨기 때문이지, 직무상 자만심이나 위세 탓이 아닙니다. 제가 그 직무에 관심이 없다는 것은 하나님이 아십니다."

마사 워싱턴Martha Washington은 미국의 첫 번째 수도인 뉴욕 생활을 더 이상 좋아하지 않았다. 1789년 10월, 그녀는 이렇게 털어났다.

"나는 매우 지겹게 살고 있고, 시내에서 일어나는 일들을 알지 못합니다. 나는 어떤 공공장소에도 가지 않습니다. 정말이지, 무엇보다 교도소에 갇힌 죄수와 비슷하다는 생각이 듭니다. 나에게 설정된 경계가 있는데, 그것을 벗어나고 싶습니다. 그리고 하고 싶은 것을 하지 못해 답답해지고 대부분의 시간을 집에서 지냅니다."

이렇든 저렇든, 이것은 이후 영부인들마다 공감할 수 있는 슬픔이었다.

★

워싱턴 여사가 금요일 밤 리셉션을 주재했다. 애비게일 애덤스\*
는 이렇게 묘사했다.

"대부분 좋은 가문에서 제대로 교육받고 자란 사람들로 가득
했습니다. 가끔… 워싱턴 여사의 브리타닉 마제스티이즈 룸
Brittanick Majesties Room처럼 가득했습니다. 그리고 정말 멋진
여성들처럼, 공손한 신하처럼, 그들은 서로 대화하고 사뿐하게
지나가고, 아름다운 여성들은 자신을 드러내고, 그리고 촛불은
아름다움을 더해줘서, 그들은 정말 돋보였습니다."

워싱턴은 당파주의 정치에 빠지는 것을 피해야겠다고 결심
했다. 워싱턴은 "사람들의 의견은 얼굴만큼이나 다양합니다."라
고 즐겨 말했다. 동기가 순수하면, 본성 그 자체 말고는 더 추궁
받을 일도 없지 않은가.

\*Abigail Adams: 부통령 존 애덤스의 아내(1797년, 제2대 대통령 존 애덤스).

필요해서 그러기도 했지만 성향 자체가 검소했던 워싱턴은, 자
기 월급의 10분의 1로도 다른 가족들은 삶을 더 자유롭게 즐길
수 있다고 푸념했다. 그래서 그는 '시간의 역사' 이래 행복하지
않은 집주인이 해오던 일을 해봤다. 고용인을 나무랐던 것이다.
특히 집사였던 존 하이드에 대해 워싱턴은 이렇게 기술했다.

"내 테이블에, 하이드의 테이블에서 만큼 '술, 과일 그리고
다른 것'들이 '풍족하게' 올라오는지 강한 의심이 든다."

워싱턴은 대통령으로서 광범위하게 여행했다. 그는 자신이야말로 새 국가를 단결시키는 유일한 매개라는 점을 잘 알고 있었다. 그의 일기는 신선한 관찰로 가득 차 있었지만 초대자에게 듣기 좋은 소리만 한 것은 결코 아니었다. 예를 들면, 그는 노스캐롤라이나주의 한 도시에서 "1개 포병대가 표할 수 있는 수준의 최상급 예우"를 받았다. 가는 곳마다 지지자들에 둘러싸였다. 시간이 지나면서 감각을 무디게 하는 아첨의 향내들이 그의 신경을 거슬렸다. 그는 일기에 이렇게 썼다.

"갔던 길인지, 왔던 길인지 어느 쪽 길 파티가 가장 무난했는지를 구별해 말하기는 쉽지 않다. 그러나 사실대로 말하자면 둘 다 나빴다고 덧붙일 수 있다."

더 나빴던 것은 워싱턴이 새로 머물 지역에 도착할 때마다 동행하겠다고 주장하는 공식 수행단 덕분에 마차 주변에서 일어나는 먼지 폭풍이었다.

워싱톤도 거짓말을 할 수 있었을까? 내기해도 좋다. 워싱턴은 전혀 거짓말에 죄의식을 느끼지 않고 한번은 이렇게 썼다.

"어제 먼지 때문에 무척 고생했는데, '부지런한 사람' 몇 명과 또 다른 신사 몇 명이 오늘 일정의 어느 정도까지 나를 수행할 의도가 있다는 것을 알게 됐다. 그래서 나는 출발 시간에 대한 그들의 궁금증을 해소시키는 차원에서 8시 이전에 출발하도록 노력해야 한다는 점을 알렸다. 그리고 5시 조금 지나서 출발

# Funnier Than the Average President • 평균보다는 더 재미있는 대통령

해버렸다. 그래서 나는 위에서 말한 것과 같은 불편을 덜었다."

오로지 속임수를 써서만이, 워싱턴은 자기만의 몇 시간을 즐기며 말을 타고 갈 수 있었다. 먼지를 들이 마시지 않으면서.

현대 대통령에게 위안이 조금이라도 되는지 모르겠다. 건국의 아버지조차 의회에서 원하는 것을 모두 다 얻지 못했다. 언젠가 상원은 워싱턴이 대법원장으로 지명한 사우스캐롤라이나의 존 러틀리지John Rutledge를 제정신이 아니라는 이유insanity로 거부했다. 기억에 남을 사건이었다. 사실 러틀리지가 제정신이 아니라는 유일한 증거는 그가 미국 상원의 과반수와 의견이 맞지 않았다는 것뿐이었다.

자주 언급했듯이 워싱턴이 취한 모든 조치는 후임자들에게 선례가 됐다. 워싱턴은 그래서 당연히 조심스러웠다. 처음에 워싱턴은 문자 그대로 헌법의 지침에 따라 의회의 "조언과 동의"를 구했다. 첫 임기 초기에 워싱턴은 토착 미국민에 대한 행정부 정책을 토의하기 위해 의원들 앞에 나섰다. 그런데 어떤 조치가 취해지기 전에 펜실베이니아 출신 상원의원이 사안 전체를 의회의 특별위원회에 맡기자고 제안했다.

워싱턴은 분통을 터뜨렸다.

"이러면 제가 여기에 온 모든 목적이 깨져버립니다."

그는 곧 상원을 두 번 다시 대면하지 않겠다고 맹세한 뒤 물러났다. 그의 많은 후임자들이 따르기를 원하는 하나의 사례이다.

# 16

## 토머스 제퍼슨
### Thomas Jefferson

★

제퍼슨은 이렇게 단언했다. "진실을 두려워하지 않는 사람은 거짓말에서도 두려워 할 것이 없습니다." 그렇다고 해서 그가 당시 선정적인 신문이나 잡지를 가득 채워왔던 불명예스런 스캔들의 파문에 완전히 무관심했다는 의미는 아니다. 언젠가 제퍼슨은 신문에서 가장 진실한 부분은 광고라고 말했다. 그는 또 이렇게 말했다.

"아무것도 읽지 않는 사람이 신문 빼고는 아무 것도 안 읽는 사람보다는 더 교양 있습니다."

★

네거티브 선거전*이 현대적 창작물이라고 여기는 사람들은

1800년 제퍼슨의 당선 이후를 예측한 신문 기사를 생각해보라.

"법, 형벌이 주는 공포감에 구애받지 않고 … 이웃은 이웃의 적이 될 것이다, 형제들은 형제들의, 아버지는 아들의, 아들은 아버지의 적이 될 것이다. 살인, 강도, 강간, 간통, 그리고 근친상간이 공개적으로 교육되고 행해질 것이다. 대기는 비탄의 외침으로 채워지고 땅은 피로 적셔지며 나라는 범죄로 암담해질 것이다."

그리고 클린턴 대통령은 '교묘한 윌리Slick Willie'라고 불리는 데 화를 냈다!\*\*

\*negative campaigning: 상대비방전술.
\*\*And President Clinton took offense at being called Slick Willie!: 앞의 내용에 비하면 '교묘한 윌리' 클린턴은 약과일 것이다.

건국 초기의 당파주의에 대해 제퍼슨도 다른 사람들처럼 불신감을 갖고 있었다. 그는 "천국에 가는 데 꼭 정당과 함께 가야 한다면, 아예 가지 않겠습니다"라고 말할 정도였다. 그는 정치적 야망에 대해서도 의구심을 가졌다.

제퍼슨은 말했다. "한 사람이 공직을 향해 갈구하는 눈길을 보일 때마다 그의 행동에 부패가 시작됩니다."

법을 훈련받은 젊은이로서 제퍼슨은 그 말 많은 직업에 대해 환상은 없었다. 그는 이렇게 말했다.

"우리가 어떤 사건에서 행동을 하도록 돼 있는데, 그 사건에서 변호사의 반대 의견이 마련되지 않았다면, 우리는 결코 행동해서는 안 됩니다."

보통 사람들의 정치인A man of the people으로서, 제퍼슨은 사람들의 정직성이 재산과 함께 높아진다는 증거를 보지 못했다고 비꼬았다.

제퍼슨은 말했다. "어떤 대통령도 대통령직을 수행하는 동안에는, 자신을 대통령이 되도록 한 그 명성을 얻지 못할 것입니다." 대체로 그는 옳았다.

제퍼슨은 최선의 정부는 가장 작은 정부라고 말하길 좋아했던 진정한 보수주의자였다. 그는 관료주의의 잠재적 위험성을 더욱 노골적으로 묘사했다. 제퍼슨은 관료주의를 "부지런한 사람들이 일하는 데 붙어사는 너무 많은 기생충들"이라고 불렀다.

감정적으로든 아니면 다른 방식으로든 자신을 힘들게 하는 것에 대해, 제퍼슨은 활동하는 것이 최고의 해독제라는 것을 알게 됐다. 제퍼슨이 한 친구에게 냉철하게 말했다.

"열심히 일하는 사람은 결코 신경질적이지 않습니다."

★

개인적으로 지식과 문화에 대해 열망이 그치지 않았던 제퍼슨은 딸 마사의 시간을 엄격하게 통제했다. "오전 8시~10시 음악 연습, 10시~오후 1시 하루는 무용, 다른 하루는 그림 그리기, 1시~2시 무용한 날은 그림 그리기, 그리고 그 다음날은 편지 쓰기, 3시~4시 프랑스어 읽기, 4~5시 잠 잘 때까지 음악 연습, 영어 읽기, 쓰기 등."

여성이 직업을 추구하기 이전 시대에, 제퍼슨이 이처럼 엄격한 스케줄을 주장한 데에는 그만의 이유가 있었다. 자신의 수학적 재능과 인간 본성에 대한 통찰이 합해져서, 제퍼슨은 그의 딸이 "꼴통blockhead"과 결혼할 확률이 약 14분의 1이라고 계산했다

★

제퍼슨이 주미 프랑스 대사였을 때 친구 딸에게서 편지를 받았다. 다소 사적인 일을 대신 해달라는 부탁이었다. 제퍼슨의 대답은 전문을 인용할만한 것이었다.

"제퍼슨 씨는 영광스럽게도 스미스 부인께서 원하신 두 벌의 코르셋을 보내 드리게 됐습니다. 그는 부인께서 치수를 알려주시는 것을 잊으셔서, 코르셋이 몸에 맞기를 기원하고 있습니다…. 하지만 만약 옷이 너무 작더라도 당분간 간직해두시기를 바랍니다.\* 세상에는 썰물도 있고 밀물도 있습니다. 산이 마호메트에게 오기를 거부했을 때, 마호메트는 산으로 갔습니다."

\*혹시 나중에 입을 수 있게 될 경우를 대비해서.

★

1796년 부통령으로 선출된 제퍼슨은 잘해야 본전인 이 자리를 최대한 이용하기로 결심했다. 제퍼슨은 그 새로운 직위에 대해 이렇게 말했다.

"그것은 저한테 철학을 생각하는 겨울 저녁 같은 시간과, 여름 낮의 전원생활 같은 시간을 줄 것입니다."

★

미국건국시조들의 유머 전문가인 폴 졸Paul M. Zall의 말이다.

제퍼슨의 첫 취임을 축하하는 만찬장에서, 볼티모어에서 온 한 신사가 제퍼슨에게 다가가 축하할 기회를 허락해달라고 요청했다. 그러자 새 대통령이 대답했다.

"제가 결혼식에서 하는 사례를 따라 달라고 말씀 드리고 싶습니다. 결혼식에서 저는 항상 신랑에게 축하의 말을 전하기 전에, 그해 연말까지는 기다리겠다고 말합니다."

70대에 들어서서 제퍼슨은 로맨스를 망아지에 비유했다. "안전하게 올라타려면 그 전에 부러져봐야 합니다."

# 17

## 빌 클린턴
**Bill Clinton**

1992년 대통령 선거전에서 댄 퀘일 부통령이 "투견pit bull"이 되고자 한다는 내용이 알려졌다. 클린턴이 이렇게 빈정댔다.

"전국의 소화전fire hydrant이 걱정되는군요."*

*투견이 전국을 돌아다니며 소화전에 오줌을 갈길 것이라는 걱정.

클린턴은 자신의 두뇌를 스스로 깎아내릴 만큼 명석했다. 한번은 민주당 대통령 후보 중 가장 머리가 좋다고 소개되자 클린턴이 말했다. "〈3인의 어릿광대Three Stooges〉* 중에서 모Moe가 가장 머리가 좋다고 하는 것과 마찬가지 아닙니까?"

클린턴 대통령의 연설은 레이건 연설에서 양념이 됐던 농담과 일화가 부족할 때가 많았다. 클린턴이 민주당 만찬에서 털어놨다. "제가 예전에는 유머 감각이 있었는데 사람들이 그게 대통령답지 못하다고 해서 그만하기로 했습니다."

*어리석은 캐릭터로 유명한 인기 TV시리즈. 털복숭이 래리 파인, 싸움꾼 모 하워드, 모의 스킨헤드 형 제로미 컬리 하워드 등을 주인공으로 내세운 코미디.

1993년 취임식 후 의회 조각 홀Statuary Hall 오찬에서 클린턴 대통령은 나를 포함해 참석자 전원을 웃겼다. 그는 이렇게 말을 시작했다. "[폴리Foley 하원의장]께서 저와 의회와의 관계가 잘 풀어지기를 기원해주셨습니다. 바로 그때 제 머리는 마술에 걸린 것처럼 밥 돌 상원의원* 쪽으로 기울어졌습니다."

*밥 돌은 당시 공화당 상원 원내대표였다.

1996년 미식 축구팀 댈러스 카우보이스Dallas Cowboys가 백악관에 왔다. 슈퍼볼Super Bowl 우승을 치하하는 자리였다. 클린턴이 말했다. "이 일은 연두교서 발표와 함께 백악관에서 정례적으로 시행하는 유일한 행사입니다. 어떤 의미에서는 더 낫습니다. 더 짧고, 그리고 공화당 반응도 없습니다."

★

클린턴은 발칸 반도에 주둔한 미군을 방문해, 공감할만한 이야기로 병사들을 웃겼다. 클린턴은 이렇게 말했다.

"군은 여러분에게 제대로 된 음식을 공급하겠다고 약속했습니다. 매일 아침 달걀을 받으면, 그때 여러분은 군이 약속을 지켰다는 걸 아시는 겁니다."*

*The military promised you square meals. And when you get your eggs each morning, you know the military has kept its commitment: 병사들의 일과가 지루하게 반복되고 있고, 식사마저도 아침 저녁으로 같은 메뉴가 나오고 있다는 것을 알고 있다고 한 뒤에 덧붙인 농담.

클린턴은 언젠가 그의 덤덤하고 반듯하기로 유명한 워런 크리스토퍼 국무장관을 이렇게 묘사했다. "대통령 전용기 안에서 엠앤엠*을 먹을 때 나이프와 포크를 사용하는 유일한 사나이."

*M&M: 작고 동그란 초콜릿.

1996년 성패트릭 축일 행사에서 대통령은 토끼풀* 한 사발을 선물로 받았다. 대통령은 앨 고어 부통령의 자연보호 이미지에 관해 농담하며, 토끼풀 사발에는 두 가지 좋은 점이 있다고 답사했다. "우선 올해는 선거 해여서, 얻을 수 있는 토끼풀은 모두 다 필요합니다. 그리고 두 번째로 오늘은 일 년 중에 제가 부통령보다 더 푸른 날입니다."

*shamrock: 행운을 상징하는 녹색 클로버류의 식물.

한 각료가 대통령을 소개할 때 치켜세웠다. 그러자 대통령은 청중들에게 "클린턴의 세 번째 정치 법칙"에 대해 말했다. 그것은 "가능할 때마다 고위직에 임명한 사람으로부터 소개를 받으라. 그들의 객관성은 놀랍다"였다.

클린턴이 뉴올리언스 청중들에게 고전적인 한 목사 이야기를 했다. 설교 방식을 더 강화하기로 결심한 목사였다.

"그는 이제까지 행했던 설교 중에서 가장 훌륭하고, 가장 흥분되고, 최고의 감동을 자아낼 설교를 마련하기 위해 몇 개월을 노력하고 노력했습니다. 어느 날 교회를 꽉 메우더니, 이럴 수가요, 그는 열변을 토해냈습니다. 훌륭했습니다. 압권은 '여러분 중 천국에 가시고 싶은 분은 지금 당장 일어나시기 바랍니다.'였습니다. 모든 신도들이 벌떡 일어섰습니다. 맨 앞줄에 조용히 앉아있던 한 여성만 빼고 말입니다. 40년 동안 주일 예배를 빠지지 않았던 여성이었습니다. 가장 신앙심이 깊었던 교회 신도가 일어나지 않으려 한 것입니다.

목사는 풀이 죽어 이렇게 말했습니다. '존스 자매님, 돌아가시면 천국에 가고 싶지 않으십니까?' 그 여성이 일어났습니다. 그리고 '오, 죄송합니다, 목사님. 저는 목사님께서 지금 당장 갈 사람들을 모으는 줄 알았습니다.'라고 말했습니다."

클린턴 대통령은 워싱턴 DC 밖에서 연설할 때는 유머 사용을 꺼렸다. 하지만 클린턴은 수도에서 열린 연례 백악관출입기자만찬과 라디오·TV 기자협회만찬에서는, 타이밍을 맞추는 능력과 재능 있는 작가들을 구비했다는 점에서 축복받은 대통령임을 입증했다. 다음은 가장 멋들어졌던 연설 내용 중 일부이다.

1995년 라디오·TV 기자협회만찬에 참석했을 때, 대통령은 지속돼 온 예산 위기를 해결하는 데 도움이 될만한 새 절약 방법들을 제시했다. 그 방법들에 포함된 내용이다.

"항상 겸허한 공직자 고어 부통령께서, 올해는 백악관 크리스마스트리를 꾸미지 않고, 대신 우리가 그냥 자기한테 장식품을 달면 돈을 절약할 수 있다고 제안했습니다.*

백악관 참모들은 30대 연령의 15명을 90대 연령의 5명으로 교체해 통합합니다.

정부에 기업 협찬을 제공합니다. 이를테면 2월 12일을 링컨-머큐리Lincoln-Mercury의 생일로 만듭니다.**

주류·담배 및 총기단속국을 어업국 및 주간 트럭교통위원회와 합칩니다. 우리는 그 통합 부서를 "남성부Department of Guys"라고 부를 겁니다."

*앨 고어 부통령은 나무처럼 딱딱하고 굳은 이미지로 널리 알려졌다.
**머큐리는 포드 자동차 생산 차량 브랜드이다. 포드에서는 링컨 콘티넨털을 만들고 있다. 2월 12일은 링컨이 태어난 날.

클린턴은 길게 연설하기를 좋아하는 자신의 경향에 대한 농담으로 만찬 연설을 마쳤다. "저, 이런 식으로 영원히 더 할 수 있습니다. 하지만 아시죠? 안 그렇습니까?"

1994년 라디오·TV 기자협회만찬은 그 조직의 50주년 기념 행사였다. 클린턴 대통령은 이 자리를, 역사를 재조명하는 기회로 삼았다.

"여러분 협회의 첫해인 1944년, 프랭클린 루스벨트는 라디오를 통해 노변정담*을 많이 나누었습니다. 오늘날도 많이 다르지 않습니다. 여러분이 저보고 '장작더미 바로 위directly on the logs'에 앉으라고 요구하는 것만 빼고 말입니다.

1948년 선거가 끝난 지 1시간 후, 네트워크 뉴스들은 믿을만한 소식통의 말에 따라 대통령 당선자 토머스 듀이Thomas Dewey의 첫 TV 인터뷰 기사를 내보냈습니다.**

1952년 아이젠하워는 한국에 갈 것이라고 말했습니다. 그리고 언론의 첫 질문은 비행기 좌석 배치에 관한 것이었습니다.

1960년 케네디-닉슨 토론을 TV로 본 사람들은 케네디가 이 긴 것으로 생각했다고 연구자들은 판단했습니다. 라디오로 토론을 들은 사람들은 "내가 도대체 언제 TV를 가질 수 있는 거야?" 라고 생각했습니다."

*fireside chats: 루스벨트 대통령이 뉴딜 정책 등을 주제로 라디오를 통해 미국민에게 한 연설. 딱딱하지 않고 난롯가에서 친지들과 정담을 나누듯이 진행돼 노변정담이라는 별칭이 붙었다. 루스벨트는 난로 옆에서 말했는데, 자신은 기자들에게 하도 시달려서 바로 '장작더미 위에 앉아있는 것 같다'는 취지.
**1948년 선거에서 대통령 당선자는 해리 트루먼이었는데, 언론이 듀이의 승리로 예단했다는 것.

클린턴은 계속해서 기록으로 잘 남아 있는 음식과의 전쟁 경험에 관해 농담했다.

"사람들이 제게 말합니다. '해리 트루먼을 기억하십시오. 열기를 이겨내지 못하면 부엌 밖으로 나가십시오.*' 부엌은 그 집에서 제가 떠나고 싶지 않은 유일한 방입니다."

*If you can't stand the heat, get out of the kitchen: 자신이 할 수 없는 일이면 다른 사람한테 맡기라는 뜻. 클린턴은 체중조절할 필요가 있었지만, 부엌이 먹을거리가 많아 떠나기 싫다고 한 것.

1997년 라디오·TV 기자협회 만찬과 백악관출입기자 만찬이 겨우 2주일 간격으로 열렸다. 두 행사 모두에서 클린턴은 "레임덕"*이라는 소재에서 익살의 금맥을 캤다. 클린턴이 얼마 전에 프로 골프 선수 그렉 노먼Greg Norman의 집 계단에서 넘어져 무릎을 다쳤고, 또 전직 대통령 부시의 낙하산 점프가 뉴스였다는 점이 바로 그 황금광이었다. 클린턴이 이렇게 익살을 부렸다.

"최근까지 저는 라디오·TV 기자협회 만찬에 정말 극적으로 들어오겠다는 계획을 세워놓았습니다. 그런데 조지 부시가 선수를 쳤습니다. 이 양반이 72세인데 1만 피트 상공에서 뛰어내려 상처 하나 없이 착륙했습니다. 저는 6인치 높이에서 넘어졌는데, 6개월간 갇혀 지냈습니다."

*lame duck: 절뚝거리는 오리라는 뜻. 임기 말 대통령의 권력누수 현상의 의미로 많이 쓰인다.

마이크 매커리Mike McCurry 백악관 대변인은 대통령의 발언 내내 여러 차례에 걸쳐 메모를 전달했다. 대통령은 메모지를 펼쳐보고 이 안목 있는 청중들에게 다음과 같은 내용을 읽었다.

"통신 보도입니다. 전직 대통령 부시가 방금 시애틀의 스페이스 니들*에서 번지 점프를 했다고 합니다…. 여러분은, 전직 대통령 부시가 스네이크 리버 캐넌에서 로켓 동력 오토바이를 타고 성공적으로 뛰어내렸다는 사실을 알게 돼 기쁘실 겁니다. 지금 그가 저를 놀리고 있습니다….

신사숙녀 여러분, 전직 대통령 부시가 방금 수갑으로 자기 손을 채우고 맹꽁이자물쇠로 잠긴 트렁크 안에 들어가 케네벙크포트Kennebunkport 앞 바다에 잠수했습니다. 똑딱똑딱 시간이 가

Funnier Than the Average President • 평균보다는 더 재미있는 대통령

고 있습니다. 우리, 그를 위해 기도합니다."

*Space Needle: 184미터 높이의 고층 구조물.

대통령은 또 텔레비전 채널이 그의 무릎 수술을 얼마나 제각각 보도했는지에 대해서도 농담했다.

"C-SPAN은 물론 다친 무릎에 대해 중단 없이 실황 중계를 했습니다. 반면에 C-SPAN 2는 처음부터 끝까지 다른 쪽 무릎에 대해 보도했습니다.

CNN은 사고가 난 지 한 시간이 못 돼 불길한 배경 음악을 작곡해 [긴급 뉴스, 무릎 부상Breaking News, Breaking Knees]이라는 그래픽을 올렸습니다. MSNBC는 즉각 자기 회사가 다리에 관한 모든 뉴스의 최첨단 국제상호통제센터라고 선언했습니다. ESPN은 노스캐롤라이나-콜로라도 농구 시합을 방송하다가 그렉 노먼은 무사하다는 숨 가쁜 속보를 끼워넣었습니다. PBS는 기금 모금 프로그램에서 수시로 내 다리 보도를 끼워넣었습니다. 여러분은 100달러를 기부할 때마다 제 다리의 기념 X-레이를 받을 수 있다는 것입니다. [보수적 비평가]인 밥 노박Bob Novak은 프로그램 〈크로스파이어Crossfire〉*를 계속 진행하면서 무릎 손상이 민주당에 미치는 긍정적 측면을 논의했습니다. 그리고 MTV**입니다. 그들이 알고 싶었던 것은 제가 병원 가운을 입었는지, 파자마를 입었는지였습니다."

*십자포화, 일제 공격 등의 뜻.
**비디오 프로그램으로 시작된 음악전문 케이블 TV.

★

2주일 후, 백악관출입기자 만찬에서 클린턴은 다시 그의 무릎을 주제로 삼았다. 그리고 기자들에게 취재 협조 차원에서, 앞으로 몇 가지 불운한 사고가 발생할 수 있다고 미리 통보했다.*

"내일 필라델피아에서 자원봉사 활동에 참여할 예정입니다. 그 와중에 망치와는 고통스럽게 두들겨 맞는 쪽에서 만나게 될 것입니다….** 5월 22일에는 최근 마스터스 우승을 축하하기 위해 타이거 우즈Tiger Woods 집을 방문할 것입니다. 알아두시기 바랍니다. 발코니에 느슨하게 끼어있는 벽돌이 있습니다. 7월 8일에는 클리블랜드에서 열리는 올스타 야구 경기 5회에 파울 볼을 잡으려고 시도할 것입니다."

*어떤 식으로든 불운해서 부상당할 것이라는 농담.
**I will be on the receiving end of a painful encounter with a ball peen hammer: 망치질을 하면, 들고 치는 쪽과 맞는 쪽이 있는데, 자신은 맞게 될 것이라는 얘기다.

그 만찬에서, 클린턴은 과거 대통령들이 어떻게 언론을 '유리하게 해석spinning'하는 솜씨를 발휘했는지에 대해서도 농담했다.

"제가 요점을 명확하게 하기 위해서 국립기록보관소에 누레진 원고 몇 개를 보내달라고 했습니다. 예를 들면, 후버 행정부 시대에 좋은 뉴스가 있군요. 주택착공물량*이 1931년 3분기에 상승했습니다. 수석 보좌관이 대통령에게 말했습니다. '이 후버

빌**은 온정주의적인 큰 정부 대신에 민간 분야에서 참여한다는 의지를 반영하고 있습니다.' 대통령은 그 집들에 자신의 이름이 붙여진 것을 자랑스러워했습니다.

1814년 한 백악관 관리는 백악관 화재가 매디슨 행정부에 손해가 됐다는 견해를 반박했습니다. '그렇습니다. 화재는 백악관을 삼켰습니다. 그러나 그것은 어쨌거나 보수 공사가 절실히 필요했습니다. 영국이 기울인 이 유익한 노력으로 사실상 우리의 시간과 납세자의 돈이 절약됐습니다.'*** 라고 그 관리는 말했습니다."

\*housing starts: 경제지표 중 하나.
\*\*Hooverville: 대공황기에 형성된 저소득층·무주택자 집단 거주지역. 환경이 열악해 대통령이 자신의 이름이 붙었다고 자랑스러워 할 일이 결코 아니었다.
\*\*\*1814년 영국군의 백악관 방화 사건.

★

★

# 사람들 생각엔 재미없었던 그들
## And You Always Thought They Were Dull

# 18

## 드와이트 아이젠하워
### Dwight Eisenhower

아이젠하워는 저 먼 인디애나주 퀘이커교도 농부 이야기를 제일 좋아했다. 이 농부는 주님의 이름을 결코 망령되이 사용하지 않았다. 그런데 어느 날 건초 운반용 수레에 묶여있던 노새가 한 발짝도 움직이려 하지 않았다. 농부는 인내심을 갖고 알고 있던 유인책을 다 써 봤지만 효과가 없었다. 결국 그는 로프의 한쪽 끝을 잡고 조용히 말했다.

"노새야, 너는 내가 신앙 때문에 너를 때리지 못하고, 욕하지 못하고, 학대하지도 못하리라는 것을 알 것이다. 하지만 노새야." 그가 계속 말했다. "네가 모르는 것이 있단다. 내가 너를 '성공회 교회'*에 팔 수 있다는 것이지."

*Episcopalian: 성공회는 성경해석 방식이 상대적으로 자유롭다.

1952년 봄 CBS 시리즈인 〈씨 잇 나우See It Now〉에 진행자 에드워드 머러우Edward R. Murrow와 함께 출연한 아이젠하워는 행정 관청을 '그물침대hammock'에 비교했다. "우아하게 들어가 눕기도 어렵지만 빠져나오기는 더 힘듭니다."

"오로지 두 가지 종류의 문제만이 내 책상에 올라왔습니다." 아이젠하워가 말했다. "하나에는 긴급 표시가, 또 다른 하나에는 중요 표시가 붙어있습니다. 저는 긴급 사안에 너무 많은 시간을 쏟아서 중요 사안은 보지도 못했습니다."

아이젠하워는 자신의 저서 《쉬어! 내가 친구에게 하는 이야기 At Ease: I Tell My Friends》에서 총장으로 참석했던 컬럼비아대학교 만찬을 묘사했다. 아이젠하워가 이렇게 회고했다.

"먼저 세 분이 연설했습니다. 세 분 모두 연설 시간이 상당했습니다. 저녁이 거의 새벽이 될 지경이었습니다. 저는 제 원고를 옆으로 치웠습니다. 제가 말할 차례가 왔을 때 일어나서, 모든 연설은 원고가 있건 없건 구두점이 있어야 한다고 말했습니다.

저는 '오늘 밤, 제가 구두점-마침표입니다.'라고 말하고 앉았습니다. 제 연설 중에서 가장 인기 있었던 것 중 하나입니다."

대통령이 돼서 좋은 점이 하나 있었다고 아이크가 말했다. "저보고 이제 그만 앉으라고 말할 사람이 없다는 것입니다."

이 5성 장군은 회고했다. "전쟁부는 신비한 방식으로 움직이고 있습니다. 실수를 실현하는 쪽으로 말입니다."*

>*The War Department moves in mysterious ways its blunders to perform: 아이젠하워가 1924년 미식축구 코치로 발령받았을 때의 심정을 표현한 말이다. 영국 시인, 낭만파의 선구자 윌리엄 쿠퍼(William Cowper, 1731-1800)가 쓴 찬송시 〈주 하나님의 크신 능력〉 중 첫 구절 [God moves in a mysterious way His wonders to perform(하나님은 기적을 행하기 위해 신비로운 길로 움직이신다).]을 인용했다.

대통령의 동생 밀튼*은 1955년 봄 졸업식 행사를 기억했다. 그때 아이크는 주 연설자로 예정돼있었다. 참석자들은 야외 행사용 의복을 착용하고 있었는데, 폭풍우가 몰려오자 밀튼의 얼굴에는 불안감이 역력해보였다. 그는 어떻게 하면 좋을까 하고 아이크에게 물었다. 아이크는 이렇게 대답했다.

"밀튼, 나는 1944년 [D데이]** 이후 날씨 걱정은 안 해."

\*Milton: 1950-1956년 펜실베이니아주립대 총장 역임.
\*\*노르망디 상륙작전. 6월 6일.

아이크는 박식한 "지식인" 애들리 스티븐슨Adlai Stevenson을 두 차례 꺾으면서, 선입견을 가질만도 했다. 아이크는 말했다.

"지식인은 아는 것보다 더 많은 것을 이야기하기 위해 필요한 것보다 더 많은 말을 하는 사람입니다."

1955년 9월, 아이크는 심장 발작 이후 의사들로부터 좀 더 건강한 일상생활을 추구하라는 권유를 받았다. 의사들 중 최소한 4명은 어떤 형태든 담배는 피하라고 권고했다. 대통령은 공손하게 경청했는데, 곧 그들이 모두 담배를 피운다는 사실에 주목했다. 아이크는 이렇게 썼다.

"나는 이 점을 정확하게 지적했다. 왜 나는 6년 이상 담배를 피우지 않았는데 심장 발작으로 침대에 누워 있어야 하고, 그들은 보기에도 건강하고 활기차게 돌아다니며 일하고 있는지 모르겠다."

아이크는 보이는 것보다 훨씬 더 정치적으로 세련돼 있었다. 어쨌든 제2차 세계대전 중 연합군 총사령관이었던 그보다 더 리더십과 사기를 진작하는 법을 알았던 사람은 거의 없었다. 그는 자리를 함께 하는 경쟁 후보들에게도 한마디 가르치는 것을 결코 주저하지 않았다. 그는 이렇게 말하길 좋아했다.

"자, 이렇게 하는 겁니다. 저쪽으로 나가세요. 그렇게 심각한 표정 짓지 마십시오. 웃으세요! 사람들이 당신에게 손을 흔들면 당신도 손을 흔들고 입술을 움직이세요. 그럼 당신이 그들에게 말하는 것처럼 보입니다."

아이젠하워의 고압적 비서실장 셔먼 애덤스Sherman Adams는 농담을 하지 않았다. 그러나 가끔 농담의 소재가 되곤 했다. 누군가가 이런 의견을 내놨다. "아이젠하워가 죽고, 닉슨 부통령이 그의 자리를 승계하면 괴로운 상황이 될 것이다. 하지만 셔먼 애덤스가 죽고, '아이젠하워'가 대통령이 되면 더 괴로울 것이다."

아이젠하워는 후일 학자들이 지칭한 그의 "숨겨진 손hidden

hand"을 활용하면서, 위스콘신의 조지프 매카시* 상원의원 관련 사안이 매끄럽게 처리되도록 기름칠을 하는 데 일조했다. 매카시의 반공산주의 운동은 백악관에 부끄러운 일이었다. 1954년 12월 상원의 매카시 징계 이후 아이젠하워는 이렇게 선언했다.

"매카시즘은 이제 과거사가 됐습니다McCarthyism is now **McCarthy-wasm**."

*Joseph McCarthy(1908-1957): 위스콘신주의 연방 상원의원을 지냄. 군을 포함한 사회주요 기관 내 인사들을 공산주의자로 몰아 미국사회에 '매카시 선풍(McCarthyism)'이라는 광적 보수주의 바람을 일으켰다. (아이젠하워 대통령, 공화당과 민주당 양당 지도부, 육군 장군들까지도 공산주의자라고 비난함.)

1954년 봄 '육군-매카시' 청문회 때 아이젠하워가 내각에 말했다. "사람은 그가 사귀는 친구로 평가받는다는 말이 있습니다. 반대로 얘기하자면, 사람은 그가 만드는 적에 의해 평가받기도 합니다. 저는 매카시 상원의원의 마지막 연설을 읽었습니다. 그는 공산주의자들과 거래하는 국가와는 어떤 관계도 맺어서는 안 된다고 말했습니다. 그가 반대하는 것이라면, 저는 찬성합니다."

아이크는 막사에서 생애의 많은 부분을 보낸 사람답게, 요점을 말하는 데 거리낌없이 거친 표현을 썼다. 아이젠하워는 조지프 매카시에 반대하는 공적 역할을 왜, 좀 더 적극적으로 하지 않았느냐는 질문을 받고 대답했다. "저는 단지 그 스컹크와 오줌멀리누기 경쟁*을 하지 않으려고 했을 뿐입니다."

\*a pissing contest: 쓸데없이 다투고 싶지 않았다는 뜻.

아이젠하워 내각은 회의 때마다 기도했다. 기도는 대체로 에즈라 태프트 벤슨Ezra Taft Benson 농업장관이 맡았다. 하루는 아이크가 동료 한 명과 활기차게 토론하며 각료 회의장으로 들어왔다. 그 대화는 회의가 열릴 시간을 훨씬 지나서도 계속 됐다. 이때 맥스 랩Max Rabb 내각장관이 대통령에게 그들이 평상시 묵도 시간을 지나쳤다고 알리는 쪽지를 살짝 전달했다.

아이크가 말했다. "오, 제기랄God damn it, 우리가 묵도Silent prayer를 잊었군요."

아이젠하워가 1952년 공화당의 대통령 후보로 지명된 지 1주년이 됐을 때 내각은 그에게 낚시 미끼 한 세트를 선물했다. 제임스 해거티James Hagerty 공보 비서는 선물을 풀기 시작했다. 그 결과 내각 공식 회의록에서 "부끄러운 장소"라고 기술한 곳에 낚시 바늘 하나가 엉켜버렸다. 결국 벤슨 농업장관이 나서 낚시

바늘을 잘라내 버리는 바람에 해거티 대변인은 해방됐다.

아이젠하워는 동생 밀튼이 낚시 바늘 위에 앉은 이후, 어느 때보다 재미있었던 사건이라고 말했다.

대통령 재임 중 가장 큰 실수를 꼽아 달라는 질문에 아이젠하워는 단도직입적으로 말했다. "제가 실수를 두 번 했습니다. 그래서 그 둘 다 대법원에 앉아있습니다."*

> *아이젠하워는 얼 워렌Earl Warren을 (인종차별문제와 범죄혐의자의 인권개선에 새로운 계기 마련) 대법원장1953-1969으로 임명한 것과 윌리엄 브레넌William J. Brennan을 (진보주의 법철학의 옹호자) 대법관1956-1990으로 임명한 것은 대통령 재직 시절 최대 실수였다고 회고했다. 미연방 대법관의 임기는 종신으로, 한번 상원 인준을 통과하면 대통령도 해임할 수 없다. 엄격한 인준과정을 거쳐 선임되는 연방대법원 9인의 대법관들("지혜의 아홉 기둥")은 행정부와 입법부를 초월하여 미국사회의 중요한 사안에 대한 최종 결정을 내린다. 연방대법원의 판결에 따라 모든 시민의 자유, 권리와 의무의 내용이 결정된다.

아이젠하워는 워싱턴의 관료주의에 대해 적잖은 회의를 품고 있었다. 한번은 조지 험프리George Humphrey 재무장관이 재무부는 공보 전문가가 3명뿐이라고 자랑했다.* 대통령이 대답했다.

"재무부를 위해서 특별 메달을 내 오십시오!"

그리고 다시 생각하고는 이렇게 덧붙였다.

"재무부가 뭔가 다른 직책 아래 공보 전문가를 숨겨놓지 않앞다면, 내가 원숭이 삼촌입니다!\*\*"

  *각 정부 부처의 공보인력이 과도하다는 전제가 깔려있다.
  *I am a monkey's uncle: 깜짝 놀랄 것이라는 의미.

아이젠하워가 한번은 찰스 윌슨Charles Wilson 국방장관에게 부서의 노동력 규모를 신속히 조사하라고 지시했다. 저항이 있을 것이라고 예측하면서, 아이크는 힘 주어 말했다.

"국방부에서는 못하겠다고 하지 마십시오. 제가 그 시스템을 창안했습니다." 대통령은 윌슨에게 말했다. "뚱뚱하고 머리 벗겨진 소령들은 요청만 하십시오, IBM 기계에서 공중돌기를 하면서 나올 겁니다."\*

  *윌슨은 필요한 것은 무엇이든 즉각 확보할 수 있기 때문에 조사를 빨리할 수 있을 것이라는 취지. 여기에 컴퓨터의 신속한 조사 능력을 강조한 것 같다.

대통령 집무실에서 토론이 한창일 때였다. 대통령이 유리 현관 문 밖의 다람쥐를 가리켰다. 그 생명체는 계속 뛰어올라 유리에 부딪쳤다. 아이젠하워가 웃으며 말했다.

"제가 여기저기에서 말해온 것들이 바로 저 모습 아닙니까? 이곳은 정신병원입니다. 오, 그렇지, 저 다람쥐는 제가 최근에 만난 손님 몇 명보다는 그래도 더 제정신입니다."

아이크는 카드 게임, 특히 브리지를 진지하게 여겼다. 아이젠하워는 파트너가 실수할 때마다, 부하가 사과할 때 말을 잘랐던 대령에 대해 이야기하곤 했다.

그 대령은 이렇게 말했다. "설명은 필요 없습니다. 어떤 설명도 만족스럽지 않을 것이기 때문입니다."

아이젠하워는 현대적 공화주의의 미덕을 즐겨 찬양했다. 그에게 있어서 현대적modern이란 중도적moderate과 동의어였다.

"지표에서 사용할 수 있는 길은 중앙이 전부입니다. 양 극단 (오른쪽과 왼쪽)은 모두 도랑입니다."

아이크가 백악관에서 보내는 마지막 해에 한 기자가 말했다.

"대통령님, 대통령께서 다가오는 생일에 현직 최고령이 된다는 것을 알고 계십니까?"

아이젠하워가 웃으며 말했다. "야구 전통이라고 생각하는데요. 투수가 안타를 계속 안 내주는 경기를 하고 있으면 아무도 그것을 투수한테 알리려고 하지 않지요."

★

자리에서 물러나는 것을 달갑게 기다리는 대통령은 거의 없다. 확실히 아이크도 그랬다. 그는 1960~1961년 겨울 내내 백악관 앞에 후임자 취임식을 위한 관람석이 세워 지는 것을 우울하게 바라봤다. 아이젠하워는 "자기 교수대가 세워지는 것을 바라보는 수인 같은 느낌이 들었습니다."라고 말했다.

★

1964년 샌프란시스코의 공화당 전당대회에서, 진보적 공화당원인 밥 마티아스Bob Mathias 의원은 배리 골드워터Barry Goldwater가 곧 대통령 후보로 지명될 상황에 기가 막혔다. 마티아스는 홀 뒤쪽에 자리를 잡았다. 연단에서는 전직 대통령 아이젠하워가 격려 연설했다. 그 연설은 분명히 마티아스한테는 귀에 들어오지 않았다. 골드워터를 위험 인물로 간주하면서 마티아스는 중얼거렸다.

 "아이젠하워가 아직도 건재하다면 이런 일은 일어나지 않았을 텐데."

★

# 19

## 제럴드 포드
### Gerald Ford

포드 대통령이 결코 국가 최고위직을 갈망하지 않았고, 대신 하원의장을 원했다는 것은 잘 알려져 있다. 그럼에도 불구하고 1968년 '그리다이언 클럽' 언론인 모임(217쪽 참조)의 연례 만찬에서 인정한 대로, 그마저도 포토맥* 열병에 완전히 면역돼 있지는 않았다. 때때로 밤늦게 펜실베이니아 애비뉴 1600번지**를 지나치고 있노라면, 머릿속에서 작은 목소리가 말하는 것이 상상됐다고 포드는 말했다.

"당신이 여기 산다면, 지금 집에 도착한 것입니다."

*Potomack: 워싱턴 DC를 흐르는 강.
**백악관 주소

★

1976년 대통령 선거에서 포드는 국방비 지출 문제를 놓고 상대방을 콕콕 찔렀다. 그는 테디 루스벨트의 "말은 부드럽게 하되 몽둥이는 큰걸 들고 다녀라."*라는 유명한 경구를 상기시켰다. 포드는 지미 카터가 잘 못 생각하고 있다고 말했다.

이 조지아주 출신은 "크게 말하고 파리채를 들고 다니기" 바란다는 것이었다.

*speak softly and carry a big stick: 포드는 카터가 반대로 [크게 말하고 파리채를 들고 다니기|speak loudly and carry a flyswatter] 쪽이라고 비아냥댄 것이다. 포드는 재선에 실패하였고, 후임 대통령은 지미 카터.

★

포드는 예기치 않게 자신이 국가 최고위직에 취임하게 되자, 해병대 군악대가 혼란스러워했다고 농담했다.

"그들은 〈대통령 찬가 Hail to the Chief〉를 연주해야 할지, 〈먼 길 오셨군요, 그대여 You've Come a Long Way, Baby〉를 연주해야 할지 알 수 없었습니다."

★

대통령 집무 초기에 포드는 개인 돈을 들여 실외 수영장을 지었다. 그리고 그는 "백악관에서 '물속 깊이 빠지는 데' 굳이 수영장이 필요하지는 않다"*는 것은 인정했다.

And You Always Thought They Were Dull • 사람들 생각엔 재미없었던 그들

*You don't need to have the pool at the White House to get *in deep water*: [in deep water: 궁지에 빠져, 곤경에 빠져].

포드는 언젠가 부통령에게 넬슨 록펠러*만이 자신의 비상금으로 연방 예산의 수지 균형을 맞출 수 있는 유일한 납세자라고 말했다.

*Nelson Rockefeller(1908-1979): 정치인·사업가. 스탠더드 오일 컴퍼니의 창업자인 존 D. 록펠러의 손자. 1974년 포드에 의해 부통령으로 임명되었다.

포드는 또 세련된 워싱턴의 인사들이 그다지 유쾌하지 않은 말을 해도 유쾌하게 받아 넘길 줄 알았다. 포드가 모교에 가서 이렇게 연설을 시작했다.

"예일대 법대의 150주년 행사Yale Law School Sesquicentennial Convo-cation… 에 참석할 수 있어서 정말 기쁩니다…. 여러분 누구라도 이 말을 하면서 동시에 껌을 씹을 수 있는지, 해보십시오."*

*Yale Law School Sesquicentennial Convocation는 영어로 발음하기가 길고 힘들다. 그래서 껌 씹는 것처럼 쉬운 일과 동시에 함께 할 수 있는지 해보라고 익살을 부렸다.

린든 존슨이 몇 번 포드를 놀리는 농담을 한 적이 있었다. 한번은 포드가 어느 정도 복수할 기회를 잡았다.

"헨리 클레이*는 항상 대통령이 되기보다는 올바르게 되겠다고 말했습니다.** 포트가 말했다. "지금 존슨 대통령은 그것이 정말 탁월한 선택이었다는 점을 보여주고 있습니다."

*Henry Clay(1777-1852): 휘그당 대통령 후보 지명에 5차례 도전했다. 1832년과 1844년, 후보로 지명되었으나 선거에서 모두 패배했다. 하원의장, 상원의원 재임. 존 퀸시 애덤스 행정부에서 국무장관 재임. 1820년 〈미주리 타협〉, 1833년 〈관세 타협안〉, 〈1850년 타협〉을 이끌어내 "대타협가"로 불렸다. 이 3가지 타협은 모두 자유주와 노예주 세력의 균형을 유지하기 위한 노력이었다.
**he'd rather be right than president: 대통령이 되는 것과 올바르게 되는 것이 양립할 수 없다면 후자를 택하겠다는 뜻. 존슨 대통령이 이 말의 실효성을 입증했다면 두 가지가 양립하기 어렵다는 뜻인데 존슨은 대통령이므로 올바른 사람이 아니라는 것이다.

포드는 미국 대통령으로서 일본을 처음 방문했다. 포드는 의도하지 않았는데 카메라에 포착됐다. 양말 끝에 닿을까 말까 하는 외교용 줄무늬 바지 때문이었다. 포드는 워싱턴에 돌아와서 연설문 작성자 밥 오벤Bob Orben을 집무실로 불러 물었다.

"그 사진 봤습니까?"

오벤이 모른다며 "무슨 사진 말입니까?"라고 묻자 포드는 그냥 웃으며 말했다.

"그 사진 말입니다. 그걸 갖고 좀 웃길 일이 있습니다."

그리고 그들은 관련 작업을 했다. 그날 저녁 대통령은 워싱턴의 보이스카우트 행사에서 연설하기로 돼 있었다. 대통령이 연설을 시작했다.

"한번 스카우트는 영원한 스카우트란 말이 있습니다. 그리고 제 경험상 그게 사실이란 걸 말씀드릴 수 있습니다. 많은 세월이 지났으나 저는 아직도 야외 활동을 좋아합니다. 여전히 제 스스로 요리할 줄 압니다. 적어도 아침 식사는 말입니다. 그리고 제가 일본에서 찍힌 사진들을 보신 분들은 아시겠지만, 때때로 저는 짧은 바지를 입고 돌아다닙니다."

진정한 의회의 아들로서, 포드는 예전 동료들과 메시지를 주고받을 수 있는 방법을 정확히 알았다. 1975년 겨울, 의원들은 포드가 추구했던 280억 달러 규모의 감세 법안을 처리할 참이었다. 이에 따른 필요 예산 삭감의 입법화 작업은 없었다. 포드는 의회 연락관에게 지시했다. 의회 의사관Parliamentarian에게 전화를 걸어 크리스마스 휴가 시즌에 그 '위엄 있는 단체' 의회를 워싱턴으로 다시 불러들이려면 규정이 무엇이냐고 물어보라는 내용이었다. 포드가 말했다.

"지금, 이점은 제가 절대 비밀로 하고 싶다는 것을 의사관에게 확실히 밝혀주십시오. 그럼 웨스턴 유니언*보다 더 빨리 의회에 소문이 퍼질 겁니다."

정확히 그렇게 됐다. 포드의 위협이 소문으로 돌고 돌았다. 의회는 휴회 전에 타협 예산안을 통과시켰다.

*Western Union: 당시 통신회사.

백악관 사진가 데이비드 케널리David Kennerly는 늘 워싱턴의 거만한 풍토에 바람을 빼는 역할을 해왔다. 대통령이 비행기 계단에서 미끄러져slipped and 넘어지자tumbled down 케널리는 한참 동안 사진 찍기를 멈춘 채 말했다.*

"착지하셔서 정말 반갑습니다So nice you could drop in."**

*포드는 오스트리아 잘츠부르크 방문 때 대통령 전용기 에어포스 원에서 내리다가 계단에서 미끄러졌다.
**기본적으로, 넘어진 상황을 지나치게 정중하게 표현한 농담이다. 'drop in'은 말을 하나 하나 풀면 어떤 장소 안으로 떨어진다는 뜻이어서 '실족하다' 외에 '예고 없이 방문하다'의 의미로 쓰인다. 포드가 문자 그대로 넘어져서drop 방문지 안으로in 들어간 것이다.

월남전에 개입한 미국이 굴욕적 결말을 목전에 둔 1975년, 포드의 백악관은 암울한 분위기에 빠졌다. 케널리가 국가안전보장이사회 사무실에 나타나 말했다.

"좋은 소식과 나쁜 소식이 있습니다. 좋은 소식은 베트남 전

And You Always Thought They Were Dull • 사람들 생각엔 재미없었던 그들  339

쟁이 끝났다는 것입니다. 나쁜 소식은 우리가 졌다는 것입니다."

1976년 선거에서 포드의 닉슨 사면 문제는 사그라질 줄 몰랐다. 기자 회견 도중 신문기자 프레드 반스Fred Barnes가 일어나 물었다. "대통령님, 오늘 두세 번 당신의 '전임자'에 대해 이야기했습니다. 그리고 한 번은 '린든 존슨의 후임자'라고 지칭했습니다. 대통령께서는 리처드 닉슨이라는 이름을 말하길 피하려고 하시는 겁니까?"

"그렇습니다." 포드가 말했다.

★

'제럴드 포드-지미 카터' 선거는 포드가 '소련의 폴란드 통제'*에 관한 중대한 토론에서 말을 잘 못하는 바람에 열기를 띠게 됐다. 포드가 작은 표 차이로 선거에서 패한 뒤 백악관 이후 생활을 어떻게 할지에 대해 많은 추측이 뒤따랐다. 어떤 사람들은 그가 미시간대학교에서 교수가 될 것이라고 생각했다. 포드는 그것도 고려하고 있다고 말했으나 이렇게 덧붙였다.

"하지만 동유럽 역사는 안 가르칠 겁니다."

\*Soviet domination of Poland: 대선 당시 포드는 폴란드 등 동유럽국 국민이 소련의 통제를 받는다는 생각을 하지 않을 것이라고 대답했다. 선거의 한 분수령이 된 요인으로 간주되고 있다.

1997년 11월 텍사스 A&M에서 부시 대통령 도서관 개관식이 열렸다. 포드는 그와 부시 대통령은 공통점이 많다고 말했다.

"우선 우리는 모두 분에 넘치는 여성과 결혼했습니다. 그래서 모든 위대한 여성 뒤에는, 그 여성이 자신을 어떻게 봤을 지 궁금해 하는 남자가 있다는 것을 증명했습니다."

포드는 또 그와 부시가 때때로 두 사람 다 영어를 망쳤고, 말의 짜임새syntax를 버번Bourbon 위스키 병에 갖다 붙이는 상표로 믿었다고 부당하게 비난받았다는 것을 사람들에게 하소연하고 싶어 했다. 포드는 이전 행정부의 백악관 비밀 기록들이 최근 발견된 마당이어서, 청중들에게 이렇게 상기시켰다.

"포드나 부시 테이프는 전혀 없습니다. 하지만 있다고 하더라도 아마 여러분은 거기에 무엇이 기록돼 있는지 이해 못하실 겁니다."

★

# 20

## 러더퍼드 헤이스
### Rutherford B. Hayes

헤이스는 18세 때 일기에 이렇게 썼다. "나는 재미로 치면 최상급 수준이고, 웃자는 일이라면 쾌속 감각이다. 그래서 위트 있는 것이면 뭐든지 웃고, 모두가 흥겨워 할 일에 보탬이 되는 것이라면 뭐든지 말한다."

여기까지 그럭저럭 괜찮았다. 다음은 그가 정치인으로서 훈련 중이라는 표시다. 헤이스는 자신의 유머러스한 성격에 대해 이렇게 말했다. "때로는 분위기에 잘 어울렸습니다만, 극단적으로 몰고 가려는 경향이 너무 커서 가능하다면 앞으로는 완전히 그만둬야겠습니다." 대부분의 역사학자들은 그가 성공적으로 자신의 결심을 실행했다고 생각한다.

★

헤이스는 아들들한테 편지를 쓰면서, 빅토리아 시대 방식으로 충고했다. "네가 어머니에게 고백하기에 부끄러울 어떤 것도 결코 행동하거나 말하지 마라."

헤이스는 정치적 목적을 추구할 때 항상 조심스럽지만은 않았다. 그는 언젠가 이렇게 강조했다.

"전투하는 것은 여성들에게 구애하는 것과 같습니다. 가장 허세를 부리고 가장 대담한 사람들이 대개 이깁니다."

진정한 개혁가로서 헤이스는 경제적 불평등과 계급 정치의 등장을 우려했다. 그는 이렇게 언급했다.

"빈곤을 퇴치하려면 금권정치를 몰아내십시오."

★

대부분의 대통령처럼 헤이스는 일간지들로부터 제대로 대접받지 못하고 있다고 느꼈다. 그는 한번은 이렇게 말했다.

"저는 자기 나라에 좋은 신문을 제공할 수 있는 사람을 존경할 것입니다."

★

1876년 민주당의 새무엘 틸든Samuel J. Tilden을 상대로 치른 대통령 선거*가 논란이 되는 바람에, 헤이스의 비평가들은 그에게 '사기꾼 전하His Fraudulency'라는 별명을 붙였다. 그러나 헤이스는 상원의 공화당 수뇌부에 끌려다니지 않음으로써, 재빨리 자신이 원칙의 사나이라는 것을 보여줬다. 이들 중 실력자는 뉴욕 정계의 제왕적 보스인 로스코 콩클링**이었다. 콩클링은 헤이스를 '할망구 헤이스Granny Hayes'라고 비웃었고, 대민 업무 개혁에 완강히 반대해 공개적으로 헤이스와 갈등을 일으켰다.

결국 헤이스가 상원에서 콩클링을 꺾으며 마지막에 웃었다. 전직 로드 아일랜드 주지사의 부인과 점잖지 못한 관계를 유지해 오던 콩클링이 그 전직 주지사의 손에 의해 굴욕을 겪게 된 것도 헤이스에게 나쁘지 않았다. 바지춤을 움켜쥔 콩클링이 총을 든 남편보다 한 발 앞서 침실 창문으로 도망쳤다는 이야기로 곧 워싱턴 전역이 웅성댔다.

헤이스는 일기에 이렇게 썼다.

"콩클링의 타락상이 노출돼 일방적으로 좋은 효과가 있을 것이다. 좋을 것 하나 없고 오직 나쁘기만 한 그의 정치적 영향력은 약화될 것이다."

백악관의 축하 행사는, 대통령과 금주운동으로 '레모네이드 루시'***라는 별명까지 얻은 영부인의 검소한 생활양식을 생각할 때 조용할 수밖에 없었다. 헤이스가 콩클링에 이겼다는 소식이 돌자 "버터 우유가 백악관에 물처럼 흘렀다"는 말이 나왔다.

*이 선거에서 틸든은 총득표에서 헤이스를 앞섰으나 당선되지는 못했다.
**Roscoe Conkling(1829-1888): 콩클링은 남북전쟁이 끝나자 공화당 급진파의 지도자가 되어 패전한 남부연합을 엄격한 군정 관리하에 둘 것과 해방노예의 폭넓은 권리를 주장했다. 또 그의 고향인 뉴욕주에서 확고한 정권을 장악하기 위해 상원의원들이 주 안의 모든 연방관리에 대한 임명권을 가져야 한다고 주장했으며, 헤이스 대통령의 관직개혁법 제정 시도에 격렬히 반대했다.
***Lemonade Lucy: 백악관 안주인이 된 루시는 절대 술을 들여오지 못하게 하고 "레모네이드"를 손님들에게 대접하였다.

백악관을 떠나기 전 몇 달 동안, 헤이스는 찾아오는 사람들에게 곧 사면될 사람처럼 비쳐졌다. "곤경에서 벗어납니다." 그는 계속 껄껄거리며 말했다. "곤경에서 벗어납니다."

다른 많은 대통령들과 달리 헤이스는 대통령직의 부담에서 벗어나는 날을 손꼽았다. 그는 퇴임을 속박으로부터의 해방에 비유했다. "나는 '자유인freed man'이 되는 것이 반갑습니다."

# 21

## 윌리엄 매킨리
### William McKinley

매킨리는 동료들 사이에서도 인기가 높은 타고난 정치인이었다. 동료들 중에는 젊은 제임스 가필드제20대 대통령도 있었는데, 그는 하원 식당 벽에 줄지어 붙어있는 침 받이용 접시를 명중시키는 실력에서 매킨리를 따를 자는 없다고 주장했다.

1892년, 공화당원들은 인기가 없는 벤저민 해리슨이 다시 대통령 후보로 지명되면 질 가능성이 높다고 우려해, 대안으로 매킨리에 시선을 돌렸다. 그렇지만 영리한 이 오하이오 출신은, 민주당이 강세인 해에는 출마할 의사가 없었다. 공화당 전당대회에서 해리슨이 1차 투표까지 승리한 것을 보고 안심한 뒤, 지친 매킨리는 호텔로 돌아왔다. 우호적인 신문기자와, 장차 매킨리의 성공적인 선거운동 매니저로서 불후의 명성을 얻게 될 마크 한나*가 그와 동행했다. 폭염 속에서 이들은 겉옷을 벗어던지고 소파나 침대에 드러누웠다. 한동안 들리는 소리라고는 얼음 덩어리가 잔에서 쨍그랑하는 소리뿐이었다. 마침내 한나가 적막을 깨고 말했다.

"맙소사, 윌리엄, 제기랄! 간발의 차이였잖아요."

*Mark Hanna(본명은 Marcus Alonzo Hanna, 1837-1904): 미국의 실업가, 정계의 실력자. 1896년 대통령선거에서 매킨리 후보를 지지하여 대통령으로 당선시켰고, 미국 정계에서 점점 커지는 대기업의 영향력을 상징하는 인물이 되었다. 매킨리가 주지사(1892-1896)를 거쳐 대통령(1897-1901)에 오르는 동안 그의 정치적 출세를 위해 모든 정력을 쏟았다. 그는 1896년 매킨리가 윌리엄 제닝스 브라이언과 경쟁할 것에 대비해, 대통령후보지명 전당대회가 열리기 전에만 무려 10만 달러가 넘는 개인 돈을 쏟아부었다. 정력적인 그는 돈 많은 기업체와 개인들로부터 유례 없이 많은 돈을 끌어모아 350만 달러의 비용이 든 선거운동을 교묘하게 이끌었다. 이 선거운동은 미국 역사상 가장 비용이 많이 들고 가장 잘 조직된 운동이었다(매킨리를 선택하면 계속 번영을 누릴 수 있다고 약속하는 수백만 부의 팸플릿으로 미국 전역을 뒤덮다시피 함). 대통령이 된 매킨리는 마크 한나가 상원의원이 되는 데 도움을 주었다.

1896년 선거는 '월가의 회초리scourge of Wall Street' 윌리엄 제닝스 브라이언과 고관세의 사나이 매킨리의 무제한 경기였다. 거의 1세기 후 로널드 레이건처럼, 매킨리는 복잡한 문제를 명료화하는 데 천재적 재능을 지니고 있었다. 학식 높은 교수들과 경제 전문가들은 이해하기 힘든 금본위제의 복잡성을 토론할지 모른다. 매킨리는 자기만의 방법으로 쟁점을 정리했다.

And You Always Thought They Were Dull • 사람들 생각엔 재미없었던 그들 347

"좋은 돈은 결코 시대를 어렵게 만들지 않았습니다."* 이것은 미국 정치 역사상 매우 효과적인 슬로건이었다.

*Good money never made times hard: 매킨리는 금본위제도 옹호론자였다.

시어도어 루스벨트와 개혁 성향의 공화당원이, 매킨리의 오하이오주 캔턴시 자택을 향해 여행하는 순례단 수천 명에 합류했다.* 그곳에는 캠페인송 〈정직한 일꾼이 머무르려고 왔네Honest Little Dollar's Come to Stay〉를 연주하는 밴드들이 금색 넥타이를 맨 지지자들을 이끌고 있었다. TR의 매서운 친구 존 헤이John Hay도 "소령the Majah"**에 환호하는 사람들 속에 있었다. 헤이는 좀 더 보수적인 관찰자들은 보지 못한 그 무엇인가를 발견하고는 이렇게 언급했다.

"저는 그의 얼굴을 보고 어느 때보다 더 놀랐습니다. 그것은 15세기 이탈리아 교회의 얼굴 그 자체였습니다. 그런데 마크 한나가 그를 움직일 것이라고 생각하는 바보들이 있다니까요."***

*1900년 매킨리는 재선에 도전하면서 시어도어 루스벨트(TR)를 러닝메이트로 지명했다. 1901년 9월 한 젊은 무정부주의자에 의해 매킨리가 암살되자 부통령 루스벨트가 대통령직을 승계하였다.
**매킨리는 1851년 남북전쟁이 발발하자 연방군에 자원입대하였고, 종전 후 자원군 "명예소령"으로 전역함.
***매킨리의 완고한 측면을 예지했다는 뜻. 언론은 매킨리를 독점기업들의 이익을 대변하는 "유모" 한나의 손에 이끌려 다니는 어린 아이로 풍자했는데, 그는 한나의 영향력에 압도되지 않았다. 매킨리는 독점 기업들을 겨냥하여 "공공의 선을 위협하는 위험한 음모"라고 공격했다.

어떤 면에서는 냉소적이고, 어떤 면에서는 세련된 존 헤이가 매킨리의 진지한 적수 윌리엄 제닝스 브라이언과 즐겁게 한 순간을 보냈다. 네브라스카 출신의 브라이언 의원은 36살로 은본위제 지지자였다. 헤이는 이렇게 적었다.

"그 '소년 연사'는 단 한 가지 연설만 한다. 그런데 그 연설을 하루에 두 번 한다. 재미는 없다. 그는 의심할 수 없는 진실을 단순하게 되풀이해서 말할 뿐이다. 셔츠가 깨끗한 사람은 모두 도둑놈이고 교수형에 처해져야 한다는 것, 문맹자와 범죄 계층을 제외하면 선함과 지혜로움도 없다는 것, 금은 사악하고 은은 사랑스럽고 성스럽다는 그런 것이다…. 그는 금 신봉자들의 오감을 서늘하게 했다."

매킨리는 영리함과 은근한 풍자 능력을 결합한 재능을 갖추고 있었다. 예를 들어 스페인에 더 공격적인 정책을 써야 한다는 의회의 압력이 거세질 때, 그 대통령은 서두르기를 거부했다. 그는 "서두른다고 해서 애국적인 것은 아닙니다"라고 말했다.

또 다른 경우, 개인 비서가 매킨리의 고향인 오하이오주 캔톤시의 한 교회에서 온 모금 요청 편지를 건넸다. 매킨리는 간단한 메시지를 첨부해 되돌려줬다.

"제가 지금보다 더 부지가 되면 관심을 갖도록 알려주십시오."

★

호전적인 시어도어 루스벨트 해군 차관은 스페인과 전쟁을 치러야겠다는 생각을 좀처럼 감출 수 없었다. 그 때문에 루스벨트는 가끔 신중함을 잃고 평화 애호가인 매킨리 대통령을 이렇게 평하기도 했다.

"그의 척추는 에클레어eclair 초콜릿입니다."

〈시카고 트리뷴〉은 다르게 봤다.

신문은 "만약 새 세기의 대통령인 이 사람이 척추가 없다면, 그럼 우리는 무척추 동물이다"라고 기술했다.

★

서류 작업은 대통령들에게 늘 골칫덩어리다. 하지만 매킨리만큼 서류 작업을 귀찮아 한 사람도 드물 것이다. 그는 미국-스페인 전쟁117쪽 참조 기간에 육군 및 해군 사령장에 일일이 서명해야 했다. 그의 책상은 수백 장의 서류로 넘쳤는데, 서류는 각각 양피지여서 처리하기도 매우 불편했다.

처음에 매킨리는 감리교 찬송가를 흥얼거리고 입술 사이에 시가를 꽉 문채 무척 즐겁게 일을 시작했다. 얼마 후 그의 사무실은 공문서가 눈송이처럼 떨어져 깔리는 바람에 바닥이 보이지 않을 지경이었다. 매킨리는 투덜거렸다.

"이 문제에 대해서 뭔가 조치가 이뤄져야 합니다. 누군가 다른 사람이 이 서류들에 서명할 수 있어야 합니다."

매킨리는 백악관 엘리베이터가 고장난 것에 대해서 의원들의 심기가 불편하다는 얘기를 들었다. 매킨리는 웃으며 말했다.

"불평하도록 내버려두세요. 계단으로 올라오는 게 그들에게는 너무 쉬운 일입니다."\*

\*It's too easy for them to get up here the way it is: 매킨리 재임기간에 백악관에 처음으로 전동식 엘리베이터가 설치됐다.

미국-스페인 전쟁으로 매킨리의 부드러운 심성이 심각하게 시험받았다. 정치적으로 요령부득이었던 고급부관이 몇 가지 중요한 예고 뉴스를 앞서 내보내자 대통령은 드물게 화를 냈다. 나중에 매킨리는 설명했다.

"가끔가다 사람들을 나무란다는 것은 좋은 생각입니다. 우리는 모두 가끔 혼이 날 필요가 있습니다."

또 다른 소동은 같은 군인이 백악관 만찬에 늦게 나타나 발생했다. 그는 시계가 늦게 샀다고 이유를 댔다. 매킨리가 한마디 했다.

"링컨의 고급 부관이 같은 핑계를 댄 적이 있습니다. 링컨은 '자, 당신이 새로 시계를 바꾸거나 제가 새로 고급부관을 바꾸거나 해야 하겠습니다' 라고 했다는 겁니다."

매킨리는 바깥에 비쳐진 온화한 이미지에 비해 훨씬 더 강도 높게 일했다. 미국-스페인 전쟁이 끝날 무렵, 그는 쿠바의 재정 상황에 대해 상세한 정보를 얻기 위해 육군 장교를 불렀다.

그 군인은 놀라움을 감추지 못한 채 말했다.

"대통령께서 여기서 정말 많은 일을 하십니다."

매킨리가 대답했다. "오, 아닙니다! 우리는 여기서 아무 일도 하지 않습니다. 우리는 그냥 앉아서 빈둥댈 뿐입니다."

매킨리의 부드러운 외모 뒤에는 학식이나 재산이 더 많은 사람들에 대한 일말의 적개심 같은 것이 있었다. 매킨리는 이렇게 말했다.

"저는 제 정치경제학의 기초를 교수들의 연구보다는 도예가나 진흙을 다루는 사람의 일상 경험 위에 세우겠습니다."

동시에 그의 밋밋한 유머는 숙적인 공화당의 톰 리드127쪽 참조 하원의장이 구사했던, 깨진 유리병 조각 같은 날카로운 위트와 뚜렷하게 대비됐다. 매킨리가 평가했다.

"모두가 리드의 풍자적인 코멘트를 좋아합니다. 그 풍자의 대상이 된 사람만 빼고 말입니다."

미국 정치에서 토머스 브래킷 리드Thomas Brackett Reed 같은 사람은 정말 없었다. 그는 육체적으로, 지성적으로 거인이었고 토론의 날카로움과 저돌성에서 최고로 위협적이었다. 매킨리는 입을 열 때마다 친구들을 사귄 반면, 리드는 요점을 꼬집었다. 그래서 친구들은 매킨리가 대통령직을 얻는 데 더욱 더 도움이 됐다. 예를 들면 이렇다. 길게 얘기하는 일리노이 출신의 한 연설가가 과장된 연설을 마치면서 두 손을 흔들며 외쳤다.

"켄터키의 '위대한 보통사람' 헨리 클레이336쪽 참조처럼, 저도 대통령이 되기보다는 올바른 사람이 되기를 원합니다."

리드 의장은 만반의 준비가 돼 있었다.

리드는 이렇게 말했다. "일리노이에서 온 그 신사는 걱정할 필요가 없습니다. 그는 결코 대통령도 안 되고 올바른 사람도 되지 않을 것입니다."

매킨리는 젊은 의원에게 "아버지 같은 조언"을 했다.

"얼마나 오래 의회에 있든, 단지 신문에 이름이나 올리려고 법안을 준비하고 도입하기보다는 사악한 법이 제정되는 것을 막는 데 시간을 보내십시오. 그러면 이름이 머리기사에 오르지도 못하고, 항상 '나무껍질을 벗기고 있는 것'처럼 주목받지도 못할 것입니다. 하지만 당신은 국민에게 폭넓은 봉사를 하게 되는 것이고, 늘 양심에 입각해 정의로운 사람이 될 것입니다."

윌리엄 앨런 화이트언론인(115, 133, 225쪽 참조)가 볼 때 매킨리는 전혀 매력적이지 않았다. "그는 사람들 사이에서 청동상처럼 걸었습니다." 이 캔자스의 편집자는 비웃었다. "30년 동안 결연히 받침돌을 찾아온 청동상처럼 말입니다."

매킨리는 필리핀을 비롯해 미국-스페인 전쟁의 승리로 얻은 외국 영토를 합병하는 문제에 대해 고민했다. 소설가 헨리 제임스\*는 매킨리가 말한 "호의적 동화benevolent assimilation"를 전혀 다른 것으로 생각했다. 제임스가 매킨리의 입장을 요약했다.

"우리는 여러분을 위해 여기 있습니다. 그러므로 우리의 따뜻한 호의에 조건 없이 항복하십시오. 그렇지않으면 저 세상이

올 때까지 두들겨 맞을 것입니다."

> *henry James(1843-1916): 미국 소설가·비평가. 그의 작품 대부분은 '국제 문제'를 다뤘다. '영어로 쓴 가장 뛰어난 소설' 중의 하나로 평가받은 ≪어떤 부인의 초상≫과 ≪미국인≫, ≪프랑스 문인들≫, ≪유럽인들≫, ≪나사못 회전≫ 등을 썼다.

천성이 친절한 매킨리는 불만을 키우지도, 원한을 품지도 않았다. 한 정계 동료에게 그는 통찰력이 있는 조언을 했다.

"정치하는 동안은 결코 기록을 남기지 마십시오."*

동시에 대통령은 여론의 변동에 소리굽쇠처럼 민감했다. 누군가가 장난삼아 이렇게 말할 정도였다. "매킨리의 귀는 너무 땅에 붙어 있어서 메뚜기로 꽉 찼습니다."

> *Never keep books in politics: 정당하게든 부당하게든 나중에 불리하게 이용될 수 있다는 취지.

# 22

## 지미 카터
### Jimmy Carter

"아마 정치인 중 반은 자존심ego 강한 사람이고, 반은 겸손한 것 같습니다." 카터 후보는 1975년 이렇게 말했다. "저는 두 가지 성향을 다 나눠 갖고 있다고 생각합니다."

1977년 5월, 카터 대통령이 노트르담 대학교 졸업식에서 연설했다. 그는 졸업생들이 세계로 나가면서 어떻게 느껴야만 하는지와 자신이 신임 대통령으로서 어떻게 느꼈는지를 비교하면서 연설을 시작했다.

"전날 밤에 좋은 친구인 찰스 커보Charles Kirbo와 함께 '트루먼 발코니'에 앉아있었습니다. 그는 내게 취해서 침대에다 불을 질렀다는 혐의로 체포돼 법원에 이송된 사람에 대해 이야기했습니다. 판사가 죄를 인정할지 여부를 묻자, 그는 '무죄'라고 말했습니다. 그는 또 '나는 취했고 침대에 들어갈 때 불이 붙어있었다'고 말했습니다."

카터 대통령은 국민과 명확하게 의사소통하라고 참모들을 격려했다. 그런데도 백악관의 한 편지에는 이런 구절이 적혀 있었다.

"사안과 이에 내재한 어려움에 대한 제 개인적 지식에 입각해, 만약 당신께서 유리한 결과가 오리라고 과도하게 낙관하지 말도록 주의를 주지 못했다면 저는 결코 바로 도움이 되지 못할 것입니다."

또 다른 카터의 백악관 편지에는 기억할만한 서두가 담겨 있었다. "카터 대통령께 편지 쓸 기회를 갖게 해주신 것과, 당신의 애견 스팟Spot과 나눈 긴 대화 내용을 함께 공유하게 해주신 것에 대해 감사합니다."

가터는 못 말리는 동생 빌리를 놀리고 싶어 했다. 대통령이 말했다. "빌리가 정부 일에 참여하도록 애를 써 봤습니다. CIA와 FBI를 통합할 작정이었거든요. 그런데 빌리는 말했습니다. 철자를 어떻게 써야 할지도 모르는 기관의 장은 맡지 않겠다는 것입니다."*

*동생의 지적능력을 소재로 친근하게 농담한 것.

카터의 매서운 혀는 이집트 여행에서도 쉬지 않았다. '기자의 거대한 피라미드Great Pyramid of Giza' 가 겨우 20년 만에 건설됐다고 가이드가 소개하자 대통령은 이렇게 말했다. "정부가 그렇게 빨리 그 일을 할 수 있다는 것에 놀랐습니다."

카터는 특히 언론에 강경했다. 그는 실제로 한 공식 장소에 나타나면서 이렇게 말했다. "오늘 밤 무지하게 중요한 어떤 사안도 말하지 않겠습니다. 그러니까 여러분은 그 크레용 다 치워도 좋습니다."

"우리 모두 쟁점들에 대해 의견이 뚜렷하지 않습니다." 카터는 언젠가 이렇게 인정했다. "그것은 우리가 선출됐다는 사실에 의해서 입증됩니다. 대통령 후보가 됨으로 해서 생기는 이점은 의견이 명확치 않게 되는 사안들의 범위가 한층 더 넓다는 것입니다."*

*대통령 후보가 되면 여러 분야 유권자들의 이해관계를 대변해야 하기 때문에 특정 견해를 갖기가 더 어렵다는 의미.

두 자리 수의 물가 상승, 치솟는 이자율, 급등하는 휘발유 값, 그리고 이란의 미국인 인질 억류 사건 등이 겹쳐서 카터의 대중적 지지도는 바닥으로 떨어졌다. 카터는 워싱턴 바깥의 한 행사에서 이례적으로 큰 박수로 환영받자 담담하게 말했다.

"정말 사람들이 저에게 다섯 손가락 모두를 흔드는 것을 보게 돼서 기쁩니다."*

*가운데 한 손가락만 치켜세우는 것은 심한 욕이다.

★

# 고집불통
## Stick-in-the-Mud

FOUR SCORE
AGO OUR FATHER
ON THIS CONTINE
CONCEIVED IN LIB
TED TO THE PROP
MEN ARE CREAT
NOW WE ARE EN
CIVIL WAR TESTI
NATION OR ANY
CEIVED AND SO D
ENDURE · WE AR
BATTLEFIELD OF T
COME TO DEDIC
THAT FIELD AS
PLACE FOR THOS
THEIR LIVES TH
MIGHT LIVE · IT I
TING AND PROPE
DO THIS · BUT IN
WE CAN NOT DED
CONSECRATE-WE
THIS GROUND · TH
ING AND DEAD WH
HAVE CONSECRA
OUR POOR POWER
THE WORLD WILL
LONG REMEMBER
BUT IT CAN NEVER
DID HERE · IT IS
RATHER TO BE D
THE UNFINISHED
WHO FOUGHT HE
SO NOBLY ADVANC
US TO BE HERE D
GREAT TASK REM
THAT FROM THES
WE TAKE INCREA
THAT CAUSE FOR W
LAST FULL MEASU
THAT WE HERE HI
THESE DEAD SHALL
VAIN-THAT THIS N
SHALL HAVE A NEW
AND THAT GOVERN
BY THE PEOPLE FO

# 23

## 율리시스 그랜트
**Ulysses Grant**

★

그랜트는 위대한 미국의 수수께끼다. 그의 친구 티컴서 셔먼Tecumseh Sherman은 그랜트의 "총체적 성격은 그랜트 자신에게도 미스터리"였다고 말했다. 그랜트는 군사 전략가답게 영리하고 무자비했을지 모르지만 정치 영역은 역량 밖인 것처럼 보였다. 대통령이 가장 좋아했던 책이 마크 트웨인의 ≪촌뜨기 여행하다Innocents Abroad≫였던 것도 우연은 아니다. 그랜트가 백악관에서 보낸 시절은 스캔들로 물들었다. 자선은 분명히 집에서부터 시작됐다.* 그랜트의 친척이 짐 피스크Jim Fisk가 이끄는 월스트리트 투기꾼들과 공모해 금시장을 곤경에 빠뜨렸던 것이다. 짐 피스크는 "전쟁에서 1등, 평화에서 1등, 국민의 호주머니에서 1등"**이라고 불리는 사람이었다.

거품이 터졌을 때 그랜트의 명성도 꺼졌다. 반면에 직설적

군인 출신의 정치인으로서, 그랜트는 그랜트대로 '의회의 뽐내는 공작들'에 대해 경멸감을 거의 숨기지 않았다. 그랜트는 소질도 별로 없는 기지를 나름대로 신랄하게 발휘하면서, 제왕적 상원의원인 찰스 섬너Charles Sumner에게 한방 먹였다.

"편협한 머리 … 그는 두 눈이 너무 가까워서 한쪽 눈을 감지 않고서도 나사 구멍을 뚫어볼 수 있습니다."

또 섬너가 성경에 문제를 제기했다는 얘기를 듣고 그랜트는 이렇게 말했다. "왜냐하면 그 양반이 쓴 게 아니거든요."

\*charity begins at home: 속담 [사랑은 가까운 곳(가족)에서부터]의 인용.
\*\*First in war, first in peace, and first in the pokets of his countrymen: 조지 워싱턴에 대한 추도사 "전쟁에서 1등, 평화에서 1등, 국민의 마음에서 1등First in war, first in peace, and first in the hearts of his countrymen"에서 국민의 마음을 [국민의 호주머니]로 바꾼 풍자.

1872년 대통령 선거에서 호레이스 그릴리 후보가 적수였던 그랜트를 어떻게 비판하고 나올 지는 예측이 가능했다. "그랜트는 귀 먹고 말 못하는 후보가 돼도 자신은 견딜 수 있습니다." 그릴리는 말했다. "그러나 국가는 귀 먹고 말 못하는 대통령을 선출하면 견딜 수 없습니다."

★

심지어 그랜트의 친구들이 하는 칭찬도 뜻이 모호했다. 윌리엄 티컴서 셔먼 장군 이야기가 가장 대표적인 예다. "제가 화가 났을 때 그랜트는 저와 함께 있었습니다. 그가 술에 취했을 때 저는 그와 함께 있었습니다. 지금 우리는 서로 곁에 있습니다."

그랜트는 1872년 압도적으로 재당선됐다. 그랜트는 이 과정에서, 자신을 반대하면서 민주당에 동조했던 공화당 개혁주의자들을 이전보다 더 경멸하게 됐다. 공화당 개혁주의자들이 외치는 소리를 들으면, 그랜트는 '황야의 늑대 소리'를 처음 들었을 때가 생각난다고 제임스 가필드 의원에게 말했다.

처음에 요란스런 소리가 들려서 최소한 100마리는 있겠다고 생각했는데, 가까이 다가가 보니 외로운 늑대 두 마리가 서로 짖고 있더라는 것이다.

1872년 수전 앤서니*가 남자들에게만 투표권을 허용하던 투표법에 항거해 투표한 것은 북부 뉴욕 주민들에게 일대 사건이었다. 수전은 한 친구에게 으스댔다.

"그냥, 가서, 했을 뿐입니다. 공화당에 투표했습니다. 전부 '같은 정당'**에게만요." (이것은 성별 차이 이전의 문제다.)

이 일은 그랜트 대통령에게 큰 찬사처럼 보일 수 있었지만, 실상은 그렇지않았다. 그랜트의 적수인 호레이스 그릴리가 그해 대통령 선거에서 점수를 딸만한 일이라고는 전혀 하지 않았던 것이다. 그릴리는 앤서니 부인에게 이렇게 말했다.

"제가 아는 최고의 여성은 투표하고 싶어하지 않습니다."

*Susan B. Anthony(1820-1906): 미국 페미니즘의 선구자. 금주·노예제도 폐지 등 사회개혁 운동, 남북전쟁 후에는 여성참정권 운동에 힘을 쏟았다. 1872년 로체스터시 선거에서 여성투표의 합법성을 주장하였으나 미합중국의 최고재판소는 이를 거부하였다. 1979년 발행한 1달러 동전에 초상이 새겨졌다.
**straight ticket: (미국 선거에서) 일괄 투표 용지. 전부 동일 정당이나 그 후보자들에게 기표한 투표 용지.

그랜트가 여성 5천 명을 우체국장으로 임명하기까지 했는데도 그 여성 평등 주창자는 만족해하지 않았다. 대통령이 앤서니 여사에게 물었다. "그래도 충분하지 않습니까?"

앤서니 여사는 대답했다. "멀었어요. 혜택이 아니라 공평함을 바라는 것입니다."

그랜트는 학식이 높은 제임스 가필드와 그 친구들을 무시했다. 그랜트는 그들을 한 무리의 "빌어먹을 먹물 족damned literary fellows"이라고 불렀다.

그랜트는 술 문제로 악명이 높았다. 그랜트는 이렇게 썼다. "악법이거나 수용될 수 없는 법을 철폐하는 데는, 그 법을 가혹하게 실행하는 것보다 더 효과적 수단은 없다." 아마도 후일 미국의 금주법을 예견한 글이었는지 모른다.

그랜트 행정부 주위에 좋지 못한 소문들이 쌓여갔다. 제임스 가필드는 대통령의 자세에 놀라움을 표시했다. "그의 요지부동은 경탄스럽습니다." 가필드가 말했다. "그게 위대한 건지 바보스런 건지 의문스럽습니다만."

해리 트루먼이 볼 때 그랜트는 위대한 군인이었다. 그럼 백악관의 그랜트는 어떻게 보였을까? "우리 역사상 최악의 대통령"이라고 미주리 출신의 그 사나이는 선언했다.

그랜트는 1877년 백악관을 떠난 뒤 세계 일주에 올랐다. 그는 베니스에 대해, 누군가 분별력이 있어 운하의 물을 빼낼 수만 있다면 매우 훌륭한 도시가 될 것이라고 말했다. 이 말은 그의 이전 언급과 같은 수준의 것이었다. 그는 음악 감상평을 해달라는 요청을 받고 오직 두 곡조만 안다고 대답했던 것이다.

하나는 "양키 두들Yankee Doodle", 다른 하나는 양키 두들이 아닌 것이라고.

★

대통령이 되기 전 정치학자였던 윌슨은, 그랜트에 대해 평가를 내리고 싶어 참을 수가 없었다. 윌슨은 이렇게 말했다.

"그는 위대한 재능을 위대한 평범과 섞어버렸습니다." 그랜트가 윌슨을 어떻게 생각했는지 우리는 모른다.

★

냉소적이면서도 사람들을 웃겼던 헨리 애덤스역사학자(125쪽 참조)는 극치의 염세가였다. 대부분 미국인들에게 미래는 친구다. 애덤스에게는 아니다. 그는 이렇게 썼다. "워싱턴부터 그랜트까지만 연구해보면 다윈을 부정하는 데 충분하다."*

*미국 대통령들(1~18대까지)이 다윈의 학설과 달리 '진화' 하지 않았다는 풍자.

★

# 24

## 제임스 먼로
## James Monroe

★

먼로는 토머스 제퍼슨에게 편지를 쓰면서, 아버지로서 자랑스러운 마음을 드러냈다. "먼로 부인이 우리 사회에 딸 한 명을 보탰습니다. 시끄럽기는 하지만 매우 큰 즐거움을 선사하고 있습니다."

청년 먼로는 위험한 개척지로 여행을 떠나기에 앞서 친구들을 다시 한 번 안심시켰다. 그는 이렇게 썼다. "인디언들의 성격상 내 머리 가죽을 벗겨내려 할 가능성이 있습니다. 그러나 조금 맞서 싸우거나 아주 열심히 달리면 제 머리 가죽은 지킬 수 있을 겁니다. 저는 안전하게 탈출할 것입니다."

★

청년 먼로는 당당한 참전 용사로서, 그리고 유능한 정치인으로서 여성 지지자들이 많았다. 누군가가 이렇게 썼다.

"불쌍한 먼로 대령! 그의 사랑이 보답받지 못했을까 걱정된다. 우리가 눈이 멀어서 그의 완벽한 인간성과 심성을 절반도 못 알아봤다. 이날 나는 그 완벽성을 명확하게 알 수 있었다. 여자라면 갈구하고 남자라면 질투하는 완벽성 하나하나가 모여 8가지에 이른다. 우선 그는 의원이다. 그리고 부자이고, 젊고, 감수성 있고, 박식하고, '활기차고', '잘 생겼다'. 또 다른 소양은 잊어버렸다."

1810년 먼로는 친구 윌리엄 쇼트*에게 편지를 써서 샬로츠빌 지역으로 이사 오라고 권유했다. 그곳에서 제퍼슨이 말한 "우리 취향에 맞는 동아리"의 일원이 될 수 있다는 것이었다. 먼로가 쓴 편지다.

"당신은 내 집 근처에 있는 당신 땅을 팔고 싶다고 했습니다. 그곳에 와서 살 수는 없습니까? 죽어서 샬로츠빌에 함께 묻히자고 당신이 대도시 출신 귀부인을 설득하지 못한다면, 샬로츠의 이웃에서 외로움을 지루해하지 않는 그런 여성 한 분을 찾을 수 있을 겁니다. 장점과 가치가 있는 곳입니다. 그렇게 할 계획이 있다며 더 미루면 안 됩니다. 저는 지금 51세입니다. 당신은 저보다 젊지만, 10살 차이까지는 안 날 텐데요. 1795년, 우리가 함께 파리에 있을 때 당신은 5년가량 더 젊었습니다. 그리고 1775년, 우리가 대학에 있을 때 우리의 나이 차이는 더 적게 느껴졌습니다.** 당신께서 이 일을 고려해보고 내 충고에 따라 머지않아 제 주위에 와서 자리를 잡기 바랍니다."

*William Short: 1790-1792년 프랑스 주미 공사. 제임스 먼로는 1793-1795년 프랑스 주미 공사였다.
**시간이 지나면서 나이 차이가 점점 더 벌어지는 기분이 들었다는 것.

먼로가 존 퀸시 애덤스를 국무장관으로 임명하자 두 사람을 모두 알고 있는 토머스 제퍼슨은 흡족했다. "두 사람은 천생연분"이라고 이 전직 대통령은 말했다.

"애덤스는 펜이 날카롭습니다. 먼로의 판단력은 두 사람 몫을 하기에 충분하고, 단호함은 그 판단력을 통제하기에 충분합니다."

다른 어떤 대통령보다 많은 직책을 거쳤던 먼로 대통령은 워싱턴 사정에 정통해있었다. 백악관의 긴 리셉션이 끝나갈 무렵 한 친구가 대통령에게 피곤하냐고 물었다.

먼로가 대답했다. "오, 아닙니다. 약간만 칭찬해주면 피곤도 견딜 수 있습니다."

먼로도 조지 워싱턴처럼, 구경도 하고 자신도 알리면서 신생 공화국을 구석구석 여행했다. 먼로가 1817년 매사추세츠의 헤이버힐을 방문했을 때, 마침 순회 서커스단이 왔다. 훗날 유명한 시인으로 성장한 소년 존 그린리프 휘티어John Greenleaf Whittier는 엄격한 퀘이커교도인 부모 때문에 대통령도, 맹수들의 순회 쇼도 구경하지 못했다.

다음날 도시를 걸으면서 9살의 휘티어는 먼지 덮인 길바닥에서 코끼리가 남긴 자국과 맞닥뜨렸다. 자연스럽게 소년은 그것이 미국 대통령의 발자국이라고 상상했다. 휘티어는 최소한 지구상에서 '가장 거대한greatest 사람'*의 발자국은 봤다고 즐겁게 확신하면서 집으로 돌아왔다.

*휘티어는 먼로 대통령을 가장 거대한 사람이라고 생각했는데, 거대하다는 뜻의 great는 '위대하다'는 뜻으로도 쓰이기 때문에 먼로는 졸지에 "가장 위대한 대통령"이 된 것이다.

모두가 다 그렇게 먼로에게 감명받지는 않았다. 부통령 애론 버 Aaron Burr는 대통령을 이렇게 비난했다.

"전성이 무디고 바보 같다. 지극히 무식하다. 그를 모르는 사람에게는 믿을 수 없을 만큼 우유부단하다…. 물론 위선적이다. 어떤 주제에 대해서도 견해가 없고, 항상 최악의 멤버로 구성된 행정부에 둘러 싸여 있을 것이다."

여러분은 요즘 대통령들이 험한 평가를 받는다고 생각할 것이다.

먼로 행정부가 '화합의 시대Era of Good Feelings'로 명명된 것은 널리 알려진 일이다. 하지만 대통령직 승계를 노리는 야심찬 내각 구성원들이 먼로의 유순함마저 시험한 모양이다. 한번은 윌리엄 크로퍼드William Crawford 재무장관이 연방 지원 문제를 놓고 대통령에게 무례하게 맞섰다. 윌리엄 크로퍼드는 존 퀸시 애덤스 국무장관이 "행정부의 생명 조직을 먹이로 노리는 벌레"라고 규정한 인물이다.

크로퍼드는 나이 들어가고 있는 대통령을 때리기라도 할 듯이 지팡이를 치켜들었다. 크로퍼드가 "이 빌어먹을 지옥의 늙은 악당"이라고 소리쳤다. 먼로는 방어 차원에서, 벽난로 집게 한 벌을 집어들고 재무장관에게 백악관을 나가라고 명령했다. 정말 '대단한 화합Good Feelings'이다.

★

세계가 여전히 민주 정부에 적대적인 가운데, 먼로는 격식을 차림으로써 미국에 대한 존중심을 얻어냈다. 그렇지만 세련된 백악관 구역 내에서조차 이 노인은 가끔 화평의 중재자가 돼달라는 요청을 받곤 했다. 어느 날 만찬에서, 영국 대사는 자신이 말할 때마다 프랑스 대사가 엄지손가락을 물어뜯는 것을 발견했다. 영국인이 물었다.

"저를 향해서 엄지손가락을 물어뜯습니까, 대사님?"

프랑스인 상대가 되받았다. "그렇습니다."

이로 인해 두 외교관은 저녁 식사 집기를 내려놓고 달려들었다. 두 사람은 백악관 현관 로비에서 검을 갖고 결투를 벌이려고 했던 것이다. 먼로가 나타났다. 그는 두 사람을 위해 마차를 불러 오도록 해 유혈극을 막았다.

1820년 먼로는 압도적으로 재당선됐다. 실제로 먼로는 한 표를 제외하곤 선거인단 표를 휩쓸었다. 그 문제의 한 표는 윌리엄 플러머William Plumber라는 완고한 뉴햄프셔 사람이 행사했다. 플러머는 존 퀸시 애덤스에게 투표해야 한다고 주장했다. 한편으로는 애덤스의 다음 번 1824년 대선 출마를 미리 홍보하자는 것이고, 또 한편으로는 버지니아주의 '첫 대통령' 조지 워싱턴에게 선사한 만장일치의 갈채를 다른 대통령이 받을 수 없다는 것이었다.

현대 어법으로 하면, 플러머는 먼로 대통령에게 "저는 조지 워싱턴을 압니다. 조지 워싱턴은 제 친구였습니다. 그리고 당신은 조지 워싱턴이 아닙니다."라고 말하는 것이다.

1824년 선거 중에, 먼로는 윌리엄 워트William Wirt 검찰총장에게 기분좋게 이런 글을 써서 보냈다. "당신과 당신 가족들이 건강하시기를 바랍니다. 당신을 여기서 보게 되면 기쁠 것입니다. 당신은 특정 직책의 후보는 아니죠."

# 25

## 리처드 닉슨
### Richard Nixon

1952년 5월, 닉슨 상원의원은 뉴욕주 공화당 모금 만찬에 참석했다. 닉슨은 그땐 몰랐으나, 그가 참석한 자리는 토머스 E. 듀이Thomas E. Dewey 주지사가 마련한 면접시험이었다. 듀이는 드와이트 아이젠하워 장군이 출마한 대통령 선거의 막후 킹메이커였다. 듀이는 구인 시장에서 부통령을 찾고 있는 셈이었다. 닉슨의 연설은 힘이 넘쳤고 원고에 의존하지 않았다. 그는 공화당이 11월 선거에서 승리한다는 희망을 가지려면, 민주당 지지자 수백만 명과 어느 정당에도 속하지 않은 유권자들을 끌어들여야 할 필요가 있다고 주장하며 전망을 제시했다.

발언을 마무리하며 닉슨은 연단의 듀이 옆자리로 돌아왔다. 이 깔끔한 뉴욕 주지사는 시가를 밟아 끈 뒤 초대 손님에게 이렇게 조언했다.

"약속합시다." 듀이가 닉슨에게 말했다. "살찌지 말 것, 열정을 잃지 말 것, 그럼 언젠가는 대통령이 될 것입니다."

★

'균형 잡힌 후보자 명부'*의 원래 개념은 극과 극은 통한다는 아주 오래된 신념에 기초하고 있다. 하지만 반대편은 합당한 이유에서 그대로 반대편에 남을 수 있는 가능성도 충분하다. 분명히 아이젠하워-닉슨의 결합 후에 불안한 순간들이 있었다. 야외 활동을 즐겼던 아이크는 시카고 공화당 전당 대회 후, 콜로라도의 낚시 여행에 러닝메이트인 닉슨을 초대했다. 그곳에서 그는 닉슨에게 예술적인 송어 낚싯법을 가르쳤다. 처음 세 번의 시도에서 닉슨은 나뭇가지를 낚았다. 네 번째 시도에서는 아이젠하워의 셔츠를 잡았다. 정말 대단한 균형이었다.

*balanced ticket: 예를 들어 진보 대통령 후보에 보수 부통령 후보, 남부 대통령 후보에 북부 부통령 후보 등 선거 단위에서 두 후보의 균형을 맞추어 지지층의 다양화를 꾀함.

★

1955년 9월, 아이젠하워 대통령은 덴버의 친척을 방문하던 중 심장발작으로 고통받았다. 그 소식을 들은 닉슨은 오랜 친구 빌 로저스Bill Rogers를 불렀다. 로저스는 그때 아이젠하워 내각의 검찰총장 대행이었다. 두 사람 모두 그 같은 상황에서 부통령이 어떤 법적 지위를 행사할 수 있는지 전혀 몰랐다. 부끄러워진 로저스는 헌법 사본을 찾기 시작했다. 아들의 교과서에서도 헌법 사본을 찾지 못하자, 로저스는 법무부의 자기 사무실에 전화를 걸기 위해 수화기를 들었다.

"제발 그만하십시오." 닉슨이 말했다. "만약 부통령과 검찰총장이 헌법에 뭐라고 쓰여있는지 모른다는 것이 바깥에 알려지면, 우리는 완전한 바보 한 쌍으로 보일 겁니다."

닉슨은 1960년 선거에서 존 F. 케네디에 아깝게 패했다. 그 상황에서 웃음을 쥐어짜내는 게 닉슨으로서는 쉽지 않았다. 그럼에도 불구하고 그는 의도하지 않았지만 "토론 시험에서 떨어진 '선거대학'* 중퇴생"이라고 자칭했다.

*The Electoral College: (미국의 대통령 및 부통령) 선거인단. 닉슨이 중퇴생 dropout이라는 말을 하기 위해 대학이라는 의미에서 college를 활용한 농담.

1960년대 초기, 닉슨은 공직을 떠나 뉴욕에서 변호사 일을 하고 있었다. 아울러 그는 회복 불가능하다고 여겨지던 지역을 포함해 정치 기반 관리에도 열심이었다. 그리드아이언 만찬에서 닉슨은 오랜 정적이었던 해리 트루먼을 찾아 그에게 버번 위스키와 물을 대접했다. 닉슨은 연설 차례가 오자, 그 일을 청중에게 설명했다. 그리고 리처드 닉슨이 제공한 음료를 해리 트루먼이 사전 검사도 거치지 않은 채 받아 들였을 때 온 곳에 사랑이 넘쳤다고 덧붙였다.

1964년 봄, 일반 시민으로서 리처드 닉슨이 그해 대통령 선거에 대해 코멘트했다. 그 선거는 LBJ린든 존슨의 압승 국면이었다. 닉슨이 좌중에 이렇게 말했다.

"[여러분]들은 저한테 온 편지를 보셔야 합니다. 며칠 전 저는 편지 한 통을 받았습니다. 거기에는 '공화당은 당신을 지명해야 합니다. 어찌됐건 그들은 질 것입니다. 왜 낙선 전문가를 선택하지 않습니까?*' 라고 적혀 있었습니다."

*Why not choose an expert in losing?: 닉슨은 1960년 대통령선거에서 민주당 케네디 후보에게 패배, 1962년 캘리포니아 주지사선거에서 민주당 에드먼드 브라운에게 패배하였다.

닉슨의 선거운동은 공격적이었다. 닉슨은 그 유세 전략에서 물러서지 않았다. "맹물dishwater에 맨빵milk toast과 같은 식단으로는 선거에서 이길 수 없습니다."

1968년 선거가 진행되던 어느 일요일, 닉슨은 한 전도사가 "혁명기의 복음"이란 주제로 설교하는 것을 들으러 갔다. 닉슨 후보는 개인과 나라의 참회를 요청하는 이 설교에 깊이 감동받았다. 더군다나, 닉슨으로서는 그 설교를 평가할만한 매우 개인적인 이유가 있었다. 그는 이렇게 설명했다.

"언론은 어디든 나와 함께 다닙니다. 그리고 그 설교는 그들이 들을만한 위대한 메시지였습니다."

이것은 또 다른 경우다. 닉슨은 테네시주 녹스빌의 빌리 그레이엄 목사 집회에 참석하고 있었다. 닉슨은 헌금함이 도는데 지갑이 비어 있어서 당황했다. 어찌어찌해서 빌리는 호주머니에 있던 돈 전부를 대통령에게 슬쩍 건넸다. 나중에 그레이엄은 백악관 용지에 쓰여진 편지를 받았다. 평소 닉슨과는 다른 감정이 드러난 내용이었다.

"많은 대통령들이 수년간 정신적 안정을 얻기 위해 당신을 바라봤습니다. 그런데, 저는 목사님께 돈을 빌려 달라고 한 첫 번째 대통령이 아닌가 싶습니다…. 사정이 어려울 때는 적자 재정 정책이 쓸모가 있기는 합니다만, 적자는 반드시 메워져야 할 때가 옵니다. 늘 재정 책임 문제를 걱정하면서, 당신으로부터 받은 빚을 상환합니다."

★

닉슨의 영국인 전기작가 조나단 에이트킨Jonathan Aitkin은, 닉슨과 마지막 만났을 때 책의 명확성이 부족할 수밖에 없을 것이란 점에 대해서 어떤 방식으로 미리 사과했는지 회고했다. 대통령이 에이트킨에게 설명해 달라고 요청했다. 그러자 에이트킨이 대답했다.

"제 말은, 제가 내린 결론은, 당신은 한계가 있는 작가의 펜으로 정확히 포착하기에는 너무 성격이 복잡합니다."

닉슨은 껄껄 웃으며 말했다. "아하, 지금 저는 당신이 정말 뭔가 깨달았다는 것을 알겠습니다."

★

닉슨 대통령과 애그뉴Angew 부통령은 1970년 그리다이언 클럽 주최언론인 모임(217쪽 참조) 만찬에서 깜짝 피아노 이중주로 박수갈채를 받았다. 그러나 그날 밤 압권은 소련대사 도브리닌Dobrynin의 말일 것이다. 그는 닉슨과 애그뉴 두 사람이 깜짝 쇼를 준비하기 위해 방을 떠나자 빌 로저스 국무장관에게 물었다.

"귀국에서는 대통령이 화장실을 가면, 부통령이 따라가는 것이 관례입니까?"

★

노련한 신문기자 루 캐넌Lou Cannon은 백악관에서 의도하지 않고 나왔던 말 중 가장 재미있었던 사례를 기억했다. 분투 중이던 닉슨의 대변인 론 지글러Ron Ziegler의 말이었다. 그는 정부로서 특히 암울했던 시기를 연말 결산하던 중이었다. 지글러는 이렇게 말했다.

"올 한 해는 좋았습니다. 워터게이트<sup>56쪽 참조</sup>만 빼고요."

# 26

## 존 타일러
## John Tyler

★

찰스 디킨스Charles Dickens는 1842년 미국을 방문했을 때, 미국인들의 침 뱉는 습관이 혐오스러웠다. 디킨스는 독자들에게 철로 위의 기차를 뒤덮는 '침보라'를 묘사했다. 그 작가는 존 타일러의 워싱턴에 더 이상 감동하지 않았다. 디킨스는 이렇게 썼다.

"시티 로드City Road와 펜톤빌Pentonville을 보자. 가정집마다 바깥은 녹색 차양이 쳐져 있고 창문마다 붉은 색과 하얀색 커튼이 달렸다. 모든 도로에 물건들을 쌓는다. 그러지 '말아야' 할 곳에 거친 잔디를 심는다. 돌과 대리석으로 된 멋진 건물 세 개를 세우고 있는데, 어느 곳이든 간에, 사람들이 왔다갔다 하는 곳에서 멀리 떨어져 있다. 하나는 체신국, 하나는 특허청, 하나는 재무부라고 부른다. 아침에는 탈듯이 덥고, 오후에는 얼듯이 춥고, 때때로 바람과 먼지의 토네이도가 분다. 당연히 도로가 예상되는 중심부에서, 벽돌 공장이 돌아간다. 그게 바로 워싱턴이다."

디킨스는 백악관을 보고, 도어맨과 집사는 없을지 몰라도, 영국 클럽 하우스 같다고 생각했다. 백악관은 무엇이라도 들고 갈만한 게 있는지 눈을 두리번거리는 양키들로 넘쳤다. 그들은 "마치 대통령(인기와 거리가 멀다)이 쓸만한 가구를 남겨놓은 게 있는지, 붙박이 물품들은 개인적으로 이득을 내기 위해서 팔아버린 것인지를 분명하게 확인하려는 것 같았다."

디킨스는 타일러가 종이로 덮인 테이블에 앉아있는 것을 보았다. 그 최고 책임자는 피곤하고 불안해 보였다. "그리고 그는 아마 모든 사람과 전쟁 중이었을지도 모른다. 그러나 그의 얼굴은 온화하고 유쾌해 보였다. 그의 매너는 뚜렷하게 진솔했고 신사다웠으며 친절했다."

"항상 생각해왔는데, 인기는 요부에 적합하게 비유할 수 있습니다." 타일러가 조용히 말했다. "당신이 그의 사랑을 구하면 구할수록, 그는 더욱 더 당신의 포옹을 벗어나려 합니다."

★

1844년, 타일러 대통령은 자신의 빈약한 정치적 소견을 제시하는 데 거리낌없이 연방 공무원들을 이용했다. 우체국장들은 타일러의 선거용 경력을 널리 알리도록 지시받았다. 앤드루 잭슨이 처음 도입한 엽관 제도를 고려할 때 그다지 놀랄 일도 아니었다. 대통령 비서가 작성해 추가한 메모는 그 당시 기준으로 봐도 노골적이었다.

"즉각 관심을 갖고 자유롭게 기부하면 당신의 봉사는 더욱 더 효과를 보게 될 것입니다." 존 타일러 2세라는 서명 위에 적혀있던 내용이다.

해리 트루먼은 타일러를 몇 마디로 요약할 수 있었다. "그는 적합치 않은 늙은 SOB비속어이다."

유머리스트 리처드 아머Richard Armour는 또 다른 측면에서 타일러의 역사적 의미를 평가했다.

"그는 대통령의 사망으로 인해 대통령이 된 최초의 부통령이었습니다.\* 타일러에게는 좋은 일이었지만, 해리슨에게는 나쁜 일이었습니다."

\*타일러는 윌리엄 해리슨 대통령의 사망으로 대통령직을 승계했다.

임기가 끝나기 훨씬 이전, 타일러는 휘그당에서 축출당하고 민주당 대통령 후보 지명자 제임스 K. 포크에게 입지를 빼앗겼다. 타일러가 워싱턴을 떠나기 직전 백악관에서 고별 파티가 열렸다. 초대장 2,000장이 발송됐고 촛불 1,000개가 건물을 밝혔다. 타일러가 말했다. "사람들이 이제 저를 '당 없는 대통령president without a **party**' *이라고 말할 수 없을 것입니다."

*당과 파티의 두 가지 의미에서 [party]를 활용한 펀pun. (백악관 창가에 타일러가 나타나자 군중이 환호했다고 한다. 국민이 자기편이라고 위안을 삼은 듯.)

원래 민주당에서 휘그당으로, 다시 무소속으로 말을 갈아탄 전직 대통령 타일러는 그의 버지니아 농장을 '셔우드 숲Sherwood Forest' *이라고 이름 지었다. 또 다른 차원에서 이름을 날렸던 역사의 무법자를 따른 것이다. 왜냐하면 당국이 그 무법자를 어떻게 생각했든 의도는 좋았으니까.

*셔우드 숲은 소설 속의 의적 로빈후드의 근거지.

# 27

## 앤드루 잭슨
### Andrew Jackson

존 퀸시 애덤스 국무장관이 먼로 대통령에게 불 같은 잭슨을 외교직에 임명할 생각을 하고 있는지 물었다. 1824년 대통령 선거에서 잠재적 경쟁자들을 내몰려는 의도에서였다. 워싱턴에서 멀면 멀수록 좋았다.

"그렇습니다." 먼로가 대답했다. "그런데 그 사람 문제로 우리가 다투게 되지나 않을지 모르겠습니다."

잭슨과 전임자 존 퀸시 애덤스는 미국 정치사에서 서사적 대립 관계를 즐겼다('즐겼다'라는 말이 적합한 용어라면). 애덤스는 잭슨이 "무지와 열정의 광폭함으로 인해 무능했다"고 지적했다.

잭슨은 전설적인 개척시대 악당 이미지에 어울리지 않게, 1833년 여름, 뉴잉글랜드 지역을 방문했을 때 쌀쌀맞은 지역 사람들까지도 매료시킬 수 있었다. 하버드대학교는 마지못해 대통령에게 캠브리지로 와서 명예학위를 받으라고 초청했다. 이 때문에 애덤스는 그 행사 참석을 거부했다. 공정한 하버드가 "문법에 맞게 문장을 쓰지 못하고 자기 이름 철자도 잘 모르는 야만인에게 최고의 학문적 영예를 부여해 스스로 격을 떨어뜨리려 한다"는 것을 믿을 수 없다고 애덤스는 말했다.

격식을 갖춘 하버드대 졸업식에서 잭슨은 이례적으로 품위를 보였다. 졸업식은 대부분 라틴어로 진행됐다. 그에 대한 전설이다. 대통령은 연설할 차례가 되자 자리에서 우아하게 일어나 청중들에게 인사했다. 그리고 열변을 토했다.

"시간은 흐른다는 사실에 의거할 때, 핵심은 여럿에서 하나가 형성된다는 것입니다."*

*Ipso facto. Tempus fugit. Sine qua non. E pluribus unum : [By the fact time flies, the essential element is that one (country) has been formed out of many (states)] 미국이 여러 주에서 하나의 국가로 형성됐다는 뜻. 특히 '여럿에서 하나로'를 뜻하는 E pluribus unum은 미국의 모토로 동전에 새겨져 있다. 이 말은 대학 졸업식이라는 무대를 고려할 때, 4년이라는 여럿 (해)에서 하나(의 인격)가 형성됐다는 취지로 4년간 연마된 총체적 인간성을 의미하는 것으로 받아들일 수도 있을 것 같다.

그 행사에서 옥에 티는 오랫동안 좋지 않았던 잭슨의 건강뿐이었다. 애덤스 가족만 빼고는 어디서나 이 문제를 걱정했다.* 늘 의심이 많았던 이 전직 대통령은 잭슨이 "40년 내내 죽어간다고 했던 존 랜돌프처럼" 자신의 좋지 않은 건강을 활용했다고 비난했다.

*애덤스는 1824년 선거에서 잭슨과 대결하여 대통령에 당선, 임기 내내 잭슨과 싸워야 했다. 1828년 선거에서는 잭슨과 애덤스가 재격돌하였고 애덤스는 재선에 패배하였다.

엽관제도("전리품은 승자에게")의 아버지로서, 잭슨은 동료들에게 이렇게 말했다. "당신 부서에서 민주당이 할 수 없는 일이 있다면, 그 일은 없애버리십시오."

잭슨은 언젠가 대통령직을 "고품격의 노예 상황a situation of dignified slavery"이라고 정의했다.

잭슨도 다른 대통령들처럼 지지자들로부터 선물을 많이 받았다. 선물 중에 북부 뉴욕주산 1,400파운드짜리 치즈가 있었다. 이 괴물 치즈를 실은 깃발 장식의 마차를 회색 말 24마리가 한 무리가 돼 워싱턴으로 이끌었다. 워싱턴에 도착하고 나서도 치즈는 거의 2년 동안 현관 로비에 있었다. 잭슨의 임기가 끝나갈 무렵, 대통령은 그 선물을 치울 수 있는 방법은 단 한 가지뿐이라고 결정했다. 그래서 그는 1837년 워싱턴 생일*에 일반인 대상으로 초청장을 발송했다. 그 응답으로 수천 명이 찾아왔다. 한 지역 신문은 이렇게 보도했다.

"밴 뷰런 씨가 치즈를 먹으려고 저기 있습니다. 웹스터 씨가 치즈를 먹으려고 저기 있습니다. 우드베리 씨, 벤튼 대령, 디커슨 씨…." 그런 사람들은 수없이 많았다.

"들리는 소리라고는 치즈뿐이었습니다. 풍기는 냄새는 치즈뿐이었습니다." 실제로 백악관 주변 반 마일의 공기는 치즈 향기로 채워졌다. 백악관에서 나오는 냄새 중에는 그보다 더한 악취도 있다.

*조지 워싱턴 생일(1732년 2월 22일). 미국은 조지 워싱턴의 생일과 에이브러햄 링컨(1809년 2월 12일)의 생일을 기려 2월 셋째 월요일을 법정 공휴일로 정하고 있다.

★

임종을 맞으면서 잭슨은 어떤 회한이 없느냐는 질문을 받았다. 그 노인은 "있다"고 대답했다.

"헨리 클레이를 총살하지 못하고 존 캘훈John C. Calhoun을 교수형에 처하지 못한 것입니다."*

*1824년 대통령 선거에서 후보 중 한 사람이었던 헨리 클레이(336쪽 참조)는 존 퀸시 애덤스를 지지하여 애덤스가 대통령에 선출되는 데 결정적인 도움을 주었다(잭슨이 최다 득표를 했으나 선거인단 과반수 득표자가 없자 하원의회가 소집되었다. 이때 클레이는 하원의장으로서 선거결과를 판가름하는 결정적인 위치에 있었다). 애덤스는 대통령 당선 직후 헨리 클레이의 국무장관 임명을 발표한다. 존 캘훈은 애덤스 행정부에 이어 잭슨 행정부에서도 부통령직에 있었으나 잭슨과의 불화로 임기 중 사임한다.

잭슨의 임종 주변에 있던 한 사람이 말소리가 들리지 않는 곳에서 또 다른 사람에게 물었다.

"장군이 천국에 갈 것으로 생각합니까?"

대답은 이랬다.

"글쎄요, 그가 가겠다고 하면 누가 막겠습니까?"*

*전임자들의 정치가 유권자의 눈치보기보다는 올바른 판단에 따른 정도正道의 정치였다면, 잭슨은 때론 유권자의 여론까지 조작, '국민의 뜻'을 앞세워 자신의 뜻을 이루어내는 포퓰리즘의 씨앗을 뿌렸다.

# 28

## 체스터 아서
### Chester Arthur

★

우드로 윌슨은 체스터 아서를 "양쪽 구레나룻의 별볼일없는 인간"이라고 불렀다.

★

홀아비였던 아서는 신문 지상에서 자기 이름이 신붓감들과 함께 거론되는 것을 자주 봤다. 그는 신문 기사 내용을 좋아하지 않았다. 그가 오지랖 넓은 한 여성에게 말했다.

"부인, 제가 미국 대통령일 수는 있습니다. 하지만 제 사생활은, 빌어먹을 다른 사람이 간여할 일이 아닙니다."

★

아서는 일 중독자는 아니었다. 그는 대통령으로서는 매우 독특한 불만을 털어놨다. 그는 말했다. "일하는 곳과 같은 집에서 사는 것이 얼마나 피곤하고 우울한지 아마 여러분은 모르실 겁니다." 그는 대부분 아침 10시쯤에 집무실에 들러 늦어도 오후 4시나 5시에는 자리를 떴다. 한 백악관 서기는 전했다.

"아서 대통령께서는 내일로 미룰 수 있는 일을 결코 오늘 하지 않았습니다."*

언젠가 그는 유럽의 한 왕실에 전할 위안 문안을 다듬는 데 한 달을 요구했다. 그 메시지는 이미 국무부에서 초안을 잡은 것이었다.

*[오늘 할 수 있는 일을 결코 내일로 미루지 마라Never put off until tomorrow what you can do today]라는 속담을 인용했다.

★

아서는 가끔 한 잔하는 사람으로 알려졌다. 그럼에도 불구하고 아서는 저명한 공직자가 술에 취했더라는 이야기를 들으면 강하게 반발했다. 대통령은 이렇게 주장했다.

"신사는 결코 다른 신사가 혼자만 술에 취하게 내버려두지 않지요No gentleman ever sees another gentleman drunk."

★

과거에 자신이 돌봐주던 사람으로부터 소외되자, 치욕을 느낀 로스코 콩클링은 새 체제에 심한 모욕을 가했다.

"나는 아서 대통령 행정부에 짜증만 납니다." 콩클링은 말했다. "아서 행정부에 비교할 때, 헤이스 행정부가 영웅적이지는 않더라도 존경할만해졌다는 것입니다."\*

\*아서 행정부와 비교하면, 자신이 싫어하는 헤이스 행정부마저 좋은 평가를 받게 될 지경이어서 화가 난다는 비아냥.

아서는 진정한 미식가였다. 그는 14가지 코스의 만찬에 8가지 종류의 와인을 대접했다. 아서가 음식보다 더 좋아했던 것은 옷이 유일했다. 그는 존 케네디 이전 대통령으로서는 가장 스타일이 좋았다. 아서는 딱 어울리는 옷을 찾는 데 20벌의 바지를 입어본다는 소문이 났다.

아서가 1884년 대통령 후보에 재지명되지 못하자 독설가인 "엉클 조" 캐넌122쪽 참조은 이렇게 선언했다.

"바지 때문에 졌습니다."

아서는 1884년 대통령 후보 재지명에서 실패한 뒤, 개인적으로 의사에게서 신장 질환으로 수명이 얼마 남지 않았다는 통보를 받았다. 아서는 들어왔을 때와 마찬가지로 조용하게 워싱턴을 떠나면서 이렇게 말했다. "전직 대통령이 할 일이라고는 시골에 가서 큰 호박을 키우는 것 말고는 없어 보입니다."

# 29

## 존 퀸시 애덤스
### John Quincy Adams

애덤스는 거의 태어날 때부터, 가족뿐 아니라 나라의 희망이 자신에게 달렸다고 교육받았다. 애덤스는 의지가 강했던 어머니로부터 끊임없이 자기 통제의 필요성에 대한 설교를 들었다.

"위대한 재능을 갖추고서 많이 웃는 사람은 결코 본 적이 없어." 애비게일*은 말했다. "내가 생각하는 참 기쁨은 고요함 속에 존재한단다."

*Abigail Adams: 제2대 대통령 존 애덤스의 부인, 존 퀸시의 어머니.

존 퀸시는 아버지처럼, 당파 정치로부터 한 발짝 물러났다. 사실 그는 일인 정당이었다. "나는 밑바닥을 모르는 당파주의의 쓰레기 속으로 뛰어 들기보다는 청소부가 되어 거리의 오물을 쓸어 내며 살아가겠습니다."

★

헨리 클레이[336쪽 참조]를 위한 공개 만찬이 열렸다. 유쾌한 클레이는 군중들과 장난을 하면서 애덤스의 심기를 건드렸다. 그 근엄한 뉴잉글랜드인은 이렇게 말했다. "대중들의 시선을 영원히 잡고 싶어하는 사람들에게는 알맞은 행위입니다. … 아부와 허영과 자기중심주의의 3중 연합 말입니다."

1824년 대통령 선거는 애덤스와 앤드루 잭슨 간 박빙의 승부로 전개되는 바람에, 역시 후보였던 클레이가 트럼프 카드를 쥐게 됐다. 마지막 선택이 하원 몫으로 떨어지게 됐는데, 클레이가 하원에서 행사하는 영향력이 엄청났던 것이다. 클레이는 이로 인해 조성된 긴장감을 자연스럽게 즐기게 됐다.

워싱턴의 한 파티에서 클레이는 애덤스와 잭슨이 서로 불편하게 느낄 만큼 가깝게 앉아있는 것을 발견했다. 두 사람 사이에는 빈 의자 하나만이 있을 뿐이었다. 클레이는 조금 놀릴 심산으로 자리에서 일어나 방을 가로질러 대통령이 되려고 하는 두 사람 사이에 털썩 앉았다.

"저, 신사분들, 두 분 다 자리에 꽤 근접해 있지만 아무도 그 자리를 차지하지 못하고 있습니다. 제가 두 분 사이의 그 자리에 슬쩍 들어갈 겁니다. 그리고 제가 가져버릴 것입니다!" 폭소가 뒤따랐다. 그러나 애덤스와 재슨은 따라 웃지 않았다.

애덤스는 이름이 남달랐고 경력이 볼 만했으며, 두뇌가 명석해 신생 미국이 직면한 문제와 가능성을 예리하게 천착할 수 있었다. 다른 측면에서 보면, 그는 가장 비외교적인 외교관이었는지 모른다. 운 나쁘게 협상 테이블에서 그와 마주 앉았던 한 영국 상대는 그를 "스패니얼* 사이의 불독"이라고 불렀다. 후일 랠프 왈도 에머슨Ralph Waldo Emerson은 애덤스를, 결코 선전宣戰하지 않는 법이 없고 싸움을 시작하는 데 마다함이 없는 거한이라고 묘사했다. 에머슨은 애덤스에 대해 이렇게 말했다.

"아무거나 먹고 살 수는 없어도 차에 황산은 꼭 넣어줘야 하는 늙은 방탕아."**

\*spaniel: 스페인 원산으로, 대체로 유순한 성격의 개의 한 품종.
\*\*who cannot live on slops, but must have sulfuric acid in his tea: 음료수 취향이 세련되지 않았다는 풍자.

한 동시대인이 애덤스에 대해서 언급했다. 그가 "육식 동물들처럼 놓치지 않고 경정맥과 경동맥을 노리는 본능"을 갖고 있다는 것이다.

해리 트루먼은 한번은 이렇게 썼다. "애덤스에 관해서 한 가지 정말 흥미로운 것은, 미안하지만, 그가 우리 역사에서 유일하게 대통령이 된, 대통령의 아들이라는 점이다."

애덤스는 천성적으로 의심이 많았다. 그래서 그는 함께 일을 하기에 아주 편한 상대는 아니었다. 한번은 컬럼비아강 어귀에 관한 문제로 영국 대사와 거의 주먹다짐을 할 뻔했다. 그 지역에 대한 영국의 영유권 주장에 대해 미국 의회에서 의문을 제기하는 발언이 나오자 이 영국 외교관이 항의한 것이다.

애덤스도 자국에 대한 내정간섭과 마찬가지라면서 격하게 분노했다. 그것은 런던에 있는 미국 외교관이 셰틀랜드제도 Shetland Islands에 대한 의회 조사에 이의를 제기하는 것과 마찬가지라고 애덤스는 말했다.

여기서 그 영국 왕의 대변자는 냉정을 잃고 따졌다.

"셰틀랜드제도에 대해 '당신께서' 주장할 권리가 있습니까?"

애덤스가 반박했다.

"컬럼비아강 어귀에 대해 '당신께서' 주장할 권리가 있습니까?"

"우리가 무엇을 주장하는지 '알고는' 계십니까?"

사실 영국이 주장하는 내용 전체는 애덤스가 이해할 수 있는 범위 밖이었다.

애덤스가 말했다. "당신들은 인도를 주장하고, 아프리카를 주장하고…."

여기서 그 영국인이 비웃듯이 말을 막았다. "아마 달의 일부분도 주장한다는 말이겠죠?"

애덤스가 말했다. "아닙니다. 저는 당신들께서 달의 어떤 부분도 '배타적으로' 주장하고 있다고 듣지는 못했습니다. 그러나 확신해서 말씀드리면, 사람이 살 수 있는 [이] 지구에서 당신들께서 주장하지 않는 장소는 없습니다."

JQA의 일기. "나는 태도가 내성적이고, 차고, 검소하고, 그리고 엄하다. 나의 정적들은 암울한 염세가라고 말한다. 그리고 내 개인적인 적들은 비사회적 야만인이라고 한다."

애덤스가는 자라면서 이타적이고, 자기희생적이고, 그리고 다른 사람들이 알아주지 않는, '특별한 종류의 사람'이 되도록 길러졌다. 영부인이 말했다.

"우리의 취향, 성격, 습관은 다른 종류의 사람들과 너무 달라서 우리는 결코 사랑받지도, 흠모를 받지도 못합니다. 하지만 우리는 우리 스스로가 존경하는 것만 잊지 않는다면 존경받을 수 있을지 모르고, 또 존경받아야만 합니다."

애덤스는 토머스 제퍼슨이 자신의 아버지를 대우한 방식을 결코 용서하지 않았다. 애덤스는 그 버지니아인을 "신앙심이 결여된 철학과 쾌락주의적 도덕관, 불타는 야망, 스토아주의적 자기통제, 깊은 이중성, 그리고 관대한 감수성의 사례가 드문 혼합체"라고 불렀다.

JQA가 언론에 하고 싶은 쓴 소리가 있다는 것은 이제 알 것이다. 그는 신문기자들이 "장전된 나팔총으로 무장하고 길 구석에 앉아 살인청부로나, 아니면 놀이 삼아 자기들이 선택한 아무 통행자에게 총을 쏴 대는 일종의 암살자"라고 선언했다.

애덤스를 가장 잘 아는 사람은 오랫동안 고생해 온 아내 루이자 Louisa였다. "그는 쉽게 넘어갈 수 없는 사람이었단다." 애덤스

부인이 이들 찰스에게 말했다. "코트를 바꿔 입으라든가, 깨끗한 셔츠로 갈아 입으라든가 하는 말을 듣는 것조차 아주 기분 나쁘게 생각하는 사람에게는, 이 세상에서 그냥 늘 있어온 작은 배려들도 아무런 소용이 없단다."

1824년 제임스 먼로가 지휘봉에서 손을 뗄 준비를 하고 있을 때, 그는 그 상prize을 노리는 손이 한두 개가 아니라 5개라는 것을 알게 됐다. 3개의 손은 먼로 내각의 구성원이었다. 어느 날 저녁, 워싱턴 관리의 반이 잭슨 장군의 뉴올리언스 전투 승리를 기념하는 파티에 참석하기 위해 F가street의 애덤스 국무장관 집에 운집했다.

익살스런 한 사람이 이렇게 표현했다. "미녀와 귀부인들, 처녀와 여인들, 모두 애덤스 부인한테 갔다."

한 친구가 애덤스에게 선거에서 좀 더 적극적인 역할을 촉구했다. 이 고집 센 양키는 맥베스MacBeth의 대사를 인용해 대답했다.

"제가 왕이 될 운명이라면, 오, 소란을 안 피워도 운명이 제 머리에 왕관을 씌워줄지 모릅니다."

"그렇게 안 됩니다." 애덤스의 친구가 애덤스 부인에게 말했다. "왕은 정치인과 신문들에 의해 만들어집니다. 그리고 왕관이 씌워지길 앉아서 기다리는 사람은, 운명에 의하든, 당연히 그렇게 되든, 평생 맨머리로 지낼 것입니다."

★

애덤스는 마침내 어려웠던 대장정의 정점에 도달했으나, 백악관에서 불행한 4년을 보냈다. 그는 전임자의 신중했던 접근 방식을 무시하고, 연방 자금으로 도로와 운하 건설, 과학 탐험, 심지어 국가 천문대까지 지원하는 놀라운 프로그램의 채택을 의회에 촉구했다.

애덤스는 또 해군사관학교 설립도 원했다. 그래서 사우스 캐롤라이나의 윌리엄 스미스William Smith 상원의원은 그에게 율리우스 카이사르나 넬슨 경도 해군사관학교는 나오지 않았다는 것을 상기시켰다.

사실 그런 기관은 다른 하원의원이 말한 "공중도덕의 타락과 부패"로 이어질 것이라고 스미스는 주장했다.

★

백악관에서 루이자는 소파에 누워 퍼지*의 치유 능력을 찬양하는 긴 편지를 쓰는 자타공인의 초콜릿광이 됐다. 아마, 워싱턴에서 가상 까다로운 남자와 결혼한 루이자는 자신이 찾을 수 있는 곳에서 행복을 찾았던 것이리라.

*fudge: 초콜릿의 한 종류.

존 F. 케네디는 ≪용기 있는 사람들Profiles in Courage≫에서 애덤스가 한 목사와 격렬하게 대립했던 상황을 설명했다. 나이 많은 그 목사는 정치 감각은 있었지만 정견이 허술했다. 목사의 태도에 기분이 상한 애덤스는 "그의 나이를 고려할 때 내가 할 수 있는 말은, 그가 아직 '예수의 사랑Christian Charity'을 배우지 못했다는 것뿐이었다"고 말했다.

고상한 애덤스는 정적들에게 복수하기를 거부했다. 현실적 차원에서 보면 그들 대부분을 현직에 잔류시킨다는 것을 의미했다. 그들이 애덤스의 재선 가도를 훼손하기 위해 시간외 근무까지 했던 그 자리들이다. 1827년 한 만찬에서 대통령을 위한 축배가 제안됐다.

"적진 전체를 혼란의 쑥대밭으로!"*

대니얼 웹스터Daniel Webster가 맞장구쳤다.

"그가 친구들에게 이미 했던 것처럼!"

\*May he strike confusion through his foes!: 복수를 각오하고 있던 정적들에게 복수를 하지 않아 그들을 혼란스럽게 하자는 우스개 제안. 그 축배 제안 후, 안 그래도 이미 같은 편들부터 헷갈리고 있다고 맞장구친 농담.

나는 웹스터Webster에게 호감을 갖고 있다. 존 C. 캘훈은 웹스터가 대통령직을 맡기에 전국을 통틀어 최적격자라고 말했다. 그리고 물론 이렇게 덧붙였다.

"대통령이 되기에도 그는 너무 위대하다."

애덤스가 사망한 뒤 대부분의 평자들에게 웹스터는 미국 정치인 중 가장 위대한 인물로 여겨졌다. 하지만 누구나 다 시각이 그렇지는 않았다.

한 숭배자가 "웹스터는 현명해 보입니다. 누구도 그렇게 현명하지 않았습니다"라고 말하자, 남부의 한 상원의원이 쏘아붙였다. "웹스터도 겉으로 보이는 것만큼 현명하지는 않았죠!"\*

\*nobody was so wise as Webster looked. not even Webster himself: 웹스터 자신도 겉으로 보인 그 정도만큼 실제로 지혜로운 것은 아니었다는 풍자다.

1828년 선거는 미국 역사상 가장 치열하고 험악한 말이 오고간 선거 중 하나였다. 그중에서도 애덤스 대통령은 주일에 로드아일랜드와 내사추세츠를 공개적으로 돌아다녀 안식일Sabbath을 모독했다는 비난을 받았다. 그는 또 군주제주의자, 귀족주의자에, 덤으로 러시아 황제czer를 위한 포주라는 꼬리표도 붙었다. 한 펜실베이니아 지역 신문 편집자가 애덤스의 당구대 구입을 비난한 것은 최악이었다.

[당구대는 점잖고 유행 감각이 뛰어난 상류 사회의 도박사들이 돈과 시간을 갖고 뽐내며 노는 기구…. 그 의미는 '미국 대통령'이 돈을 쓰면서 상류사회 또는 도박 취향을 즐기는 것을 목격하는 것이다. '당구대'와 '공'은 '오로지 도박하는 목적 외에는 쓰이지 않는다.' 그리고 구입하는 데 쓰이는 돈은 국민 호주머니에서 나온다.]

매일 아침 태양이 뜨기 전에 일어나서 성경 한 장章을 읽고 방대한 분량의 편지를 처리하는 것이 애덤스의 습관이었다. 몇 년간 그는 공식 업무 때문에 오랜 친구 키케로와 타키투스\*를 빼앗겼다고 불평했다. 한편 이 노인은 세 아들을 잔소리로 괴롭히고 위협해 자신의 완벽한 기준에 맞추도록 몰아갔다.

그는 들으려는 자세가 돼 있는 사람이라면 누구에게든 "아침 등불 1시간이 저녁 촛불 3시간보다 낫다"고 일깨웠다. 그리고 한번 더 강조했다. "천재는 노력의 아들이다."

애덤스의 아들 찰스는 매우 정확히 지적했다. 새벽 5시에 일어나 격렬하게 한 차례 운동하고 12시간 일하고 나서 저녁 식사 시간에 조는 것이 그의 아버지로서는 드문 일이 아니었다. 간단히 말해서 부자연스럽게 아침에 일찍 일어나는 사람은 아침 내내 기분 내고 나머지 시간 내내 졸린 것이다.

*Cicero: 로마 시대 정치가·연설가. Tacitus: 로마 시대 역사가.

# 30

## 앤드루 존슨
### Andrew Johnson

★

진정한 미니멀리스트*로서 존슨은 정부에 대한 그의 접근방식을 이렇게 요약했다. "다른 법들을 무효화하는 법만큼 좋은 법은 없습니다."

*minimalist: 온건주의자. 역할, 요구, 개입 범위 등을 최소화하는 최소주의자.

★

존슨은 또 자신을 중산층의 친구라고 간주했다. "한쪽 끝에서 하층민들이 떨어져 나가고, 또 다른 한쪽에서 귀족들이 떨어져 나가면 그 나라는 모든 것이 잘 될 것입니다."

★

새디어스 스티븐스*는 존슨의 탄핵을 이끈 지도자 중 한 명이었다. 그는 예상대로 신랄하게 대통령을 규정지었다.

"이집트에서 '그분' 께서는 개구리, 메뚜기, 전염병, 이lice를 보내셨습니다." 스티븐스가 단언했다. "마지막으로 모든 압제자들의 장남을 요구하신 것을 여러분은 기억하실 것입니다."**

그는 또 19세기에는 "우리는 세금과 부채로 압제당하고 있고, 그리고 '그분' 께서는 우리에게 이lice보다 더 나쁜 것을 보내셨고, 그리고 우리를 앤드루 존슨에 시달리게 하셨습니다."라고 말했다.

*Thaddeus Stevens(1792-1868): 미국 공화당의 급진파 지도자. 연방 하원의원. 1868년 존슨 대통령 탄핵안을 기초하기 위한 탄핵위원회 위원장을 맡았다. 남북전쟁이 끝난 뒤 해방노예의 권리를 위해 싸웠던 그는 존슨의 남부에 대한 유화정책을 비난하면서 대통령의 탄핵을 제안했다. 결국 탄핵결의안은 부결되었으나, 존슨의 정치생명은 치명적인 타격을 입고 만다.
**구약성서 [출애굽기 7-13장]에 기록된 이집트 10대 재앙. 모세가 유대인들을 해방시키기 위해 이집트에 내리게 했던 10가지 재앙이다(1. 나일강 물이 피로 변함 2. 개구리 3. 이 4. 파리 떼 5. 가축들의 몰살 6. 전염병 7. 우박 8. 메뚜기 떼 9. 칠흑같은 어둠 10. 장자의 죽음). 기원전 1200년대 람세스 2세 재임 당시 고대이집트 수도에서 일어났다.

존슨도 다른 훌륭한 유세 연설가처럼, 가끔 기억에 남을만한 구절을 만들어냈다. 그는 언젠가 자신의 철학을 정의해 달라는 요청을 받고 이렇게 말했다. "분투해서 도달해야 할 목표는 가난한 정부, 그러나 부자인 국민입니다."

# 31

## 제임스 매디슨
## James Madison

대니얼 웹스터*는 그의 비판론자들이 '작은 지미Little Jimmy'**라고 불렀던 남자를 무시했다. "그의 행정부만큼이나 그의 외모도 좋아하지 않았습니다." 웹스터는 껄껄거리며 말했다.

*Daniel Webster(1782-1852): 연방대법원에서 저명한 변호사로 활약했다. 1812년 영국에 대한 선전포고에 반대했고 하원의원으로 기업가들을 대변했다. 1827년 상원의원 당선. 1841-1843년과 1850-1852년 국무장관을 역임했다.
**제임스 매디슨의 별명. 작은 체구에 앳되어 보이고 목소리마저 가냘픈 매디슨은 온화한 태도 이면의 강인한 실천력을 지니고 있었다.

현대적으로 해석하면, 미국의 4대 대통령은 영리하고 대화에 능했으며 동음이의어homonym의 말장난pun과 풍자시를 무척 좋아했다.* 겪어 본 사람만이 알 수 있다고 한다. 기록이라고 해봤자, 매디슨의 재기 넘치는 모습을 증명해줄 자료는 별로 없기 때문이다. 이 '몽펠리에**의 현인'이 전성기를 구가할 때다. 정적 존 제이***에 관해 이야기하면서 매디슨은 그의 두 가지 강인한 특성에 점수를 줬다. "의심과 종교적 편협성."

*뉴저지대학교(현재의 프린스턴대학교) 시절 문예활동에 참여해 타 문학서클 회원들을 풍자하는 시를 쓰기도 했다.
**Montpelier: 매디슨이 살던 버지니아주의 한 지역. 매디슨가가 구입한 땅.
***John Jay(1745-1829): 1778년 대륙회의 의장. 1782년부터 대영 평화교섭 대표단의 일원으로 평화조약 체결에 힘썼다. 1784-1789년 연합회의 외무장관, 1789-1795년 초대 연방최고재판소 장관이 되었다. 1794년에는 영국과의 전쟁을 피하기 위하여 대통령 조지 워싱턴의 특사로서 제이조약(Jay Treaty)을 체결하였다. 매디슨은 '제이조약'에 반대하였고, 종교의 자유를 역설했다.

매디슨은 미국에서 근무한 프랑스 장교에 관한 전쟁 일화를 무척 좋아했다. 그 장교는 망상가였고 허영심도 강했다. 그는 숙녀들이 자기를 어떻게 평가하는지에 대해 특별히 신경 썼다. 그런 마음에서, 그는 동료 장교에게 세상 사람들이 자신에 대해 무슨 말을 하는지 얘기해 달라고 부탁했다.

그는 "솔직하게요, 사실대로 말해주십시오"라고 요청했다. 친구가 머뭇거리며, 그런 얘기는 그대로 되풀이해서 전하기에는 너무 미묘하다고 사양했다. 그러자 그 프랑스인의 호기심만 오히려 커졌다. 그는 다 얘기해 달라고 요구했다. 마침내 그 친구는 누그러졌다.

"세상의 견해는 나뉘어 있습니다. 남자들은 당신을 [좀생이 old woman]라고 합니다. 그리고 여자들은 당신을 [늙은이 old man]라고 말합니다."

밀린 임금을 요구하는 병사들로 인해 의회는 회의 장소를 필라델피아에서 프린스턴으로 옮겼다. 질서를 잃은 병사들이 만약에 일으킬 지도 모를 반란을 피하기 위해서였다. 그때 누군가가 그 조치는 결국 "반짝 효과"일 뿐이라고 말했다.

"그렇습니다." 매디슨이 대답했다. "그렇지만 반짝였습니다."

프린스턴은 작은 도시였는데, 갑자기 찾아온 의원들로 북적댔다. 매디슨도 동료와 작은 방을 함께 썼다. 시설이 너무 부족했다. 한 의원은 다른 의원이 옷을 입는 동안 침대에 누워 있어야 했다. 그래서 의원들은 서로 '부대끼는 것'\*이라고 매디슨은 말했다.

\*brought into close quarters: 문자 그대로는 작은 공간에 밀려들어가다. 같이 일하면서 '긴밀하게 접촉하다'는 뜻으로도 해석할 수 있다. 같은 말로 두 가지 의미를 전한 편pun.

★

매디슨은 말년에 헌법의 아버지, 위대한 혁명 세대의 마지막 인물 중 한 명으로 추앙받게 됐다. 그는 이 모든 것이 즐거운 것처럼 보였다. 그는 언젠가 이렇게 썼다. "많은 동년배들이 먼저 떠났다. 사람들이 나보고 제 명보다 더 오래 살았다고 생각할지 모른다는 것을 나는 잊지 말아야 한다."

매디슨은 아마도 마지막에 최고의 명구를 남겼을 것이다. 임종하는 날 아침, 가족들이 간절한 마음으로 다가와 무엇이라도 처리해야 할 것이 있는지 물어보았다. 매디슨은 "마음이 바뀌는 것 이상으로는 없습니다."라고 말하고는 곧 숨을 거두었다.

# 32

## 그로버 클리블랜드
### Grover Cleveland

★

추문탐사 언론에 관한 한 오늘날 정치인들의 처지는 '금박시대'*
정치인들에 비하면 아무것도 아니다. 클리블랜드는 1884년 사
나이답게 사생아가 있다고 인정했다가 〈신시내티 페니 포스트
Cincinnati Penny Post〉로부터 "버펄로 창녀들의 단짝"이라는 비난
을 샀다.**

그래도 클리블랜드는 대통령이 되려 했던 '인디애나주 출신
Hoosier·시골뜨기'의 두 사람, 토머스 헨드릭스Thomas Hendricks와
올리버 모튼Oliver Morton에 비하면 상대적으로 덜 상처받았다.
두 사람은 〈시카고 트리뷴〉 독자들에게 다음과 같은 제목으로
소개됐다.

"앞사람은 욕망의 족쇄가 풀린 이름.

뒷사람은 오물과 끈적끈적한 액으로 악취 풍기는 이름.

인디애나주 최고 인기 종마클리블랜드를 지칭와

몇 사람의 악마적 결합, 그리고 그 종마가 시도한 유혹들."

그렇다고 해서 그해 선거에서 클리블랜드의 적이었던 제임스 블레인James G. Blaine이 꼭 무임승차한 것은 아니다. 지지자들이 '깃털 장식의 기사Plumed Knight' 라고 불렀던 블레인을 신문의 비평가들은 "국수주의자 짐", "메인주에서 온 대륙적 거짓말쟁이"라고 비난했다.

헨리 애덤스 부인***은 더 직접적이었다. 부인이 볼 때 그 공화당 후보는 "쥐 같은 블레인 … 기독교 세계에서 가장 크고 극악한 거짓말쟁이"였다.

*Gilded Age: 남북전쟁 후의 미국이 농업국에서 공업국으로 탈피하는 과정에서 엄청난 물질주의와 정치 부패가 일어난 1865-1890년경에 이르는 시대를 말한다. 이 시기를 배경으로 사회와 정치를 비판하는 소설들이 많이 나왔는데, 이 시대 명칭은 마크 트웨인의 작품 〈금박시대The Gilded Age〉1873에서 유래한 것이다. 이 소설은 워싱턴 DC를 생생하고 정확하게 묘사하고 있으며, 탐욕스러운 실업가와 부패한 정치인들을 비롯한 그 시대의 많은 지도적인 인물들에 대한 풍자로 가득차 있다.

**1884년의 선거운동은 비방주의로 얼룩져 있었다. 클리블랜드의 정직한 이미지를 깎아내리기 위해 반대파들은 클리블랜드가 변호사 시절 사생아를 낳았다고 주장했다. 그러면서 공화당 지지자들은 〈엄마, 엄마, 아빠 어디있어요?〉라는 노래를 불렀다. 부패 정치인이던 제임스 블레인을 누르고 클리블랜드가 대통령에 당선되자 민주당 지지 신문들은 기사에 〈엄마, 엄마, 아빠 어디있어요? 백악관에 갔단다. 하하하!〉라는 제목을 달았다.

***역사학자 헨리 애덤스의 아내 "마리안 후퍼 애덤스(Marian Hooper Adams, 1843-1885)"이다. 헨리 애덤스는 그녀를 [페티코트를 입은 볼테르]라고 했다. (125쪽 참조)

★

클리블랜드에 대해 이런 말이 있다. "우리는 그가 만든 적 때문에 그를 사랑합니다." 클리블랜드 자신은 그 칭찬을 인정했다. 그 후보는 말했다. "사람은 그가 만드는 친구로 평가됩니다. 그리고 또 그를 멀리하는 친구들에 의해서도 평가됩니다."

클리블랜드는 천성이 적극적으로 나서지 않는 정치인이었지만, 그마저도 결국 대통령직의 유혹에 굴복했다. 클리블랜드는 인정했다. "공직 욕구는 질병입니다. 그건 심지어 잡아먹습니다."

신문기자 헨리 스토다드Henry Stoddard는 클리블랜드에 대해서 이렇게 말했다. "대통령으로서 그는 압도적이지 못했습니다. 그리고 어떻게 설득하는지도 몰랐습니다."

사실 클리블랜드는 홍보에 소질이 없었다. 참모들이라고 해봐야 사태를 더욱 악화시킬 뿐이었다. 한 논평자가 썼다. "대통령은 정치인이 찾아오면 상처를 입었다. 그럼 [비서] 서버Thurber가 와서 소금에 절인 생선 같이 굴어 그의 상처를 더 아프게 했다."

설상가상으로, 클리블랜드는 언론에 대한 혐오감도 숨기지 않았다. 그 결과는, 기자들이 클리블랜드 정부에 대한 정보를 모으는 것이었다. "노상강도가 역마차를 습격하는 방식과 매우 유사하게."

1884년 대통령에 처음 당선됐을 때 독신이었던 클리블랜드는 성공한 누이동생 로즈Rose를 백악관 여주인 역할로 초대했다. 미스 클리블랜드는 여성 권리에 관한 저명한 강사였고 인정받는 문학자였다. 나중에 그녀는 지루한 초대 연회 연설 때면 조용히 그리스어 동사활용으로 시간을 보냈다고 고백했다.

클리블랜드는 끊임없이 상원과 충돌했지만, 의사당 맞은 편 '입법 상대' 하원을 의미와는 합리적으로 좋은 관계를 유지했다. 클리블랜드가 어느 날 밤 그 '상급 기관' 상원을 의미과 또 한판의 전쟁을 치르고 난 뒤 돌아와서 잠들었다. 클리블랜드는 자다 깨다를 되풀이했다. 얼마 안 있어 집사가 이상한 소리에 대통령을 깨우고 말했다. "집house에 도둑이 든 줄 알았습니다."

클리블랜드가 대답했다. "아마 상원일 겁니다, 하원House은 아닙니다."*

*하원을 통칭하는 [House]와 집으로서 백악관을 뜻하는 [house]를 대비한 편.

# 33

## 제임스 포크
## James K. Polk

 포크는 1836년 밴 뷰런 지원 유세단에서 활동했다. 포크의 연설은 존 퀸시 애덤스에게 아무런 감흥도 주지 못했다. "위트도, 문학성도, 논점도 없습니다." 애덤스는 이렇게 말했다. "전달방식의 우아함도, 용어의 품위도, 철학도, 감성도, 절묘한 즉흥도 없습니다."

 애덤스는 적어도 응징해야 할 대상이라면 당을 가리지 않았다. 그는 일기에 이렇게 썼다. "이 선거에서 눈여겨볼 만한 특징은 모든 후보들이 기껏 해봐야 3급 인간들이라는 점이다. 그들의 위세는 높은 성취도나 탁월한 봉사가 아니라 음모와 정치적 억측을 토대로 하고 있다."

★

서민의 대변자를 자임한 포크의 입장을 존 퀸시 애덤스 부인은 비웃었다. 애덤스 부인은 1832년 포크의 결혼식 때 신부와 신랑뿐 아니라 그들의 정치 동료들까지 "기운찬 말 4마리가 끄는 매우 화려한 마차"를 탔다고 꼬집었다. 포크의 새댁이 남편의 재산에 유혹 당했다는 게 가능했을까?

"그 순진한 처녀가!!! 누가 마차와 말 네 마리의 매력을 거부할 수 있단 말인가?"

포크는 생활에서처럼 정치에서도 청교도적이었다. 그는 자리를 차지하려고 애쓰는 것을 좋지 않게 여겼다.

"의원들 사이에서 한 자리를 맡으려는 열정은 매우 큽니다." 그는 불평했다. "그것은 정부가 하는 일을 매우 곤란하게 합니다. 그들은 자기들이 투표해서 자리를 만들고, 그리고 그 자리를 자기들이 채우려고 합니다."

포크는 백악관에 입성한 뒤 "게으르고, 일하려 하는 대신에 공직을 찾으려고 워싱턴에 온 무가치한 사람들로부터 빠져나올 수 없었다…." 대통령 앞에 이 공직 희망자 중 한 명이 자기 추천서를 내려놓았다. 굳이 구체적으로 원하는 자리를 특정하지도 않았다. 그렇지만 포크는 고개를 끄덕였다.

"그는 자신이 조약을 체결하는 데 솜씨가 있을 것이라고 생각하고…. 그리고 해외에서 외교관이 되고 싶다고 대답했습니다. 이 정도면 제게 제출된 다른 많은 지원서와 비교할 때 심한 것도 아닙니다."

사라 포크Sarah Polk는 남편의 뚱하고 말이 없는 성격을 모든 사람들이 좋아하는 우아함과 매력으로 상쇄했다. 심지어 정적들까지. 하루는 백악관 만찬에서 포크 여사의 옆에 앉은 헨리 클레이\*가 그에게 얼굴을 돌리며 말했다.

"부인, 이 말씀은 드려야겠습니다. 제가 돌아다니면서, 동료들과 모든 사람들 사이에서 부인에 대해 들은 평판은 단 한 가지입니다. 백악관 내정을 탁월하게 이끄는 데 부인께 최고 점수를 줘야 한다고 모두들 의견이 같습니다. 그런데…." 여기서 클레이는 사라의 남편을 바라봤다. "저 젊은 친구에 관해서라면, 그렇게까지는 얘기 못하겠습니다."

포크 부인이 대답했다. "[제] 행정 솜씨가 인기 있다는 말을 들으니, 정말 기뻐요."

---

\*1844년 대통령 선거에서 휘그당 후보였던 클레이는 민주당 후보 포크에게 패배하였다. (336, 352, 391쪽 참조)

독실한 장로교인이었던 포크는 일요일에 춤, 경마, 연극, 음악 등을 즐기는 것이라면 얼굴을 찌푸렸다. 양심적인 것이 지나쳐 결점이 될 정도였다. 대통령은 덜 엄격한 동년배들보다는 이후 세대의 역사학자들과 더 잘 어울렸다. 샘 휴스턴Sam Houston은 포크와 같이 있을 때 유일한 문제점은 둘 다 물을 너무 많이 마신다는 것이었다고 말했다.

포크가 미국-멕시코 전쟁에서 미국의 승리를 총괄했는지는 모른다.* 하지만 대부분의 공은 휘그당 장군인 재커리 테일러 Zachary Taylor와 윈필드 스코트Winfield Scott에게 돌아갔다. 얼마 후 두 사람은 대통령직을 노렸다. 스코트는 특히 포크에 분개했다. 장군은 이렇게 표현했다.

"모든 자리 중에서 가장 위험한 자리에 나 자신을 내버려두고 싶지는 않습니다. 등 뒤에서는 워싱턴으로부터, 앞에서는 멕시코인들로부터 포격을 받는 그런 장소 말입니다."

*미국-멕시코 전쟁(1846-1848)은 포크 대통령의 재임기에 벌어졌다.

★

에이브러햄 링컨은 그때 젊은 휘그당 의원이었다. 링컨은 대통령의 '미국-멕시코 전쟁' 정책에 반대했다. 포크는 "어찌할 바를 모르고, 혼란스러워하고, 불쌍할 정도로 당황하고 있는 남자"로 보였다.

포크는 관례를 깨고 연임하지 않겠다고 미리 발표했다. 분노하고 과로했던 그는, 워싱턴을 떠나는 데 거의 후회가 없었다. 사실 그는 다른 사람에게 자리를 넘겨준다는 생각에 기뻤다.

포크는 말했다. "나는 곧 하인이기를 그만둘 것입니다. 주인이 될 것입니다."

★

# 농담거리 신세
## The Joke's on Them

# 34

## 재커리 테일러
## Zachary Taylor

1848년 선거가 임박하면서, 휘그당은 백악관을 재장악하기 위해 필사적으로 전쟁 영웅을 찾았다. 실제로 어떤 군인도 괜찮았는데, 신념은 전쟁영웅보다 훨씬 덜 중요했다. 그래서 뉴욕 지역 책임자 설로 위드*가 허드슨강 증기선상에서 재커리 테일러의 동생 조지프를 만났을 때, 타이밍은 절묘해보였다.

위드는 테일러 장군이 정치적으로 어떤 원칙을 갖고 있는지 물었다. 테일러는 그런 문제에 대해서는 별 생각이 없는 것 같았다. 그는 아무 정당에도 속해 있지 않았다. 투표도 거의 하지 않았다. 사실, 형 재커리는 원칙이라기보다는 오히려 편견을 갖고 있었다고 조지프 테일러Joseph Taylor는 말했다. 재커리는 헨리 클레이를 좋아했고, 앤드루 잭슨을 싫어했다. 그리고 미국 제조업체들을 존중하는 마음에서 수입 의류 입기를 거부했다.

위드가 그 자리에서 선언했다.

"당신의 형은 우리의 다음 대통령이 될 것입니다."

조지프 테일러는 놀랐다.

"형이 미국 대통령에 적합하지 않기로는 저와 매한가지라는 점을 말씀드렸으면, 당신의 제안이 말이 안 된다는 것을 아셔야 할 텐데요."

위드가 대통령이 되기에 적합한지 아닌지를 가늠하는 유일한 기준이라고 생각했던 것은 투표함에서의 판가름이었다.

*Thurlow Weed(1797-1882): 언론인 겸 정치인.

그 점에 대해서 테일러의 생각은 대체로 맞았다. 그는 이렇게 썼다. "내가 대통령이 돼야 한다는 생각은, 심각하게 대답하기에는 너무 뜬구름 같은 얘기였다. 전혀 머릿속으로 들어오지 않았다. 다른 어떤 사람 머릿속으로도 들어갈 것 같지 않았다."

테일러는 미시간의 루이스 카스* 같은 적을 두었다는 점에서 행운이었다. 호레이스 그릴리는 이렇게 표현했다. "이 나라는 똥배에 얼간이 같은 오이cucumber 카스Cass를 받아들일 이유가 없습니다!"

그 언론인은 자기가 소속한 정당의 후보에 대해서는 이렇게 쏘아 붙였다. "잭 영감은 선량하고 [친근한 사람good old soul]이지만, 정치라는 측면에서 보면 [가죽 신발바닥sole leather] 정도밖에 되지 않습니다."

그릴리는 내각이라고 해서 평가에 더 관대하지는 않았다. 테일러 정부 내각은, "휘그당의 구심체"가 되려고 하는 수백 명의 사람들 사이를 시각 장애인보고 자유롭게 돌아다니면서 "만져보고 뽑으라"고 할 경우 구성될 "끔찍한 혼합물"과 비슷하다는 것이다.

*Lewis Cass(1782-1866): 1848년 대선 때 재커리 테일러에게 패배했다.

위대한 교육자 호레이스 만Horace Mann은 테일러를 이렇게 평했다. "매우 단순하고 친근한 사람. 내가 본 사람 중 가장 내세우지 않고 허세를 부리지 않습니다. 국정에 대해서 어린이처럼 꾸밈없이 말하고 자신이 모르는 어떤 것에 대해서도 아는 체 하는 것 같지 않습니다. 그는 몇 가지 측면에서 주목할만한 인물입니다. 그리고 그 같은 사람이 미국 대통령이 되어야 한다는 점도 주목할만합니다."

★

테일러는 어법마저 조롱거리가 됐다. 의회 메시지에서 그는 천명했다. "우리는 모든 국가와 평화롭게 지내고 있습니다. 그리고 나머지 인류와는 소중히 간직해 온 친선 관계를 유지하기 위해 노력하고 있습니다."

★

1850년 7월 4일, 테일러 대통령은 워싱턴 기념탑 광장의 축하 행사에 참석했다. 기나 긴 연설과 타는듯한 태양 아래에서 몇 시간을 보내면서 대통령은 지쳐버렸다. 백악관에 돌아온 뒤 그 노인은 씻지 않은 과일로 저녁 식사를 하고 얼음 같은 우유로 속을 씻어냈다. 그는 며칠 지나서 콜레라로 숨졌다. 그 혼자만이 아니었다.

이 무렵에 펜실베이니아 애비뉴를 돌아다니던 한 방문객은 개즈비스Gadsby's 호텔 맞은 편 건물 벽에 줄지어 기대 있는 금속관들을 보고 놀랐다. 모두 사업 정신이 왕성한 장의사들이 발병률 높은 시기에 한몫 잡을 것을 기대했기 때문이다.

테일러의 장례식은 장엄하지 않았다. 한 의원은 장례식 도중에 "잡담과 음주에 싸움까지 벌어졌습니다"라고 말했다. 그는 또 이렇게 강조했다. "뒤에 발생한 이 볼거리는 제 생각에 아주 자연스러운 것이었습니다. 왜냐하면 알다시피 잭 영감은 위대한 투사였기 때문이었습니다."

해리 트루먼은 테일러에 대해서 그답게 거칠게 평가했다. 트루먼은 이렇게 썼다. "너그럽게 봐 줄 수가 없다. 그가 자기 정책을 수행하지 못했다고 말할 수도 없다. 그는 수행할 어떤 정책 프로그램도 갖지 않았다."

★

# 35

## 워런 G. 하딩
### Warren G. Harding

1920년 하딩을 대통령 후보로 지명한 공화당 전당대회 전야에서, H. L. 멩켄은 지독한 야유를 내뱉었다. "우리는 숭고한 이상을 향해 나아갑니다. 위대하고 영광스런 어느 날, 이 땅의 평민들은 마침내 마음속의 희망에 도달하고 백악관은 완벽한 바보들로 꾸며질 것입니다." '볼티모어의 현인'에게 이 우드로 윌슨의 후임자는 "활동사진 배우의 얼굴과 존경할만한 농기 거래상의 지능, 그리고 오두막집 목수의 상상력을 갖춘 3급 정치 일꾼"이었다.

동시에 멩켄은, 하딩은 윌슨의 이상주의가 의도하지 않았던 결과였다고 생각했다. 최근 몇 년간 고난의 행군기를 거친 대부분의 미국민은 휴식만을 원했다. 아니면 멩켄이 말한 대로, 미국민은 "지적 허풍이라면 죽도록 지쳐버린 나머지 절망적인 심정에서 정직한 바보 쪽으로 돌아선 것"이다.

앨리스 루스벨트 롱워스TR의 딸(103, 133, 139쪽 참조)는 단언했다. "하딩은 나쁜 사람은 아니었습니다. 그는 단지 얼간이였을 뿐입니다."*

그의 역사적 평판은 결코 회복되지 않았다.

*하딩의 죽음 후, 대통령으로서는 적절하지 않았다는 사실들이 밝혀졌다. 그의 사생활이 문란하여 여러 여인들과의 스캔들은 물론, 1927년 스스로 하딩의 딸이라고 자처하는 여성이 《대통령의 딸》이라는 책을 펴내 미국을 흔들어놓았다. 또 하딩의 개인적인 정직성은 사후에도 의심받지 않았지만, 그로부터 커다란 신임을 받았던 많은 공직자들이 엄청난 부정을 저질렀다는 사실이 폭로되면서 하딩은 '가장 부패한 행정부의 주인'이었다는 오명을 쓰게 되었다.

하딩의 아버지가 "네가 딸로 태어나지 않아 좋다, 워런. 그랬다면 너는 '안 된다!'는 말을 못하니까 늘 임신 중이었을 것이다."라고 탄식할 때 가장 크게 웃는 사람은 하딩이었다.

하딩은 자신의 지적 결핍이나 정치적 기술 부족을 굳이 숨기려고 하지 않았다. 하딩이 언젠가 말했다.

"저는 미국주의Americanism에 대해서 잘 모릅니다. 그러나 선거 때 사용하기에는 아주 좋은 말입니다."

하딩의 강건한 아내, 플로렌스Florence가 남편의 첫 집무일에 계단을 내려오다가 백악관 집사들이 창문 차양을 끌어내리는 것을 보았다. 왜 그럴까? 하고 플로렌스가 물었다. 대답은, 바깥사람들이 안쪽을 들여다보겠다는 기대로 모여든다는 것이었다. 하딩 여사는 차양을 올리라고 지시했다.

"원한다면 보도록 하세요. 여기는 당신들의 백악관입니다."

하딩은 연설 때문에 비웃음도 많이 샀다. 하지만 하딩은 필요할 때면 멋진 말을 만들어낼 줄도 알았다. 예를 들면 기대하지 않았는데 대통령 후보로 지명됐다는 것을 알았을 때, 하딩은 상황을 완벽하게 설명할 수 있었다.

"2로 원페어 잡고 출사표를 던진 겁니다."*

*We drew a pair of deuces and filed: 포커로 치면 2가 적힌 카드 2장을 잡았으니까 승산이 매우 낮은 상태에서 대통령 선거에 나갔다는 비유. 1920년 대통령 선거에서 공화당 후보 지명을 받기 위해 쟁쟁한 인물들이 치열한 경쟁을 벌였다. 9번씩이나 투표해도 후보가 결정되지 않자 각 계파 대표들은 모두가 동의할 수 있는 제3자를 지명하기로 합의한다. 하딩의 후보 지명은 "시가 연기가 자욱한 방(smoke-filled room)"에서 결정되었다.

★

윌슨의 친척, 윌리엄 깁스 매카두Wilson Gibbs McAdoo도 하딩의 연설을 경멸했다. 윌리엄은 1920년에 대통령직을 잇기를 희망했었다.* 매카두는 이렇게 조롱했다.

"그의 연설은 하나의 개념을 찾아 펼쳐진 대지를 옮아다니는 장렬한 문구 덩어리들의 흔적을 남깁니다. 가끔 이 굽이쳐 흐르는 단어들은 사실상 사람들의 고뇌하는 머릿속 생각들을 사로잡아, 그 생각이 노역과 과로로 사망할 때까지 의기양양하게 그 단어 감옥 가운데에 수감자로 잡아놓고 있을 것입니다."

*우드로 윌슨 대통령 재임 시절 대통령 선거의 해.

★

하딩은 의욕이 충만했으나, 곧 자신이 직무 부담의 늪에 빠져 있다는 것을 알아차렸다. 하딩이 개인 비서에게 부탁했다.

"저드Jud, 대학 교육을 받았죠, 그렇죠? 이 세금 문제에 대해서 무엇을 해야 할지, 어디를 봐야 할지 모르겠습니다. 어딘가에 틀림없이 책이 있을 겁니다. 그 문제에 대해서 모든 것이 다 적혀 있고, 찾아보면 마음속으로 정리해볼 수 있는 그런 책 말입니다. 그런데 그 책이 어디에 있는지 모르겠습니다. 아마 책을 찾아도 못 읽을지 모르겠습니다…. 맙소사, 이곳은 나 같은 사람이 있기에는 지옥 같은 곳입니다!"

〈뉴욕 헤럴드 트리뷴New York Herald Tribune〉의 해외특파원 아서 드레이퍼Arthur S. Draper가 유럽을 오랫동안 여행한 뒤 하딩에게 인터뷰 요청을 했으나 거절당했다. 대신 하딩은 저드슨 웰리버Judson Welliver 연설담당 비서를 불렀다.

하딩이 드레이퍼에게 말했다.

"저는 유럽 사정에 대해서는 아무것도 모릅니다. 당신과 저드Jud가 만나고, 저드가 나중에 저한테 얘기해줄 겁니다. 저드가 저를 대신해 이 문제들을 처리하는 겁니다."

갈수록 더 나빴다. 얼마 후 하딩은 부하들이 배반했다는 것을 알게 됐다. "적들은 내가 처리할 수 있습니다. 좋습니다." 하딩이 한 친구에게 내뱉었다. "하지만 이 빌어먹을 [친구들], 그들 때문에 밤에 잠 못 이루고 서성입니다."

희극배우 윌 로저스가 하딩의 백악관을 처음 방문했을 때, 최고로 멋진 말을 한 사람은 대통령이었다. 하딩은 "제가 당신을 보게 된 것은 이번이 처음입니다. 돈을 안내고요."라고 말했다.

하딩에게 우호적이지 않았던 한 전기 작가는 지독한 2행 시로 대통령의 난봉꾼 이미지가 영원해지는 것에 한몫했다.

"그의 오른쪽 눈은 작고 밝았네,
그러나 그의 왼쪽 눈은 배회하기를 좋아했다네."

결국 하딩은 음주 모임인 '오하이오 갱'*에 손들었다. 그 모임의 화신은 정부의 궁정 어릿광대 역할을 한 제스 스미스Jess Smith 였다. 그가 어떻게 영향력을 행사해 왔는지는 당시 유행했던 노래에 집약돼 있었다.

나의 누이는 눈새snowbird에게 눈snow을 판다.
나의 아버지는 주류밀매업자에게 진gin을 만들어준다.
나의 어머니, 세탁물washing을 받는다.
나의 신, 돈이 마구 굴러들어오는 구나!

*Ohio Gang: 미국의 정치인 집단. 하딩 행정부에서 고위관직을 차지했으나 많은 추문을 남겼다. '오하이오 갱'의 지도자는 법무장관 해리 M. 도허티이다. 다른 구성원들로는 내무장관 앨버트 B. 폴과 체신장관 윌 H. 헤이즈, 재향군인관리국 국장 찰스 R. 포브스, 그리고 사법부 사무원 제스 스미스 등이 있다. 하딩이 죽은 지 얼마 안 된 1924년초 하원위원회는 하딩 정권하에서 저질러진 뇌물 수수와 부정행위에 대한 보고들을 조사하기 시작했다. 조사 결과 포브스는 재향군인회를 운영하면서 저지른 사기와 음모, 그리고 뇌물수수 등의 혐의로 유죄

선고를 받았다. 폴도 티폿 돔 사건과 엘크힐스 사건 혐의로 유죄선고를 받고 구속되었다. 두허티는 불법 주류판매의 허가 또는 불법 사면을 해준 혐의를 받고 재판에 회부었지만 무죄 판결을 받았다. 그는 대통령직을 승계한 캘빈 쿨리지로부터 사임 압력을 받아 결국 법무 장관직을 사퇴하고 말았다. 제스 스미스는 자살했다.

# 36

## 마틴 밴 뷰런
### Martin Van Buren

늘 수완이 좋았던 정치인, 밴 뷰런에 관한 이야기가 있다. "그는 헝겊으로 감싼 노muffled oars를 저으면서도 목적지까지 갔다."*

*노에다 헝겊을 감으면 노젓는 소리가 나지 않아 은밀하게 작전을 펼칠 수 있으나 노가 잘 저어지지는 않을 것이기에 배를 모는 데 수완이 좋아야 한다는 뜻.

최고의 외교관으로, 밴 뷰런은 장막 뒤에서 마술을 펼쳐보였다. 그는 이렇게 말했다. "생각만 했는데 야단맞는 사람은 거의 없습니다."*

*Most men are not scolded out of their opinion: 밴 뷰런은 막후에서 아이디어를 내며 실력을 행사했으나, 실제 무대에는 모습을 드러내지 않았기 때문에 비난받을 일이 없다는 뜻으로 농담한 것 같다.

업계의 비판자들이 볼 때, 밴 뷰런은 단지 "킨더후크*의 선술집 주인 아들로 태어나 … 관리와 술책만으로 마침내 약삭빠른 변호사가 된, 교활하고 음흉하고 영리하고 숙련된 음모꾼"이었다.

*Kinderhook: 밴 뷰런이 태어난 지역. 뉴욕주.

앤드루 잭슨이 친구 밴 뷰런을 영국대사로 지명했을 때, 존 C. 캘훈 부통령이 상원에서 캐스팅 보트 역할을 행사했다. 그 지명은 거절됐다. 환호한 캘훈은 동료들에게 말했다. "묵사발났을 겁니다, 의원님들, 완전히 묵사발될 겁니다. 그는 꼼짝도 못할 겁니다. 의원님들, 꼼짝도."

밴 뷰런은 꼼짝만 한 게 아니었다. 그는 1832년 잭슨의 부통령이 됨으로써 캘훈의 자리를 차지했다. 4년 뒤에는 더 나아가 백악관 입성을 노렸다.

존 퀸시 애덤스 부인은 남편처럼 말에 날을 세울 줄 알았다. 그리고 정적들을 베기 위해 그런 말을 거리낌없이 사용했다.

앤드루 잭슨(밴 뷰런의 전임 대통령)이 한참이나 특징이 없는 밴 뷰런에게 길을 터주자 애덤스 부인은 참지 못하고 그 권력 이행을 꼬집었다.

"맹수의 왕, 우리에게 더 쓸모가 없네.
그리고 나라의 선택은 이제—거위에 달렸네."

변경 출신인 데이비 크로케트Davy Crockett가 밴 뷰런의 멋부리는 스타일을 조롱했다. 크로케트는 당시 부통령이었던 밴 뷰런에 대해 이렇게 말했다.

"그는 오전에 상원 회의실에 들어오면, 도랑 속의 까마귀처럼 으스대며 활보합니다. 그는 나들이복 차림의 여성처럼 코르셋에 레이스 장식을 하고 있습니다. 그리고 가능했다면 그들 여성 중 최고보다 더 꽉 죄었을 겁니다. 붉고 큰 구레나룻만 아니었다면 외모로만 봐서 그가 남자인지 여자인지 말하기가 힘들 것입니다. [그는] 의심이 많고 믿을 수 없습니다…. 그는 동시에 얼굴 한쪽에서는 웃고 다른 한쪽에서는 울 수 있다고 합니다."

너무 신중한 게 결점이라고 할 수 있을 정도였던 밴 뷰런은, 피할 수 있다면 특정 입장에 얽매이려고 하지 않았다. 그의 이런 자세는 동료들 사이에 농담거리가 됐다. 동료들 중 한 상원의원은 빠져나가기 잘하는 밴 뷰런이 특정 입장을 취하도록 함정에 빠뜨릴 수 있다고 동료 의원에게 내기를 걸었다.

그 상원의원이 물었다. "매트Matt, 해가 동쪽에서 뜬다는 소문이 있던데, 믿습니까?"

밴 뷰런은 대답했다. 그러나 전적으로 동의하지는 않았다.

"그것이 일반적인 믿음이라고 알고 있습니다. 상원의원님. 하지만 저는 결코 해가 뜰 때까지는 일어나지 않기 때문에 그렇다고 실제로 말할 수는 없습니다."*

*밴 뷰런은 해가 동쪽에서 뜬다는 사실조차 실제로 경험해서 아는 것은 아니기 때문에 말 할 수 없다고 유보적인 입장을 취하고 있다.

밴 뷰런이 의회에 보낸 첫 메시지는, 예상대로 존 퀸시 애덤스에게 별다른 인상을 심어주지 못했다. 애덤스가 볼 때, 새 대통령은 이전 잭슨의 메시지에 "새 도료를 입혀" 전달한 것에 불과했다.

인생 후반기에 밴 뷰런은 "내 인생의 가장 행복했던 두 날은 대통령직을 시작했을 때와 내놓았을 때"라고 밝혔다.

그렇다고 해서 그가 한 번 더 그 같은 행복을 맛보려 하지 않았던 것은 아니다.

늘 야심만만했던 밴 뷰런은 자연스럽게 "킨더후크의 붉은 여우"*라는 별명을 얻었다. 이 전직 대통령은 1844년 다시 한 번 백악관 입성 시도를 고려하면서 바람을 불러일으킬 필요가 있었다. 이런 생각으로 그는 젊은 샘 틸든Sam Tilden에게 원고를 건넸다. 틸든은 이후 1876년 간발의 차이로 백악관 주인이 되는 데 실패한다.

밴 뷰런은 당당하게 젊은 문하생에 말했다. "영원히 잊혀지지 않고 싶다면, 이걸 집에 갖고 가서, 완성하고, 수정하고, 적절하게 다듬어서, 대중에게 내보여보세요."

틸든은 들은 대로 했고 더욱이 그 과정에서 밴 뷰런의 아들 존John의 도움도 받았다. 얼마 안 돼 민주당 의원들은 '붉은 여우'가 솜씨 좋게 부추기는 바람에 밴 뷰런의 지휘 아래 밴 뷰런을 지지하게 됐다.

*the Red Fox of Kinderhook: 뷰런은 머리카락이 붉은 색이었다고 한다.

1848년 밴 뷰런은 노예제 반대를 공약한 제3당 '자유토지' 당의 대통령 후보가 됐다. 동지들은 뷰런의 미덕을 찬양하는 한편 뷰런의 적, 재커리 테일러와 루이스 카스* 등을 제압하기 위해 간단한 노래를 만들었다.

> 오시오, 열심히 일하는 땅의 아들들.
> 그리고 당신의 표를 '자유토지Free Soil' 당에 던지시오.
> 재커리 테일러에 투표하는 사람은
> 보호자나 간수가 필요하지요.
> 카스Cass를 지지하는 사람은
> [C]없는 Cass.**
> 우리가 바라보고 싶은 사람은
> 킨더후크의 마틴 밴.

그들은 더는 그런 노래를 만들지 않았다.

*1848년 대통령 선거에서 재커리 테일러는 휘그당 후보, 루이스 카스는 민주당 후보였다. 재커리 테일러가 선출되고 밴 뷰런은 백악관 재입성에 실패했다.
**엉덩이란 뜻의 [ass].

★

# 37

## 제임스 뷰캐넌
## James Buchanan

★

제임스 뷰캐넌의 가장 친한 친구들 중 한 명이, 이 지루하고 충실하고 결단력 부족한 사람을 이렇게 요약했다. "나는 그가 평생 진정 재치 있는 말을 해본 적이 없다고 생각합니다."

대통령으로서, "이 연로하신 나리"는 사교적 책무를 수행하는 데 생기 넘치는 조카 해리엇 레인*의 도움을 받았다. 레인은 그 과정에서 꽤 유명인사가 됐다. (〈앵무새에게 들어보세요 Listen to the Mocking Bird〉라는 노래가 그녀에게 헌정됐다.) 뷰캐넌은 이 활달한 젊은 여성에게 "조용하고, 신중하고, 말하지 마라"고 그답게 충고했다.

외교가에서는 그런 신중함이 소용 있었을 것이다. 그러나 국가적 분열기를 맞아 대담한 리더십이 요구되는 상황에는 답이 못 됐다. '미스 레인'은 유언을 통해 삼촌의 동상을 세우는 데 충분한 자금을 남겼다. 그 삼촌은 그때까지 국민 거의 모두에게 놀림당했다. 왜냐하면 아무도 동상건립 비용을 대려고 하지 않았기 때문이다.

*Harriet Lane(해리엇 레베카 레인 존스턴, 1830-1903): 평생 독신이었던 제임스 뷰캐넌 대통령을 위해 귀빈을 대접하는 등 공식적인 퍼스트 레이디 역할을 했다. 젊고 아름답고 매우 인기 있었던 그녀는 "백악관의 퍼스트 레이디"라고 표현됐다. 어릴 때 부모를 모두 잃은 레인에게 뷰캐넌은 조카(여동생의 딸)의 보호자가 되어주었고, 학업을 마친 그녀는 뷰캐넌이 영국대사에 임명되자 함께 영국으로 동행하였다. 삼촌을 돕기 위해 결혼을 늦추었던 레인은 35세 때 헨리 엘리엇 존스턴과 결혼하였다.

뷰캐넌에게는 다른 사람을 당황하게 만드는 그 무엇인가가 있었다. 그 때문에 가장 심하게 당한 사람이 누구보다도 신랄했던 헨리 클레이였다. 이 영원한 대통령 후보는* 휘그당 동료들의 솔직함을 부각시키면서 민주당의 지나친 신중함과 비교했다. 클레이는 반대당의 대포가 무력화되었다고 했다.

"나오시오." 그는 외쳤다. "남자답게 나와서 입장을 정하십시오. 한번 들어봅시다. 당지도자들에게 요구합니다."

뷰캐넌이 미끼를 물었다. 연단에 오른 그는 어떠한 중요한 이슈에 대해서도 견해를 유보하지 않았다고 밝혔다. 클레이는 어리둥절했다. 그가 가리켰던 사람은 뷰캐넌이 아니었다고 그 켄터키 출신은 말했다.

"한참 아니었습니다. 저는 당 '지도자들'을 불렀던 겁니다."

*헨리 클레이는 대통령 후보 지명에 5차례 도전했다. 1832년과 1844년, 휘그당의 대통령 후보로 지명되었으나 대통령 선거에서 모두 패배했다. (336쪽 참조)

클레이는 거리낌없이 뷰캐넌의 생기 없어 보이는 외모를 놀렸다. 한번은, 뷰캐넌이 1812년 전쟁 당시 충성스럽지 못했다는 비난이 제기돼 해명에 나섰다. 뷰캐넌은 영국군이 볼티모어를 공격했을 때 자신이 자원군에 합류했다는 점을 동료들에게 상기시켰다. 클레이가 물었다. "볼티모어까지 행군했습니까?"

뷰캐넌은 확실히 그랬다고 대답했다.

"무장하고 군장하고 말입니까?"

틀림없다고 뷰캐넌은 말했다.

"그렇지만 당신이 도달했을 때 영국군은 후퇴한 상태였는데요."라고 클레이가 지적하자 뷰캐넌은 동의한다고 고개를 끄덕였다.

클레이는 물었다. "볼티모어를 구하기 위해 용감하게 행군한 결과 영국군이 후퇴한 것인지, 아니면 영국군이 이미 후퇴한 뒤에 볼티모어를 구하기 위해 용감하게 행군한 것인지, 펜실베이니아 출신 상원의원*께서는 우리에게 확인해주실 수 있겠습니까?"

*제임스 뷰캐넌은 1834-1845년까지 연방 상원의원을 역임하였다.

세인트 제임스 궁정Court of St. James 대사*로서 뷰캐넌은 전임자들과 달리 공식 의복 없이 지냈다. 그 대신에 그는 검은 코트와 바지, 하얀 조끼를 입었다. 궁중의 상급 시종들과 구별하기 위해 이 미국 외교사절은 수수한 겉옷에 보통 칼을 찼다. 뷰캐넌은 기억을 떠올렸다.

"제가 여왕에게 다가설 때 장난기가 있으나 호의적인 미소가 여왕의 얼굴에 빛났습니다. 마치 '이 궁정에서 그런 옷을 입고 내 앞에 나타난 사람은 당신이 처음입니다'라고 말하는 것 같았습니다. 제가 미국인의 질박한 옷차림을 하고 그 빛나는 무리들 사이에 서 있을 때보다 더 미국인임이 자랑스럽게 느껴진 적은 없었다고 고백할 수밖에 없습니다."

실제 빅토리아 여왕의 마음도 대체로 호의적이었다. 이후 대사가 정식 외교 복장으로 되돌아왔을 때 여왕은 안도의 숨을 내쉬었다. 여왕이 말했다. "우리가 더 이상 미국 장례식을 치르지 않게 돼서 감사합니다."**

*주영 대사.
**뷰캐넌의 어둡고 질박한 복장이 장례식 의복 같았다고 한 농담.

뷰캐넌의 민주당 동료 제임스 K. 포크도 빠지지 않는다. "뷰캐년 씨는 유능한 인물입니다." 포크는 말했다. "판단이 필요 없는 사소한 일에서 말이죠. 또 가끔은 노처녀처럼 행동합니다."*

*뷰캐넌은 평생을 독신으로 지냈다.

★

포크제11대 대통령가 뷰캐넌을 국무장관으로 임명했을 때, 전직 대통령 잭슨제7대 대통령은 나름대로 반대 의견을 냈다.

포크가 대꾸했다. "그렇지만 장군, 다름 아닌 당신께서 그를 러시아 대사로 임명하셨습니다."

잭슨이 말했다. "그렇습니다. 그를 제 시야에서 가능한 멀리 보냈습니다. 그는 그곳에서는 별 해를 끼칠 수 없었습니다."

★

뷰캐넌의 지지자들은 1856년 선거에서 유머 효과를 위해 그의 별명을 이용했다.

44년 우리는 그들을 찔렀네Po'ked 'em,

52년 우리는 그들을 꿰뚫었네Pierced 'em,

그리고 56년 우리는 "그들을 들이받을 것이네**Buck'em**."*

*44년 포크(Polk) 대통령 당선. 52년 피어스(Pierce) 대통령 당선. 56년에도 뷰캐넌(Buchanan)을 당선시키겠다는 것. 포크, 피어스, 뷰캐넌 대통령은 모두 민주당이다.

의원 경력이 풍부했던 뷰캐넌이 이렇게 제안했다면, 그는 뭔가 낌새를 챈 것이었다. "추상적 제안은 입법부에서 절대로 논의돼서는 안 됩니다."

뷰캐넌은 대범한 성격은 아니었으나 언론의 비평가들에게는 달랐다. 1856년 그는 제임스 고든 베네트James Gordon Bennett의 〈뉴욕 헤럴드New York Herald〉를 응징했다. 그 신문은 뷰캐넌의 공화당 경쟁자인 존 찰스 프리몬트John Charles Fremont를 좋아했으나, 그보다 훨씬 더하게 뷰캐넌을 싫어했다. 제임스 뷰캐넌은 격노했다.

"내가 왜 이 악명 높은 악당으로부터 모욕과 학대를 당해야 합니까? 뉴욕에 가서 그가 응당 받아야 할 벌을 집행해줄 친구가 내게 없을까요? 그 사람은 공공 도로에서 귀가 떨어져나가야 합니다."

새디어스 스티븐스410쪽 참조는 독설의 대가였다. 뷰캐넌은 그에게 도전해볼 만한 가치가 있는 목표가 됐다.

스티븐스가 1856년 선거전에서 말했다.

"제임스 뷰캐넌처럼 뛰는 사람은 없습니다. 턱뼈가 굳어서 죽어가는 모양입니다. 남을 것이라고는 부풀어 오른 정치적 부패 덩어리와 정강뿐입니다."\*

\*제임스 뷰캐넌은 선거 기간에 연설하지 않았다고 한다. 관행이기는 했으나 스티븐스는 이를 조롱한 것이다.

19세기 내내 일반 국민은 정기적으로 백악관으로 초청돼 대통령과 악수했다. 뷰캐넌은 기운차게 행사에 임했다. 한 리셉션이 시작될 때 뷰캐넌이 말했다.

"자 여러분, 방앗간 주인의 원칙에 따라 여러분을 모셔야겠습니다. 먼저 오신 분들이 우선입니다. 부디 하시고 싶은 말씀은 짧게 해주십시오. 왜냐 하면 제가 할 일은 많은데, 그 일을 다 하기에는 시간이 부족합니다."

뷰캐넌은 자상한 주인으로서, 백악관 손님들을 배려해 JB 위스키를 대접했다. 보통 그는 10갤런 통으로 술을 구입했기 때문에, 지역 상인들이 작은 병으로 샴페인을 보내면 불평했다.

뷰캐넌은 이렇게 썼다.

"이 집에서 파인트* 단위는 매우 불편하다. 그렇게 작은 양으로는 술을 마시지 않기 때문이다."

*1 pint: 약 0.5리터.

고향인 펜실베이니아주에서 선거 결과가 참혹하게 나온 뒤, 뷰캐넌은 작은 만찬을 열었다. 거기서 그는 사태를 정리해보려 했다. 나중에 그는 조카에게 말했다. "우리가 그때 즐거웠지. 다른 무엇보다 대패했다는 것에 대해 웃었어. 거의 말도 안 되는 일이 일어났다는 게 대단했던 것이지."

뷰캐넌의 업무 수행 수준을 요약해 달라는 요청을 받고, 존 셔먼 상원의원은 말했다. "헌법은 모든 불의의 사태에 대비합니다. 그런데 대통령의 정신적 공백은 해당 사항이 아닌데요."

1861년 3월 4일, 뷰캐넌은 에이브러햄 링컨에게 경건하게 읊조리듯 말했다.*

"존경하는 대통령님, 백악관에 들어오면서 제가 떠나는 것만큼 행복하다면 당신은 지구상에서 가장 행복한 사람입니다." (이 말은 뷰캐넌이 한 말 중 유일하게 기억될만한 것이다! 그는 대통령으로서 그 말을 하려고 마지막 날까지 기다렸다.)

*뷰캐넌 후임으로, 링컨의 미국 제16대 대통령 취임식 날.

# 38

## 윌리엄 H. 해리슨
### William Henry Harrison

★

아름답고 고집센 애너 심스Anna Symmes는 20세에 어머니의 도움을 받아 윌리엄 헨리 해리슨이라는 젊고 멋진 군인과 몰래 결혼했다. 못마땅해 하는 장인이 어떻게 신부를 먹여 살릴 것이냐고 물었다. 해리슨이 대답했다.

"검과 제 오른 팔입니다, 장인 어른."

★

해리슨은 떠들 때 거의 자각이 없었다. "어떤 사람들은 이 촌뜨기 서기를 미국 대통령으로 만들 계획을 세울 만큼 어벙하다니까요."*

*1836년 대통령 선거에서 앤드루 잭슨의 지지로 강력한 마틴 밴 뷰런이 민주당 후보로 떠오르자 마땅한 경쟁 후보를 찾지 못해 고심하던 휘그당은 국민적 영웅으로 떠오른 해리슨을 지명하기에 이르렀다. 그러나 인기 속에 퇴임한 잭슨의 후계자 밴 뷰런에게 패배한다. 휘그당은 곧바로 해리슨을 후보로 다음 선거준비에 돌입, 1840년 선거에서 승리한다.

1840년 선거에서 '통나무 집the Log Cabin'* 후보 해리슨과 귀족적인 밴 뷰런이 맞섰다. 해리슨 지지자들은 그들의 강인한 장군 후보와 '작은 밴Little Van'의 정책을 대비하는 깃발을 들고 다녔다. '작은 밴'은 "하루 50센트와 프렌치 수프" 정책을 내세웠다. 장군은 당선될 경우 "하루 2달러와 쇠고기 구이"를 보장했다.

*고급주택에 사는 귀족이 아니라 통나무 집에 사는 서민이라는 것: 서민들의 표를 얻기 위해, 부유하고 귀족적인 정치가문에서 태어난 해리슨은 선거전략으로 자신을 평범한 서민으로 가장하였다. 휘그당은 해리슨의 소시민적인 친근감을 전면에 내세워 상대 후보인 밴 뷰런과의 차별화를 꾀했다. 인디언과의 전투에서 무공을 세우고 퇴역하여, 통나무집에 살면서 사과 술을 마시는 해리슨과 샴페인을 음미하는 귀족적인 밴 뷰런은 극단적인 대조를 이루었다.

밴 뷰런은 자기 자리를 물려받은 사람에 대해 나름대로 견해가 있었다.* "그 미국 대통령은 제가 이제까지 본 사람 중 가장 별 납니다." 붉은 여우**는 단정적으로 말했다. "그는 대통령으로 승격된 것의 심대한 중요성을 깨닫지 못하는 것 같습니다. 그는 새 모자를 쓴 여자처럼 즐거워하고 있습니다."

> *후임 윌리엄 헨리 해리슨 대통령. 1840년 선거에서 밴 뷰런은 해리슨에게 패배하여 백악관 재입성에 실패한다.
> **뉴욕주 킨더후크에서 태어난 밴 뷰런 대통령의 별명(머리 색깔이 붉었다): "킨더후크의 붉은 여우(The Red Fox of Kinderhook)"

존 퀸시 애덤스는 새 대통령을 평가하는 데 그답게 매서웠다. 그의 결론은 해리슨이 "적극적이지만 속이 좁다"는 것이었다. 그 대통령은 "재능이 없지는 않지만 오만하고 허영심 많고 무분별한 정치적 모험주의자"*였다.

> *1840년의 대통령 선거는 미국 역사에서 좋지 않은 선례를 남겼다. 후보들이 전국을 누비며 연설하고 다닌 첫 선거였는데 정책대결이 아닌 폭로, 비방, 흑색선전이 난무했다. 내용보다는 포장만 그럴듯하게 하는 이미지 정치가 지배하고 인기도에 의해 정책이 결정되는 포퓰리즘이 만연했다.

해리슨은 취임식장으로 가는 길에 박학한 대니얼 웹스터Daniel Webster에게 연설문 초고를 보여줬다. 웹스터는 분량과 고대 로마사로 꽉 차 있는 내용에 놀랐다. 웹스터는 과장된 문장들을 다시 쓰면서 하루를 다 보내는 바람에 하마터면 만찬에 못 갈뻔했다.*

여주인이 염려했다.

"잘 못된 것이 없었으면 좋겠어요."

웹스터는 의기양양했다. "로마 총독 17명을 죽은 물고기처럼 날려버렸습니다. 모두 빠짐없이요."

웹스터가 고전에 대한 지식을 펼쳐놓으면, 대체로 찬탄보다 비웃는 반응이 많았다. 한번은 이 '정치 석학Scholar in Politics' 이 특별히 박식하게 강연을 마친 뒤였는데, 누군가가 뉴욕 거리에서 그를 불러세웠다.

"좋은 아침입니다. 웹스터 씨, 최근 그리스를 갔다 오셨나 보죠! 떠나실 때 [페리클레스] 씨와 [아리스토파네스] 씨는 어땠습니까?"**

*해리슨은 1841년 3월 4일 취임식에서 무려 1시간 40분이나 되는 긴 취임사를 읽었다. 이날 해리슨은 추운 겨울에 비까지 내렸는데 외투도 입지 않고 너무 무리 한 탓으로 급성폐렴에 걸렸고, 취임한 지 한 달 후 1841년 4월 4일 세상을 떠나고 말았다.
**Pericles, Aristophanes는 각각 고대 그리스의 정치가, 작가. 웹스터가 고전에 대한 지식을 과시하니까 그 시대에 살았느냐고 농담한 것이다. 대니얼 웹스터는 해리슨에 의해 국무장관직에 임명된다.

모든 사람들이 다 해리슨의 죽음을 애도한 것은 아니었다. 민주당 신문 〈뉴욕 이브닝 포스트〉*는 따끔하게 논평했다.

"늙은 영웅은 '대통령 직무를 수행하는 데 능력이 모자란다는 것을 입증할 만큼 오래 살지 못해' 불행이었다."**

*New York Evening Post: 1801년 연방주의자였던 알렉산더 해밀턴이 창간, 미국에서 발행하는 일간지 가운데 가장 오랜 역사를 지닌 신문이나. 1829년 19세기의 가장 유명한 편집자 윌리엄 컬런 브라이언트가 공동소유주 및 주필이 되어 50년간 언론활동을 폈다. 그는 정치적으로 연방주의를 버리고 민주당에 입당, 〈뉴욕 이브닝 포스트〉를 자유무역과 노동자의 권리, 언론의 자유, 노예제도의 폐지를 옹호하는 기관지로 만들었다. 소유주가 몇 차례 더 바뀌었고, 1934년 현재의 〈뉴욕 포스트〉로 제호를 변경했다.

**해리슨은 그의 나이 68세에 대통령이 되었다(전쟁영웅이자 최고령 대통령). 1981년 70세의 나이에 취임한 로널드 레이건 대통령과 함께 미국 역사에서 가장 나이 많은 대통령이다.

# 39

## 프랭클린 피어스
### Franklin Pierce

★

피어스는 진정한 의회의 아들이었다. "법률가들이 100명 이상씩 얘기하는 그런 기구에서 … 어떤 토의도 언제 끝날 지 가늠할 수 없습니다. 그리고 자주, 주제가 사소할수록 토론은 더욱 활기를 띠고 길어졌습니다."

★

피어스가 1852년 대통령 후보로 지명됐을 때 기쁨이 넘쳤다고만 할 수는 없다. 피어스의 아내는 그 소식을 듣자 기절했다.* 너대니얼 호손**은 여러 사람들의 심정을 대변해 그의 오랜 친구에게 말했다. "프랭크, 당신이 불쌍합니다. 정말이지, 내 마음 속 깊이 그렇습니다!"

반대파 신문들은 피어스의 음주벽을 신나게 거론했다. 휘그당 신문들은 피어스가 멕시코 전쟁에서 거둔 성과를 평가절하했다. 그 신문들은 이 민주당 후보 지명자가 전투적으로 마셨던 많은 '술병bottle' 들의 영웅이라고 선언했다.

호의적이지 않았던 한 뉴욕 신문은 이렇게 표현했다.

"공인으로서 프랭크 피어스는, 생활에서 결코 '노력effort' 하지 않았다. 그러나 공인으로서 그의 생활은 '노력effort' 하지 않아도 기억된다."

\*피어스에게는 세 자녀가 있었으나, 두 명은 어린 나이에 사망하였다. 그는 대통령 취임 두 달 전, 마지막 남은 아들인 11세의 벤자민을 자신이 보는 앞에서 끔찍한 열차사고로 잃게 된다. 치명적인 상처를 입은 피어스와 그의 아내 제인은 1857년 대통령직에서 퇴임할 때까지 절망 속에서 보내야만 했다. 그녀는 "백악관의 그림자"로 불리게 되었다.
\*\*Nathaniel Hawthorne(1804-1864): 미국 소설가. 그의 대표작 《주홍글씨》는 19세기를 대표하는 미국소설이 되었다. 피어스는 보든대학 시절 문학, 정치, 토론 클럽에 합류했는데, 거기서 그는 대학 동창인 호손과 롱펠로를 만나 오랫동안 우정을 쌓았다. 호손은 피어스가 대통령에 출마했을 때 그를 위해 〈프랭클린 피어스의 삶〉이라는 책을 썼다. 피어스는 대통령에 당선되자 호손을 영국 영사로 임명한다. 호손은 1857년까지 리버풀에서 외교관으로 근무하였다.

피어스는 취임식 연설에서 청중들에게 말했다. "여러분은 약점 있는 저를 불러주셨습니다. 여러분은 여러분의 강점으로 저를 지탱해주셔야 합니다." 그는 반은 옳았다.

★

임기 초기 백악관에서 대통령이 토지 권리증에 서명하는 것을 한 친구가 보았다. 적어도 이 친구에게는 피어스가 변하지 않은 것처럼 보였다. "항상 그랬던 대로 똑같이 자유롭고, 편하고, 웃고, 농담하는 바로 그 프랭크 피어스였습니다. 나는 그를 사랑하고 그가 대통령이 아니었더라도 똑같이 사랑합니다!" 그런 기분은 오래 가지 못했다.

피어스가 노예제도 문제에서 실수하자 당내 비판론자들이 대담해졌다. 미시시피 출신의 한 민주당원은 피어스 정부에 대해서 "정부를 공격키로 작정한 최악의 멍청이"에게까지도 비웃음을 샀다고 말했다.

1856년*을 내다보며 그는 덧붙였다.

"쿠바 전쟁에 나서서 승리하지 않는다면, 온 국민이 백악관 정문에 '세 놓습니다'라고 쓰려고 할 것입니다."**

피어스가 도망노예송환법***을 지지하면서 북부지역의 비난 물결이 초래됐다. 피어스의 고향 뉴햄프셔주 대법원장은 피어스에 대해 이렇게 말했다.

"인간의 가슴속에 심어진 최악의 검은 심장을 가졌습니다…. 그가 우리 집에 온다면, 아마 내가 싸늘하기 짝이 없게 예우는 하겠지만 발가락으로는 그를 차버려야겠다는 불쾌한 의무를 수행하고 싶은 마음을 느낄 것입니다."

한 친구는 피어스에 대해 그가 "다소 악취를 내고 있으며, 그렇지만 그가 백악관을 떠날 다음 3월 4일까지 더욱 심한 냄새를 풍길 것"이라고 말했다. 더욱이, 피어스의 친구는 '피의 캔자스' *** 로 알려진 참사의 책임을 대통령에게 지웠다.

"만약 그가 지금 그들에게 대답하러 여기에 불려 나오지 않으면, 제기랄, 그들은 그를 청어처럼 구워버릴 것입니다."

*다음 대통령 선거의 해. 민주당에서는 프랭클린 피어스가 아닌 제임스 뷰캐넌을 대통령 후보로 지명하였다.
**1850년대 미국에서 가까운 섬 쿠바에서의 흑인노예폭동사건은 남부의 노예소유주들을 크게 불안하게 만들었다. 피어스는 쿠바를 매입하기 위해 스페인 주재 미국 공사인 피에르 술레에게 유럽 금융업자들을 통해 스페인 정부에 압력을 넣으라는 지시를 내렸다. 1854년 10월 〈오스텐데 선언〉이라는 외교성명이 발표되자, 미국인들은 이것을 필요하다면 스페인에서 쿠바를 강제로 빼앗겠다는 신호로 해석했다. 남부와 노예제도를 보호하기 위한 음모라는 북부의 저항으로 쿠바를 얻기 위한 노력은 실패하였다.
***Fugitive Slave Law: 도망간 노예를 체포하여 원래의 주로 돌려주도록 규정한 법률. 1850년 연방의회에서 통과되었고 링컨의 노예해방선언 이후 1864년 6월 28일 폐지된다.
****Bloody Kansas: 캔자스 지방의 노예제 폐지론자와 옹호론자들 간의 유혈 충돌.

피어스의 적들은 그를 백악관에서 내 보내고 싶어 조바심이 났다. 존 셔먼John Sherman 공화당 의원은 말했다. "그가 건강하게 오래 살기를 바랍니다. 그래서 정치에서도 도덕적 원칙에서와 마찬가지로 정직이 최선의 정책이라는 점을 성찰할 시간을 갖기를 바랍니다."

사실 피어스는 콩코드Concord로 돌아가 죽도록 술을 마셨다.*

*피어스는 1869년 간경변으로 사망했다.

핵심은 역시 해리 트루먼에게 맡겨 보자. 트루먼은 "피어스는 바보였다."라고 판정했다.

"그의 초상화는 백악관에서 가장 멋지다. … 하지만 대통령이 되는 것은 단지 잘생기기 대회에서 우승하는 것보다는 조금 더 한 그 무엇인가가 있다. 그리고 그는 또 하나의 완벽한 용두사미격이었다. … 피어스는 무슨 일이 일어나고 있는지 몰랐고 알았더라도 거기에 대해서 무엇을 해야 할지 몰랐을 것이다."

# 40

## 벤저민 해리슨
## Benjamin Harrison

★

해리슨을 찾아간 상원의원들은 그가 거의 무반응이라는 것을 알았다. 한 의원은 이렇게 표현했다. "마치 말뚝에다 말하는 것 같았습니다."

★

시어도어 루스벨트는 해리슨에 대해서 거의 효용성을 인정하지 않았다. 루스벨트는 그 대통령을 "냉혈한, 편협하고 편견적이며, 고집 세고, 소심하고, 찬송가를 부르는 늙은 인디애나폴리스의 정치인"이라고 묘사했다.

한 해리슨의 지지자가 리드 하원의장에게 '대통령의 악대차 **President's bandwagon**' *에 올라 탈 것을 촉구했다.

리드는 말했다.

"악대차라, 제기랄, 그건 '망할 놈의 늙은 장로교 얼음차a damned old **Presbyterian icewagon**' **밖에 안 됩니다."

대통령들의 기질에 대해서 길게 비교 설명한다면 이렇게 할 수 있을 것이다.

"군인 그랜트는, 방문객들을 사무실 밖으로 나가도록 훈련시켰다. 헤이스는 위대한 절제의 예찬자로서, 진을 빼게 해 내 보냈다. 가필드, 설교해서 내보냈다. 그리고 해리슨은 그들을 꽁꽁 얼려서 내보냈다."

*퍼레이드에서 연주자들을 태우는 차. 특히 선거 때 '대세'의 뜻으로 잘 쓰인다.
**해리슨은 장로교 신도였고 반응이 별로 없는 성격이었다.

해리슨은 남북전쟁 시기에 전장에서 두각을 나타내 결국 여단장이 됐다. 해리슨이 군인으로서 야망이 없다고 솔직담백하게 얘기했기 때문에 더욱 인상적인 일이었다. 그는 이렇게 말했다.

"저는 인디애나주 출신의 솔직담백한 대령입니다. 아침 식사를 충분히 하고 싶은 마음 이상으로 싸우고 싶은 마음은 없습니다. 그리고 그렇게 많이 바라지도 않습니다."

그 이야기는 동료 정치인들을 놀라게 했을지도 모른다. 하지만 신문기자들 앞에서는, 벤저민 해리슨은 대놓고 웃길 수 있었다. 해리슨은 워싱턴의 저명한 그리드아이언 클럽에서 연설한 첫 번째 대통령이었다. 해리슨은 좌중에 미국발명가대의원회의*를 열라는 요구를 받은 것 그 주 들어 두 번째였다고 말했다. 신문의 신뢰도에 대한 미묘한 언급이었다.

*congress of American inventors: 신문 기자들이 사실을 전달하기보다 발명가처럼 기사를 창조해낸다는 조롱.

유머러스했던 또 다른 연설이 끝나자 우호적이지 않은 신문 기자가 백악관 내 소식통에 자문했다. 이 왕년의 비평가는 말했다.

"당신의 해리슨은 불가사의입니다. 그런 면이 그에게 있는 줄은 몰랐습니다."

답이 돌아왔다. "오, 그는 일어 서 있을 때는 잘 있습니다. 앉아있을 때면 무너진단 말입니다."*

*Oh, he's all right on his feet. It's only when he sits down that he falls down: 서서 연설은 잘하지만, 정작 앉아서 대통령 직무를 수행해야 할 때는 잘 못한다는 풍자.

해리 트루먼은 해리슨과 드와이트 아이젠하워를, 일하는 것보다 게으른 쪽을 더 좋아했던 두 대통령이라고 싸잡아 묶었다.

1888년 선거에서*, 공화당원들은 당 재정 책임자 W. W. 더들리 Dudley의 승인에 따라 행해진 명백한 매표 행위로 당황했다. 더들리가 쓴 것으로 알려진 편지가 선거일 직전에 공개됐다. 편지에는 이렇게 적혀 있었다.

"유권자를 5블록으로 나눌 것. 그리고 믿을만한 사람에게 이 5블록을 책임지는 데 충분한 자금을 제공할 것. 그리고 아무도 도망가지 않고 모두 우리 표를 찍도록 그에게 책임을 지울 것."

해리슨은 나중에 '5블록의 더들리Blocks of Five Dudley'라고 알려지게 된 그 남자에 영원히 분노했다.

*1888년 미국 대통령 선거: 전체 유권자의 직집투표에 의한 득표에서는 클리블랜드 후보가 앞섰지만, 선거인단 수는 벤저민 해리슨이 앞서서 해리슨이 대통령이 되었다. (국민투표에서 패배해도 선거인단 투표로 승리한 경우: 1824년 제6대 존 퀸시 애덤스 대통령, 1876년 제19대 러더퍼드 헤이스 대통령, 1888년 제23대 벤저민 해리슨 대통령, 2000년 제43대 조지 W. 부시 대통령. 미국의 대통령 선거제도는 때로는 "국민의 뜻"과 "대통령 선거인단의 결정"이 모순되는 결과를 낳기도 한다.)

해리슨은 다른 정치인들을 대할 때 결코 온화하지 않았다. 오히

이오 주지사가 약속 때문에 찾아왔다. 대통령은 손에 시계를 들었고 책상에는 엄청난 분량의 서류가 쌓여 있는 것이 보였다. 해리슨은 말했다. "이 서류들을 다 봐야 합니다. 그리고 5시에는 낚시를 갈 계획입니다." 그리고 대통령은 시계 뚜껑을 열고 그 방문객이 용건을 끝마치기를 기다렸다.

40년 동안 백악관 식구의 대들보 역할을 해온 집사장 아이크 후버가[34쪽 참조] 처음 한 일은 새로 설치된 전구 관리였다. 해리슨 대통령과 가족들이 감전사를 염려해 어떤 불도 켜는 것을 거부하는 바람에 일은 듣던 것보다 힘들었다. 사실 대통령은 집사장들을 부르는 데 사용되는 전동 버튼도 피했다.

어느 날 저녁 백악관의 한 집사장이 이스트룸에 나타나 공식 만찬이 시작된다고 알렸다. 그의 바지 한쪽이 올라가 있어서 긴 내의가 뚜렷하게 보였다. 다음날 해리슨 부인은 이 초로의 집사장에게 지나가는 말투로 영국식 짧은 바지를 입었는지, 그랬다면 왜 한쪽 다리에만 입었는지 궁금하다고 물었다.

★

해리슨의 정치적 문제 중 많은 부분은 금본위제를 둘러싸고 그와 견해가 다른 서부 공화당원들의 극성에서 비롯됐다. 6개 주*는 해리슨 정부 때 북부 연합Union에 합류했다. 그러나 대통령에게는 오직 서부은화의 제조coinage of Western silver를 찬성하는 새로운 표들로 보였을 뿐이다. 그는 "상원의원들이 마구 만들어지는 것free coinage 좀 그만했으면 좋겠습니다"라고 비꼬았다.**

*Washington, North Dakota, South Dakota, Montana(1889). Idaho, Wyoming(1890).
**새 주가 인정되면 그에 따라 상원의원 자리가 마련돼 투표권이 확보된다.

해리슨과 가까웠던 사람들마저도 대통령의 유명한 성깔을 피하느라 조심했다. 비서실장 일라이저 해퍼드Elijah Halford도 기자들에게 그런 얘기를 했다.

"아침에 대통령을 만날 때 대통령께서 '해퍼드, 오늘 어떠세요Halford, how are you today?'라고 인사하면, 그럼 저는 그의 책상 옆에 앉아 해야 할 일에 대해 유쾌한 대화를 나눕니다. 대통령께서 '좋은 아침입니다, 해퍼드 씨Good Morning, Mr. Halford'라고 인사하면 저는 문을 잠그고 대화는 점심 이후로 기다립니다."*

*격의 없이 이름을 부를 때와 존칭 "Mr."를 붙이는 경우의 기분 차이를 비교.

해리슨 정부가 바닥으로 추락한 것은 1890년 여름이었다. 그때 신문 기사에서 뉴저지 해변의 백악관 여름 별장 건설에 부정 의혹을 제기했다. 곧 길버트-설리번* 스타일의 패러디가 청중들에게 선을 보였다.

> 대통령이 말했네. 휴가를 간다고.
> 그는 혼잣말했네. 말했네, 그는,
> 푸른 바다 옆, 거기서 높은 백파 부서지고
> 그는 혼잣말했네. 말했네, 그는.
> 그 장소에는 내가 있어야 따라 올 경제적 호황이 필요해,
> 그리고 부동산 그룹에 속한 나의 친구들은
> 내가 꼭 좋아할 별장을 약속했네.
> 그는 혼잣말했네, 말했네, 그는.

*길버트가 대본을, 설리번이 작곡을 맡은 뮤지컬 스타일의 미국 오페레타. 뮤지컬계의 두 거장, 윌리엄 길버트(1836-1911)경과 작곡가 아더 설리번(1842-1900)경은 상업적이었던 뮤지컬을 내용과 형식면에서 업그레이드하고 예술과 이윤을 동시에 실현시켰다. 대표작 〈베심판사〉, 〈마법사〉, 〈이올란테〉가 있다.

민주당의 연설가들은 1960년 후반까지도 해리슨 덕을 볼 수 있

었다. 그해 대통령 선거에서 존 F. 케네디는 해리슨의 전설을 자세히 전했다. 해리슨이 경제난 때문에 백악관 잔디밭에서 잔디를 뜯어먹어야 했던 사람을 만난 내용이었다.

그 대통령은 바라지 않았던 방문객이 찾아오자 해줄 제안이 하나 밖에 없었다고 케네디는 전했다. 방문객은 뒷마당 잔디로 돌아가야 했다. 거기 잔디가 더 길었다.

# 41

## 밀러드 필모어
## Millard Fillmore

필모어는 부통령일 때, 대통령 책상 위의 두 개의 큰 용기에서 매번 코담배를 슬쩍하는 상원의원들에게 주의를 주라는 요청을 받았다. 토론의 흐름을 활성화하기 위해 와인이나 증류주에 의존하는 의원도 있었다. 필모어가 선의로 말했다.

"가장 나쁜 것은, 연설 중인 상원의원에게 직접 발언함으로써 연설을 중단시키는 행위가 점점 늘어나고 있다는 것입니다. 의장을 상대로 발언키로 돼 있는 규정이 있는데도 말입니다."

필모어가 오늘날 의원들을 볼 수만 있다면야.

의원직 출마를 준비 중이던 필모어는 아침에 배달된 편지에서 노예제도 반대 단체의 설문을 읽게 됐다. 특정 주제를 놓고 시민들이 그들의 대표자에게 탄원할 수 있는 권리가 있다고 여기는지에 대해 견해를 묻는 설문이었다. 노예제도와 노예 매매, 텍사스 합병, '컬럼비아 특별구'의 노예제 즉각 철폐 등 선동적인 주제였다.

필모어는 말했다. "블레셋 사람들이 우리한테 왔구나."*

그는 나중에 마음을 가다듬은 후 질문에 긍정적으로 답변했다.

*The philistines are upon us : 성경 〈사사기〉에서 데릴라가 삼손에게 블레셋 사람들이 붙잡으러 왔다고 한 말, [Samson, the philistines are upon you!]를 인용.

"그는 행복이 '왕자의 호의에 달려있는' 가련한 인간입니다." 필모어가 언젠가 푸념했다. "그는 비참할 뿐 아니라 품격도 무한정으로 떨어졌습니다. 그의 생활 유지 수단은 늘 변하는 군중들의 거친 변덕에 달려 있습니다."

군중과 군중의 거친 변덕이 대중 민주주의popular democracy의 다른 이름이라는 것을 아무도 필모어에게 알려주지 않은 것이 분명했다.

★

믿거나 말거나, 1844년 필모어는 사실 부통령이 되기를 원했다. 뉴욕주의 필모어 반대자들은 그를 저지하기 위해, 그 앞에서 주지사직을 흔들어보였다.* 필모어가 한 친구에게 말했다.

"편지들을 받았습니다. 주의 여러 지역에 있는 친구들로부터 온 편지들입니다. 슈어드Seward 주지사의 가장 가까운 친구들이 '저를 죽도록 배려하고 있다killing me with kindness'고 말하고 있습니다. … 그러나 나는 한 순간도 그들이 나를 주지사 후보로 바란다고 생각하지 않았습니다."

*필모어가 부통령직에 나가지 못하도록 뉴욕 주지사직으로 유혹하고 있다는 뜻. 1844년 필모어는 뉴욕 주지사 선거에 출마하였으나 낙선하였다.

1844년 제임스 K. 포크의 대통령 당선으로 필모어는 절망에 빠졌다. 그는 암울한 심정으로 이렇게 썼다. "신이시여 나라를 구하소서. 국민은 그럴 수 없다는 것이 명확해졌습니다."

필모어는 버펄로 출신으로는 당연히, 5대호Great Lakes 지역 상업에 큰 관심을 기울였다. 그는 국경간 교역을 확실히 활성화하기 위한 강과 항만 개발사업 프로그램에 존 타일러가 거부권을 행사했을 때 특히 실망했다. 그는 "이 호수들! 이리호, 온타리오

호, 휴런호, 그리고 심지어 슈퍼리어호까지 헌법의 보호를 받을 수 없다는 것"을 믿을 수 없었다.

필모어의 심정은 이랬다. "헌법이 바닷물 동물이 아니라고 믿는다…. 헌법은 소금물에서처럼 민물에서도 잘 살 수 있다."

I believe the Consiution is not a saltwater animal… it can live as well in fresh as in salt water: 바다(소금물)뿐 아니라 민물(5대호)을 통한 국경간 거래도 법적 보호를 받아야 한다는 심정.

★

밀러드 필모어는 인생의 주요 목적이 반대파를 무마하는 것이었지만, 이상하게 많은 비판을 불러 일으켰다. 동료 휘그당원들이 대통령을 워낙 심하게 공격하는 바람에 윌리엄 슈어드는 그가 들었던 설교 시리즈를 비유로 들 정도였다.

"지옥 −더 한 지 옥 −더 더한 지옥."

★

전직 대통령으로서 필모어는 '아메리칸American' 또는 '아무것도 모른다Know-Nothing' 당과 손 잡았다. 반이민주의를 내건 이 조직의 널리 알려진 당명은, 사람들의 추측과 달리 정책이 아니라 유사 '비밀 의식'에서 연유했다. 1856년 백악관 재입성에 열심이었던 필모어가 남부 지방 유세에 나섰다.** 작가 워싱턴 어빙Washington Irving은 동행 요청을 사양했다.

"정치적으로 악명 높으신 분들과 함께 여행하고 싶은 생각은 없습니다." 어빙은 말했다. "그렇게 되면 당의 마차 바퀴 때문에 소용돌이쳐 올라간 먼지 구름에 질식하고, 연설가와 소영웅과 모든 커뮤니티의 재미없는 사람들에 포위될 것입니다"라고 말했다.

*당원들은 질문을 받으면 "아무것도 모른다"고 대답하라는 지침을 받았다.
**필모어의 재임기간은 1850-1853년. 1952년의 선거에서는 휘그당 대통령 후보 지명에 패배하였다.

늘 가만있지 못하는 필모어는 곧 유럽 여행을 떠났다. 유럽인 중에서 미국 선거에 투표한 사람이 거의 없다는 점에서는 이상한 일이기는 하다. 그가 왜 끊임없이 여행을 하는지 이면의 이유를 묻는 사람들에게 필모어는 준비된 설명을 들려줬다.

"녹슬어 없어지는 것보다는 닳아 없어지는 게 낫습니다. 그리고 불행히도 저는 정치 인생을 살면서 직업을 잃었습니다. 그래서 여행을 하면서 이것저것 다양하게 추구하는 것이 더할 나위 없이 좋을듯합니다."

필모어는 옥스퍼드 대학교를 방문할 때 마음이 편하지만은 않았다. 그는 명예 학위를 받지 못하겠다는 이유를 공개적으로 설명했다. "저는 고전적인 교육 혜택을 받지 못했습니다. 그리고 제 판단으로는, 아무도 자기가 읽을 수도 없는 학위를 받아서는 안 됩니다."

그런가 하면 개인적으로는 통제가 안 되는 학생들의 반발도 필모어는 우려했다. "그들은 아마 물어볼 겁니다. '필모어가 누구야? 그가 뭘 했는데? 그는 어디 출신이지?' 그러면 제 이름은 … 그들에게 저를 놀려 먹는 훌륭한 기회를 제공하게 될 겁니다."

*1855년 영국 옥스포드 대학을 방문했을 때 명예박사학위를 주겠다고 했지만, 필모어는 자신이 읽을 줄도 모르는 라틴어 분야 학위라는 것을 알고 겸손하게 거절했다.

대통령직에서 물러난 필모어가 말했다. "우리의 대통령들이 … 표류하고, 그리고 혹시 생계를 위해 길 모퉁이에서 식료품 가게를 운영해야 한다는 것은 국가적 수치입니다. 우리는 한 사람을 대통령으로 뽑고 나면, 그가 정직하기를, 소득이 많은 직업을 포기하기를 기대합니다. 그리고 그가 퇴임해 우리와 더 이상 상관없게 되면, 우리는 그를 은둔과 아마 궁핍의 세계일 그런 곳으로 떠나보냅니다."

걱정할 일은 아니다. 필모어는 해결책이 있었다. 전직 대통령을 위한 연금 1만 2천 달러라는.

그것은 필모어가 시대를 앞선 드문 사례 중의 하나였다. 필모어가 만약 후보지명 패배에 대비한 연금을 제안했다면, 나는 그에게 조금 더 높은 점수를 주었을 것이다.*

*밥 돌은 1996년 공화당 대통령 후보로 지명되어 선거에 나섰으나 민주당 빌 클린턴 후보에게 패배하였다.

★

# 대기 중
## Waiting in the Wings

제43대 미국 대통령은 2001년 1월 20일 취임한다. 2000년 선거는 아마 미국 역사상 가장 재미있지는 않았겠지만 분명히 가장 치열했다. 그리고 이 책이 인쇄소로 가는 동안 대통령 후보와 전 국민은 유권자들의 판정 결과를 기다릴 것이다. 후보 중 한 명은 제43대 미국 대통령으로 봉직할 것이다. 패배한 후보는 이 책에 위트가 수록됐다는 사실에서 기운을 얻을 수 있을 것이다.

## 조지 W. 부시
### George W. Bush

2000년 대통령 선거를 위한 공화당 후보 지명전에서 부시가 한마디 했다. "워싱턴에서 돼지고기pork를 없애고 싶으면, 돼지hog에게 먹이를 안 주면 됩니다."*

*돼지고기 보존통(pork barrel)은 지역 정치인을 위한 정부의 선심성 지방사업 교부금. 부시가 감세 정책을 설명하면서 한 말이다.

★

후보들 간에 기본적으로 견해가 다른 쟁점을 찾기가 어려울 때가 있다. 그럴 경우 어떤 후보는 사안의 본질을 파고든다. 1978년 하원의원 선거에서 부시와 그의 민주당 상대인 케트 한스 Kent Hance는 그 같은 도전에 직면했다.* 이 두 사람에게 〈리포터 텔레그램Reporter-Telegram〉은 무엇이 두 사람의 차이인지에 대해 (만약 있다면) 질문을 했다. 잠시 생각한 뒤 부시가 대답했다. "제가 머리숱이 좀 더 많죠."

*이 선거에서 부시가 패배했다.

아버지*의 선거전 개입에 관한 추측과 언급들에 대응하면서 부시가 말했다. "그 분은 정치 컨설턴트가 아닙니다. 그분은 제 아버지입니다."

*제41대 조지 "허버트 워커" 부시 대통령.

"아버지의 완벽한 아들상이 앨 고어라는 것을 안다는 게 얼마나 마음 아픈지 상상할 수 있습니까?" 언젠가 부시가 군중들 앞에서 농담 삼아 한 말이다.

'잔에 물이 반이나 찼다'와 '잔에 물이 반밖에 안 남았다'라는 시각에서, 부시는 2000년 7월 여론조사 결과를 평가했다.

"좋은 소식은 우리가 앞서 가고 있다는 것입니다. 나쁜 소식은 선거가 당장 내일 열리지는 않는다는 것입니다."

클린턴이 폴라 존스* 사건 청문회에서 설명을 빙빙 돌리자 부시는 가시 돋친 비난을 날렸다. 그는 부통령 후보인 러닝메이트 딕 체니Dick Cheney에 대해 이렇게 말했다.

"와이오밍Wyoming 출신의 한 사람을 선택했습니다. 딕 체니라는 훌륭한 선택을 했습니다. 서부는 단도직입적인 사람들의 고장입니다. 그곳 사람들은 단어 '있다'의 뜻이 무엇인지 압니다.**"

*Paula Jones: 클린턴이 아칸서스 주지사 시절 스캔들 당사자.
**people understand what the meaning of the word 'is' is: 클린턴이 섹스 스캔들을 해명할 때, [be] 동사의 '있다'와 '있었다' 시제를 교묘히 구별해 사용한 것을 풍자함. 예를 들어 '그녀와 관계를 맺고 [있지 않다]'와 '그녀와 관계를 맺고 [있지 않았다]'의 차이다.

"제 절제abstinence 프로그램이 무엇인지 아시죠?"라고 부시가 물었다. 텍사스 10대들의 성적 절제를 장려하기 위해 그가 기울였던 노력을 가리키는 말이었다. "우리가 그 정책을 농업으로까지 확대하지는 않았습니다"라고 부시는 덧붙였다. 소 출산에 관해 얘기다.

공화당 예비선거 내내 부시와 그의 선거 진영은 지지 성명을 받는 대로 명단을 자랑스럽게 발표했다. 2000년 5월 초, 부시는 지지자 명단을 떠들썩하게 선전하더니 문자 그대로 외계 우주로까지 범위를 넓혔다. 그는 선거 전용기 뒤쪽 좌석의 기자들에게 타블로이드 〈위클리 월드 뉴스Weekly World News〉를 펼쳐 보였다. 부시가 파충류 같은 우주 외계인과 악수하는 장면의 사진이 실려있었다. 관련 기사의 제목은 "외계인들, 부시를 대통령으로 지지!"였다. 부시는 이 외계인과의 만남이 공화당 지지 공간의 확대를 보여주는 또 다른 증거라고 태연하게 해석했다.

부시는 "새로운 얼굴들, 새로운 목소리들"이라고 머리기사를 강조하면서 말했다. "그것은 제가 기꺼이 인구학적 한계선을 넘겠다는 것을 말해줍니다."

부시가 한번은 청중들에게 냄비pot와 주전자kettle 고사에 관한 흥미로운 견해를 소개했다. 부시가 말했다.

"네 눈에 들보가 있는데, 네 이웃의 눈에서 티를 빼내지 마십시오."*

*[Like The Pot Calling The Kettle Black: 냄비가 주전자 보고 검다고 한다.]—서부 시대 냄비와 주전자가 모두 검은색이어서 서로 색깔 갖고 나무랄 일이 없다는 말.

**Don't be taking a speck out of your neighbor's eye, when you got a log in your own: 성경에 [먼저 네 눈 속의 들보를 빼내어라. 그러면 네가 밝히 보고 형제의 눈 속에 있는 티도 빼낼 수 있을 것이다.]라는 구절이 있다(마태복음 7:5).

부시의 재치는 며칠 뒤 〈제이 리노와의 투나잇 쇼The Tonight Show with Jay Leno〉에서 더욱 날카로워졌다. 이 쇼에서 부시는 작고한 장인에 대해 말했다.

"그분은 훌륭한 서부 텍사스 분이셨습니다…. 그들은 기준을 낮춰서 저를 가족으로 받아들여 주셨습니다."

리노가 부시에게 물었다.

"예일대 남학생 동아리 파티에 가 친구들과 놀면서 '알지? 맥주는 마시면 안 된다. 대통령에 출마할지 몰라'라는 생각을 했습니까? 그런 생각이 든 적이 있습니까?"*

부시는 무표정하게 말했다.

"아뇨."

리노는 구두쇠라는 부시의 별명을 물고 늘어졌다. 부시는 이 백만장자 TV 스타를 겨냥해 농담을 돌렸다. 부시가 말했다.

"글쎄요, 제가 돈을 잘 쓰지 않습니다. 당신 돈도 아낄 겁니다. — 당신께서 버는 모든 돈 말입니다."**

리노가 까다로웠던 세계 지도자들 관련 문제가 이제 지겹지 않느냐고 부시에게 물었다.*** 부시는 이 사안 때문에 선거전 초기에 궁지에 몰렸다. 부시가 대답했다.

"아닙니다. 그 세계 지도자 건에 대해서 좀 할 얘기가 있습니다. 어머니께서 '아는 척하지 말라'고 가르치셨습니다. 저는 어머니를 실망시키지 않았습니다."

*부시는 예일대 출신. 부시는 대통령 선거에서 음주 전력이 문제가 됐었다.
**I am going to be tight with your money: 세금을 많이 안 걷겠다는 취지.
***당시 현안이었던 세계 주요지역 최고 통치자의 이름을 묻는 질문에 부시가 대답을 잘 못했던 사례.

2000년 7월 부시가 선거 전용기에서 기자단과 대화했다.

부시가 이렇게 인정했다.

"저는 여러분이 쓰는 기사의 반은 읽지 못합니다."

기자 한 명이 응수했다.

"우리는 후보께서 말씀하시는 것의 절반은 듣지 못합니다."

부시는 재빨리 대답했다.

"제가 읽는 그 절반을 보면 확실합니다."*

*부시가 읽는 기사는 기자들이 듣지 않고 쓴, 즉 사실에 입각한 기사가 아니라고 놀린 것.

공화당 전당대회에서 후보지명 수락연설 때 무엇을 말할 것이냐는 질문에 부시는 내딛했다. "'여러분의 지명을 받아들이겠습니다I accept your nomination'로 시작할 생각입니다. 그것이 아주 독창적이지는 않겠지만 박수는 많이 받을 것 같습니다."

부시는 수락 연설 첫 부분에 이렇게 말해 분위기를 매우 경쾌하게 끌고 갔다. "우리 함께, 미국이 해야 할 일을 새로 정할 것입니다. 건국 시조들은 여기 필라델피아에서 그 목적을 처음으로 정의했습니다. 벤 프랭클린이 여기 있었습니다. 토머스 제퍼슨. 그리고 물론, 조지 워싱턴이 여기 있었습니다. 조지 워싱턴은 친구들이 '조지 W.'*라고 부르죠."

그는 사랑하는 어머니, 바바라에 대해 이야기했다. "저를 키우시면서 어머니는 사랑과 많은 충고를 해주셨습니다. 저는 머리가 하얗게 해 드렸습니다."

그는 연설 도중 은퇴 시스템이 "정치에서 제3의 레일이고 충격 때문에 접촉해서는 안 된다"는 점을 인정하며 이렇게 말했다. "하지만 만지지 않으면 고칠 수 없습니다. 저는 고치겠습니다."

부시는 그의 수락 연설에서 감세, 개인 은퇴 계좌, 미사일 방위 시스템 등 선거 공약을 고어가 '위험한 계획'이라고 지칭한 것을 꼬집었다.

"만약 제 상대방이 달에 로켓을 발사할 때 있었다면, 그것은 위험한 로켓 계획이었을 것입니다." 부시는 말했다. "만약에 그가 에디슨이 전구를 테스트할 때 있었다면, 그것은 위험한 반 촛불계획이었을 것입니다. 그리고 인터넷이 발명됐을 때 그가 거기에 있었다면 … 제 생각으로는, 그는 사실 그것 때문에 거기 있었던 겁니다.**"

*자신(조지 "워커" 부시: 조지 W. 부시)도 조지 워싱턴처럼 [조지 W.]라는 것.
**앨 고어는 인터넷 발명에 공이 있다고 주장했다.

## 앨 고어
### Al Gore

★

고어는 세인트피터스버그에서 미식축구 주장 출신의 부통령 후보 잭 켐프Jack Kemp와 토론했다. 고어가 말을 꺼냈다.

"시작하면서 한 가지 제안을 하겠습니다. 잭, 당신이 무슨 내용이든 … 미식축구 얘기를 꺼내지 않는다면, 저도 클로로플루오르카본* 화합물 감소에 대해 … 푸근하고 웃기는 이야기들을 하지 않겠습니다."

*chlorofluorocarbon: 염화불화탄(소프레온 가스). 고어는 환경보호 주창자로 알려져 있다.

★

고어는 1994년 캘리포니아 대의원 수천 명을 상대로 한 기조연설에서, 자신의 딱딱한 태도를 소재로 한 재담들을 끄집어냈다.

"그는 너무 딱딱하다. 옷걸이들이 앨 고어에 걸린 옷을 사 입는다." "만약 섬광 전구stobe light를 사용한다면 마치 앨 고어가 실제로 움직이는 것처럼 보일 것이다."* "앨 고어는 느릅나무 입고병Dutch elm disease으로 고생하는 수백만 명의 미국인들에게 영감이 되고 있다."**

고어가 재미있어하는 군중들에게 말했다.

"모두 다 듣고 있습니다. 그리고 그때마다 저는 '재미있군, 티퍼***'라고 말합니다."

*나이트클럽 등지에서 불빛이 비쳤다 안 비쳤다를 반복하면 정지한 사람도 움직이는 것처럼 보이는 장면을 연상하면 될 듯.
**앨 고어가 나무처럼 딱딱하다는 비유.
***Tipper: 앨 고어의 부인, 티퍼 고어.

★

고어의 아버지, 앨버트 고어 1세 상원의원이 1998년 12월 사망했을 때 고어는 가슴에 와 닿는 조사를 남겼다. 많은 사람들이 고어의 경력에서 최고의 연설 중 하나라고 여기고 있다.

고어는 아버지의 일화를 회고했다.

"아버지는 짓궂은 장난practcal joke을 좋아했습니다. 그의 유머는 유별날 때가 많았습니다. 1930년대 초기 어느 토요일 저녁, 카시지 지역 친구 모임을 위해 컴벌랜드 강가의 헛간에서 아버지가 파티를 열었습니다. 아버지는 전날 그 지역에서 방울뱀이 무척 많이 발견됐다면서 복선을 깔았습니다. 그는 불빛에 의해 은밀히 드리워진 그림자를 이용해 친구 월터 메리맨Water Merryman의 바지 한쪽에 낚싯바늘을 걸어놨습니다. 바늘의 다른 한쪽 끝은 파티 손님들이 찾아오기 전에 그가 헛간에서 죽인 먹구렁이에 묶었습니다. 모임에 다시 합류한 그는 잠시 때를 기다리다가 갑자기 메리맨의 다리를 가리키며 소리쳤습니다. '뱀이다!' 메리맨이 뛰쳐 일어나 달리면 달릴수록 뱀은 더욱 쫓아가려고 열심인 것 같았습니다.

그 장난은 너무나도 잘 성공했습니다. 결국 낚싯바늘이 메리맨의 허벅지를 파고들었습니다. 그것은 방울뱀의 이빨이 확실했고, 메리맨은 무서워서 주저앉아버렸습니다. 우정이 회복되는데에는 몇 달이 걸렸습니다. 그러나 그 이야기는 지역의 전설이 됐습니다. 어떤 분이 제게 지난 밤 장례식 밤샘에서 그 이야기를 다시 들려줬습니다."

조사의 마지막 부분에서 고어가 떠올린 대목이다.

"2년 전 89세일 때, [제 아버지]는 여전히 자신의 자동차를 운전하셨습니다. 그러시지 말라고 하는 데 무척 힘이 들었습니다. 제가 카시지의 친구들과 이웃들에게 도와 달라고 요청하니까, 그들 중 한 사람이 말했습니다. '오, 걱정 마세요, 앨. 우리 그분 차 알아요. 그분이 오시는 걸 보면 우리가 그냥 길 바깥으로 피해요.'"

★

고어가 CNN에 "인터넷을 발명했다"고 말한 것을 놓고 말들이 많았다. 그의 말을 정확히 인용하면 이렇다. 고어가 월프 블리처 Wolf Blitzer에게 말했다. "미국 의회에서 봉직하는 동안, 저는 인터넷을 창조하는 데 선도적 역할을 했습니다took the initiative."

그의 설명은 이렇다.

"제가 그 말을 한 날, 캠코더를 발명하느라 밤을 새웠기 때문에 피곤했습니다."

고어는 피곤할 때 차를 몰고 나가서 아내를 걱정시키는 사람에 대해서 자주 농담했다. 그 여성이 라디오를 듣고 있었다. 한 운전자가 고속도로에서 역주행을 해 다른 운전자들에게 위협이 되고 있다는 뉴스가 나왔다. 그 여성은 남편의 안전이 걱정돼 남편의 휴대전화에 전화를 걸어 대화했다. 남자가 말했다.

"사정이 더 나빠, 여보! 그런 사람들이 수백 명이야!"

러닝메이트로 조 리버먼Joe Lieberman 상원의원을 선택하기 수개월 전인 5월 초, 고어가 반명예훼손연맹*에서 연설했다. 그는 유대인이 대부분인 청중들 앞에서 보르시트 벨트** 유머를 시도했다. 그는 내슈빌Nashville에서 한 하위 장르의 음악이 빠르게 확산되고 있다고 소개했다. "유대인풍 컨트리 웨스턴 송Jewish Country Western song"이었다.\*\*\*

> \*Anti-Defamation League: 반인종주의 단체. 반유대주의 등과 싸우기 위해 1913년 설립됐다. 조 리버먼 부통령 후보는 유대인이다.
> \*\*Borscht Belt: 뉴욕주 캣스킬산맥Catskill Mountains에 위치한 유대인계열 리조트호텔들. 스탠드업 코미디가 유명했다.
> \*\*\*컨트리 음악은 자연과 사랑, 이별을 소재로 담은 내용이 많다. 고어가 인기 순위를 발표한 노래들은 연인이 떠나버렸다는 내용으로 컨트리풍에 유대인 풍속이 함께 담겨있다. 내슈빌(테네시주)은 컨트리 음악의 도시로 유명한 곳.

고어가 인기 순위를 발표했다.

4위는 〈나는 선택된 사람Chosen People 중 한 명One이었네 — 그녀가 다른 어떤 사람을 선택할 때까지는〉이었다.\*

3위는 〈그녀가 샬롬Shalom이라고 두 번째 말했을 때, 나는 그녀가 안녕Good-bye을 의미한 것을 알았네.〉\*\*

2위는 〈발을 유리잔에 갖다 댔네, 지금 당신은 어디에 있습니까I've Got My Foot on the Glass, Now Where Are You?〉\*\*\*

그리고 1위, 고어는 실제로 경쾌하게 흥얼거렸다.

〈어머니들, 당신의 고마워할 줄 모르는 아들들이 카우보이가 되도록 키우지 마세요. 다 크면 쉽게 가업을 물려받을 수 있게 됩니다. 제 할아버지가 뼈 빠지게 일해서 일으키고, 제 아버지가 수년 동안 땀 흘린 그 사업입니다. 지금 당신께서 그런 선물에 등을 돌리니 분명히 아무 의미도 없겠군요.〉

> \*〈구약성서〉에서 이스라엘인들은 자신들이 신의 선택을 받은 특별한 민족이라고 생각했다. 신에게 선택된 민족이라는 유대인의 선민(Chosen People) 사상.

**샬롬은 "평화"를 뜻하는 히브리어로 유대인의 전통적인 인사말이다. 만날 때나 헤어질 때 하는 인사.

***유대인 결혼식에서 신랑이 신부의 술잔을 밟아 깨뜨리는 풍습이 있다. 신랑은 [예루살렘아, 내가 너를 잊을진대 내 오른손이 그 재주를 잊을 지로다.]라는 성경말씀(시편 137:5)을 암송하면서 컵을 밟아 깨뜨린다. 유대인들이 결혼식에서 유리컵을 깨뜨리는 것은 두 가지 이유 때문이다. 첫째는 조상들이 하나님의 말씀에 불순종하였을 때에 성전이 허물어지고 역사가 실종되었던 것을 기억하기 위해서다. 둘째는 깨뜨려진 유리 조각을 원상 복구할 수 없듯이 결혼도 물릴 수 없는 영원한 것임을 다짐하기 위해서다.

고어가 2000년 5월 컬럼비아대학교 법대 졸업식장에서 청중들에게 말했다. "여러분이 졸업하기 전에 말할 수 있는 기회를 갖게 돼 감사합니다. 제 생각에, 이 행사 후에 이렇게 대화를 나누려면 제가 시간당 200달러는 내야 할 겁니다."

그는 잠시 뒤에 말을 이었다.

"요즘 법조계 직업을 비난하는 것을 유행이라고 생각하는 사람들이 있습니다. 지금까지 여러분께서 그런 법조인 농담을 다 들었을 것이라고 확신합니다. 상어도 직업적 예의상 법률가는 잡아먹지 않는다는 농담 같은 것 말입니다. 사실 누군가가 지적한 대로 모든 법률가에 관한 농담에는 크고, 기본적이고, 일반적인 문제가 있습니다. 법률가들은 그 농담들이 재미있다고 생각하지 않고, 아무도 그것들을 농담이라고 생각하지 않는다는 것입니다."

고어는 2000년 9월 14일 〈데이비드 레터맨과 한밤의 쇼The Late Show with David Letterman〉에 출연했다. 쇼에서는 당연히 고어가 "내걸기를 사양했던 선거 구호"에 관한 익살맞은 얘기가 나왔다. 다음은 그 "TOP 10" 명단이다.

10. 저한테 표를 주십시오. 아니면 당신의 집에 가서 191페이지짜리 경제 계획을 지겹도록 자세하게 설명하겠습니다.

9. 미국은 기억하십시오. 저는 여러분에게 인터넷을 선사했는데 그것을 다시 빼앗아 갈 수 있습니다. 생각해보십시오.

8. 당신이 투표하면 저절로 1,230억 달러 흑자를 뽑는 복권 추첨에 들어가는 것입니다.

   *유권자들의 투표를 유도하는 취지. 1,230억 달러는 당시 예산 상황과 관련이 있는 수치 같다.

7. 러닝메이트 리버먼과 함께, 여러분은 온갖 재미있고 새로운 휴일을 즐길 겁니다. 우리에게 투표하십시오. 하루 24시간 6일 일합니다.

   *리버먼은 유대인이다. 유대교에서 지키는 안식일(1주일 가운데 제7일)인 토요일은 쉬고 6일만 일한다고 말함.

6. 우리는 언제 마이크가 켜져 있는지 압니다.

   *당시에 누군가가 마이크로폰이 켜져 있는 상태에서 말을 해 사회문제가 된 일이 있었던 것 같다.

5. 제게 투표하십시오. 그럼 저는 "뭐어어언 일이야"라는 말을 불법화하는 데 필요한 어떤 조치들도 취하겠습니다.

    * '무슨 일이야?' 라는 뜻의 'What's up?'이 'Whazzzup?'으로 발음되는 세태.

4. 고어-리버먼: 여러분은 "포크배럴" 정책에 대해 걱정할 필요 없습니다.

    *pork barrel: 지역 정치인을 위한 정부의 지방사업 교부금.

3. 달까지 가는 엘리베이터가 완공되는 4년 후에는 여러분께서 우리에게 감사하게 될 것입니다.

2. 제가 레터맨을 다룰 수 있다면, 사담 후세인Saddam Husein도 다룰 수 있을 것입니다.

1. 제가 〈웨스트 윙The West Wing〉에서 대통령으로 나오는 분보다 두 배는 쿨cool할 수 있을 것입니다.

    *백악관을 소재로 한 TV 드라마 시리즈. "웨스트 윙"은 대통령 집무실과 보좌관 사무실이 있는 백악관 서관을 지칭한다.

★

FOUR SCOR
AGO OUR FATH
ON THIS CONT
CONCEIVED IN
TED TO THE PR
MEN ARE CRE
  NOW WE ARE
CIVIL WAR TE
NATION OR A
CEIVED AND S
ENDURE · WE
BATTLEFIELD O
COME TO DED
THAT FIELD
PLACE FOR TH
THEIR LIVES
MIGHT LIVE ·
TING AND PR
DO THIS · BU
WE CAN NOT
CONSECRATE-
THIS GROUND
ING AND DEAD
HAVE CONSE
OUR POOR POW
THE WORLD V
LONG REMEME
BUT IT CAN NE
DID HERE · IT
RATHER TO B
THE UNFINISH
WHO FOUGHT
SO NOBLY ADVA
US TO BE HER
GREAT TASK R
THAT FROM T
WE TAKE INC
THAT CAUSE FO
LAST FULL ME
THAT WE HER
THESE DEAD S
VAIN-THAT TH
SHALL HAVE A
AND THAT GOV
BY THE PEOPLE
NOT PERISH

★

## 옮긴이의 글

미국 대통령들도 괴롭다. 그들도 야당의 비협조에 좌절했고, 언론의 독설에 분개했다. 미국 대통령들도 공직을 좇는 무리로 낙하산 인사 압력에 시달렸고, '당파주의의 쓰레기 더미'에서 벗어나길 희망했다. 관료주의의 위험을 직시했고, 장황한 연설과 이론에 고개를 저었다. 대공황과 세계대전 같은 역사의 바위 덩어리에 짓눌렸고, 지방색에 골머리를 앓았다. 그들도 '나만은 옳다'는 편협한 인식을 극복하지 못한 것 같았으며, 오판을 아쉬워했다.

허버트 후버는 손녀가 태어났다는 소식에 "상원 승인이 필요 없는 일"이라고 좋아했다. 의회는 에이브러햄 링컨과 시어도어 루스벨트의 이야기에서 지옥과 뱀굴에 비유됐다. 벤저민 해리슨은 기자들을 '발명가', 우드로 윌슨은 기사를 '소설'이라고 불렀다. 반면에 어떤 신문은 토머스 제퍼슨이 당선될 경우 "… 대기는 비탄의 외침으로 채워지고 땅은 피로 적셔지며 나라는 범죄로 암담해질 것"이라고 흑색선전했다. 〈시카고 트리뷴〉은 그로버 클리블랜드를 '번식용 종마'라고 비아냥댔다.

제임스 가필드는 의원들이 기껏해야 공직을 찾아다니는 해충 같은 무리들의 표적에 불과하다고 한탄했다. 존 퀸시 애덤스는 "… 밑바닥을 모르는 당파주의의 쓰레기 속으로 뛰어 들기보다는 청소부가 되어 거리의 오물을 쓸어내며 살아가겠다"고 말했다. 프랭클린 루스벨트 이야기에서 워싱턴은 배은망덕만이 야망을 압도하는 도시였다. 제퍼슨은 관료주의를 "부지런한 사람들이 일하는 데 붙어사는 너무 많은 기생충"이라고 규정했다. 로널드 레이건은 납세자를 골탕먹이는 세제와 당국을 조롱했다. 드와이트 아이젠하워에게 지식인은 "아는 것보다 더 많은 것을 이야기하기 위해 필요한 것보다 더 많은 말을 하는 사람"이었다. FDR은 연설법에 대해, "진지하고, 짧게 하고, 그리고 앉으라"고 충고했다.

대공황기에 재임한 후버는 후일 "옛날 정적들은 내가 혼자서 전 세계적인 대공황을 일으킬 수 있는 환상적 지성과 경제적 힘을 지녔다고 칭송했다"고 농담했다. 링컨은 "예수의 열 두 제자가 오늘날 선택된다면 지역별 이해관계가 고려됐을 것"이라고 심경을 밝혔다. 아이젠하워는 재임 시절 저지른 최악의 실수에 대해, "지금 대법원에 두 명이 앉아있다"고 대답했다.

그래도 백악관은 돌아간다. 징치기 돌아가는 저변에서, 축적된 '조크 문화'가 윤활유 역할을 한다. 정치뿐 아니다. 어떤 주제든 어떤 조크로 서두를 시작해 청중들을 즐겁게 할지 고민하는 강연자들은 흔하다. 가치 판단은 배제하고, 조크 문화는 개척 정신과 함께 미국의 특징이기도 하다. 그들은 끝까지 웃으려 하고, 그 웃을 수 있는 마음으로 비장한 심정을 찍어 누르고 미지의 세계로 떠난다. 그렇게 밟아 가는 길을 인생이라 여긴다. 정치라는 벰과 베임의 현장에 서 있는 검객에게 웃음은 유연성 같은 것이다. 그런 여유가 결여되면 진검을 들고 목검에 베인다. 순발력이 떨어지기 때문이다. 링컨 대통령은 "나는 웃지 않으면 죽는다"라고 말했다. 대공황과 전쟁을 치른 대통령들의 심적 부담이 어떠 했을지 상상할 수 없다.

저자 밥 돌은 유능한 대통령과, 유머러스한 대통령의 순위가 대체로 일치한다고 주장했다. '우리의 최고의 대통령' 링컨은 또한 '가장 웃기는 대통령'이기도 했다. 그의 유머는 거의 격언의 경지에 이르렀다는 격찬을 받았다. 선별된 링컨의 언어에서는 적의 힘을 부드럽고 리드미컬하게 받아 반격하는 태극권의 고수 같은 면모가 느껴진다. 내면의 통찰과 비전에서 배어나오는 공력이다. 적기의 유머는 상대를 무장해제시키는 무기다. 그것은 상대방과 관객을 무릎 꿇리기보다 어깨동무하고 같이 가게 만드는 위력을 발휘한다. "지금이 농담할 때냐?"와 "웃음이 나오냐?"는 반응만 판치는 문화라면 남는 것은 다시 칼 대 칼이다.

이 책에는 많은 사람들이 등장한다. 영부인들의 숨결이 흐르고, 고양이는 복스럽고, 또 대통령의 아군이든 적이든 숱한 거물들의 희한한 말들이 담겨있다. 미국 독립전쟁부터 2000년 대선까지 220여 년 동안 백악관에 입성한 대통령 42명의 일화 및 어록집이다. 추운 날씨에 취임식 연설을 너무 오래하는 바람에 폐렴에 걸려 한 달 만에 숨진 윌리엄 헨리 해리슨의 경우는 어처구니가 없을 정도다.

이 책이 다루는 범위는 우리로 치면 영·정조 시대부터다. 그래서 더욱 번역이 쉽지 않았다. 이야기마다 당시 상황과 문맥을 파악하기 위해 자료를 뒤져야 했다.

번역 과정에서 앤드루 조Andrew Joe, 에드윈 조Edwin Joe, 글로리아 황Gloria Hwang, 폴 림Paul Lim, 수전 황Susan Hwang 등 미국에 사는 친지들이 많이 도와줬다. 이들은 미국에서 최고 수준의 교육을 받고 자랐지만 반응은 한결 같았다. "어렵다…." 이들과, 얼굴 한번 보지 못했는데 도움을 준 댄 모건Dan Morgan 씨에게 고맙다.

★

**지은이 밥 돌**(Robert Joseph "Bob" Dole, 1923—)
미국 현대 정치사의 산증인. 미국 상원 역사상 최장수 공화당 지도자. 1976년 공화당 부통령 후보(제럴드 포드 대통령 후보자의 러닝메이트), 1996년 공화당 대통령 후보(민주당 빌 클린턴과 경쟁). 공화당에서는 온건파에 속한 그는 오랫동안 공화당 대표 및 상원 대표로 활동했으며, 대통령 선거 후 바로 정계에서 은퇴했다. 빌 클린턴 대통령은 이듬해 그에게 제2차 세계대전에서의 공적과 그동안의 정치 활동을 기려 미국 최고의 훈장인 '대통령 자유메달'을 수여했다. 2018년 1월 미 연방의회는 밥 돌 전 상원의원에게 '의회황금메달'을 수여했다.

밥 돌 전 상원의원은 현재 〈제2차 세계대전 기념사업〉 의장과 〈구유고슬라비아 실종자를 위한 국제위원회〉 의장직을 맡고 있다. 그는 캔자스 대학교 재학 중 제2차 세계대전에 미 해군중위로 참전하여 전쟁 중 어깨에 심한 부상을 입었고, 이후 오른쪽 팔 사용에 어려움을 겪어 왔다(퍼플하트 훈장과 브론즈 스타 훈장 수여). 부인 엘리자베스 핸포드 돌 상원의원은 교통부 장관과 노동부 장관을 지냈으며, 2002년 연방 상원의원에 선출되었다. (밥과 엘리자베스 돌 부부는 미국에서 정치인 부부로 유명하다.) 부인 엘리자베스와 함께 워싱턴 DC에 살고 있다.

★

**옮긴이 김병찬** 서울대학교 불어불문학과 졸업. 〈한국일보〉 기자로 11년 일했으며, 국제부 등을 거쳐 미국 실리콘밸리 특파원을 지냈다.